数字经济领域的
经营者集中反垄断审查

韩伟　著

法律出版社
LAW PRESS · CHINA
北京

图书在版编目(CIP)数据

数字经济领域的经营者集中反垄断审查 / 韩伟著
. -- 北京 : 法律出版社, 2023
ISBN 978 - 7 - 5197 - 8414 - 0

Ⅰ. ①数… Ⅱ. ①韩… Ⅲ. ①信息经济 - 反垄断法 - 研究 - 中国 Ⅳ. ①D922. 294. 4

中国国家版本馆 CIP 数据核字 (2023) 第 190519 号

数字经济领域的经营者集中反垄断审查
SHUZI JINGJI LINGYU DE JINGYINGZHE JIZHONG FANLONGDUAN SHENCHA

韩 伟 著

策划编辑 似 玉
责任编辑 似 玉
装帧设计 李 瞻

出版发行 法律出版社
编辑统筹 法律应用出版分社
责任校对 朱海波
责任印制 刘晓伟
经　　销 新华书店

开本 710 毫米 × 1000 毫米 1/16
印张 15. 5　**字数** 208 千
版本 2023 年 11 月第 1 版
印次 2023 年 11 月第 1 次印刷
印刷 北京虎彩文化传播有限公司

地址:北京市丰台区莲花池西里 7 号(100073)
网址:www. lawpress. com. cn
投稿邮箱:info@ lawpress. com. cn
举报盗版邮箱:jbwq@ lawpress. com. cn

销售电话:010 - 83938349
客服电话:010 - 83938350
咨询电话:010 - 63939796

书号:ISBN 978 - 7 - 5197 - 8414 - 0
定价:68. 00 元

凡购买本社图书,如有印装错误,我社负责退换。电话:010 - 83938349

目录

第一章　绪　论

涉及谷歌、苹果、Facebook（Meta）、亚马逊和微软（GAFAM）等数字平台企业的经营者集中[1]近年来大量出现。值得注意的是，这些集中交易大部分都没有经过任何竞争执法部门[2]的审查。[3] 2019年的一份报告指出，在之前十年的GAFAM经营者集中交易中，绝大部分获得了无条件批准，没有任何一笔交易受到禁止。[4] 在大型平台市场力量日益增长的背景下，这一现象引发了各国对数字经济领域经营者集中的反垄断执法不足的激烈辩论，全球主要反垄断辖区都对此表示高度重视。除了展开各类调研，近年各国也在逐步完善规则体系以回应经济发展，比如德国、奥地利联合发布的《强制性事前并购申报交易额门槛指南》

---

〔1〕 我国《反垄断法》使用"经营者集中"的提法，并购、合并、经营者集中等词在本书不同语境下交替使用（有时涉及不同外文资料的表述差异），不作严格区分。相应地，经营者集中反垄断审查、并购审查、并购控制、合并控制等表述在本书也不作严格区分。

〔2〕 竞争执法部门、反垄断执法部门、竞争执法机构以及反垄断执法机构等词在本书不作严格区分。

〔3〕 See Kwoka J. & T. Valletti, *Scrambled Eggs and Paralyzed Policy: Breaking up Consummated Mergers and Dominant Firms*, SSRN (2020), https://papers.ssrn.com/sol3/papers.cfm?abstract_id=3736613.

〔4〕 See Jason Furman et al., *Unlocking Digital Competition: Report of the Digital Competition Expert Panel*, 2019, p. 12.

(2018),[1]新西兰(2019)、法国(2020)、英国(2021)、新加坡(2022)、菲律宾(2023)等国的竞争执法部门近年更新的经营者集中相关指南也都在一定程度上体现了数字经济的特点。2022 年 1 月美国联邦贸易委员会(FTC)和美国司法部(DOJ)联合宣布对经营者集中相关指南进行修订,如何回应数字经济发展也是修订工作考虑的重点。[2] 此外,各主要反垄断辖区近年来也出现了一批数字经济领域的典型经营者集中案例,比如 2016 年欧盟处理的微软收购领英案(附条件)[3]、2018 年新加坡处理的 Grab 收购 Uber 案(事后处罚)[4]、2020 年英国处理的 Sabre 收购 Farelogix 案(禁止)[5]、2020 年欧盟处理的谷歌收购 Fitbit 案(附条件)[6]、2022 年欧盟处理的 Meta 收购 Kustomer 案(附条件)[7]、2022 年英国处理的 Facebook 收购 Giphy 案(禁止)[8],以及 2023 年英国处理的微软收购动视暴雪(Activision Blizzard)案(禁止)[9]。

为了本书后续章节的展开,更好地理解数字经济领域经营者集中反垄断审查的制度机理以及面临的主要挑战,首先,本章简要介绍全球数字经济反垄断

---

[1] 参见龙睿、曾雄等:《德奥〈强制性事前并购申报交易额门槛指南〉》,载《经济法论丛》2019 年第 1 期。

[2] See DOJ, *Justice Department and Federal Trade Commission Seek to Strengthen Enforcement Against Illegal Mergers*, DOJ (Jan. 18, 2022), https://www.justice.gov/opa/pr/justice-department-and-federal-trade-commission-seek-strengthen-enforcement-against-illegal.

[3] See European Commission, Case M.8124 – Microsoft/LinkedIn, Commission Decision of 6.12.2016.

[4] See CCCS, Acquisition of Uber's Southeast Asian business by Grab and Uber's acquisition of a 27.5 per cent stake in Grab, Case number: 500/001/18, Infringement Decision of 24 September 2018.

[5] See CMA, *Anticipated acquisition by Sabre Corporation of Farelogix Inc.: Final report*, Gov.UK (April.9, 2020), https://assets.publishing.service.gov.uk/media/5e8f17e4d3bf7f4120cb1881/Final_Report_-_Sabre_Farelogix.pdf.

[6] See European Commission, Case M.9660 – Google/Fitbit, Commission Decision of 17.12.2020.

[7] See European Commission, Case M.10262 – Meta (Formerly Facebook) / Kustomer, Commission Decision of 27.1.2022.

[8] See CMA, *Completed acquisition by Facebook, Inc (now Meta Platforms, Inc) of Giphy, Inc.: Final report on the case remitted to the CMA by the Competition Appeal Tribunal*, Gov.UK (October.18, 2022), https://assets.publishing.service.gov.uk/media/635017428fa8f53463dcb9f2/Final_Report_Meta.GIPHY.pdf.

[9] See CMA, *Anticipated acquisition by Microsoft of Activision Blizzard, Inc.: Final report*, Gov.UK (April.26, 2023), https://assets.publishing.service.gov.uk/media/644939aa529eda000c3b0525/Microsoft_Activision_Final_Report_.pdf.

的整体趋势;其次,通过经济合作与发展组织(OECD)近年召开的几次论坛展示国际社会在这方面的最新调研成果;最后,就2022年我国新《反垄断法》带来的经营者集中反垄断审查制度的变化作一介绍。

第一节 全球数字经济反垄断趋势

对全球数字经济反垄断趋势的整体把握,有助于我们更为深入地理解数字经济领域的经营者集中反垄断审查。就数字经济领域全球主要反垄断辖区近年来的发展而言,大致存在下列十个方面的趋势。

一、立法宗旨摇摆

美欧等成熟反垄断辖区出现反垄断目标由单一向多元摇摆与回归的趋势。就美国而言,在数字市场高度集中、巨型平台产生重大影响以及社会贫富差距加大等因素推动下,近年以"新布兰戴斯运动"为代表的思潮对美国反垄断法过去数十年的实施进行了反思,重新强调反垄断法在确保社会公平、维系经济民主等方面的作用。就欧盟而言,基于绿色与数字化转型两大战略目标,欧盟反垄断法也日益关注效率之外的公平、经济自由、多元与民主等目标。实际上,OECD近年也日渐重视反垄断法在减贫、环保、社会公平、就业等方面的作用。[1]

二、调研持续深化

欧盟、美国、加拿大、法国、德国、英国、荷兰、西班牙、意大利、葡萄牙、澳大利亚、日本等反垄断辖区的竞争执法部门,金砖国家、北欧国家等国家间竞争执法部门联合组织,以及OECD、国际竞争网络(ICN)、欧洲监管中心(CERRE)、芝加哥大学、乔治梅森大学等国际组织和研究机构,近年纷纷就平台经济相关的反垄断问题展开调研,发布了系列重磅报告。[2] 比如CERRE于2020年发

〔1〕 参见韩伟主编:《可持续发展与竞争法治》,法律出版社2021年版。

〔2〕 参见韩伟主编:《数字市场竞争政策研究》,法律出版社2017年版。

布的调研报告《大型科技并购：竞争、创新效应与欧盟并购控制》，[1]美国众议院司法委员会于2020年发布的调研报告《数字市场竞争状况调查报告》，[2]美国反垄断协会（AAI）于2022年发布的调研报告《新兴数字企业展望：对竞争政策的影响》，[3]欧盟委员会于2022年发布的调研报告《数字与技术市场的合并审查：来自国家判例法的见解》，[4]OECD于2023年发布的圆桌论坛背景报告《数字并购损害理论》。[5] 此外，值得注意的是，以世界主要反垄断辖区竞争执法部门为代表的各类组织，近年针对数字市场的细分领域产出了一系列调研报告。比如，法国（2018）、德国（2018）、英国（2020）、澳大利亚（2021）、西班牙（2021）以及日本（2021）[6]的竞争执法部门均已对数字广告市场进行了调研，OECD也针对数字广告领域的竞争问题开展过专题讨论（2020）。[7] 又如，近两年部分反垄断辖区开始关注云计算市场的竞争状况，AAI于2023年6月发

[1] See Marc Bourreau & Alexandre de Streel, *Big Tech Acquisitions: Competition & Innovation Effects and EU Merger Control*, Centre on Regulation in Europe, 2020.

[2] See Committee on the Judiciary of United States House of Representatives, *Investigation of Competition in Digital Markets*, 2020.

[3] See Diana L. Moss & Dacid Hummel, *Anticipating the Next Generation of Powerful Digital Players: Implications for Competition Policy*, AAI(Jan. 18, 2022), https://www.antitrustinstitute.org/wp-content/uploads/2022/01/NextGenDigitalAAIReport.1.18.22-1.pdf.

[4] See Viktoria H. S. E. Robertson, *Merger Review in Digital and Technology Markets: Insights from National Case Law*, European Commission, 2022.

[5] See OECD, *Theories of Harm for Digital Mergers*, OECD Competition Policy Roundtable Background Note (2023), https://www.oecd.org/daf/competition/theories-of-harm-for-digital-mergers-2023.pdf.

[6] 按照文中列举顺序，各调研报告分别为：Autorité de la concurrence, *Opinion no. 18-A-03 of 6 March* 2018 *on Data Processing in the Online Advertising Sector*, https://www.autoritedelaconcurrence.fr/en/press-release/6-march-2018-sector-specific-investigation-online-advertising. Bundeskartellamt, *Online Advertising*(Jan. 2, 2018), https://www.bundeskartellamt.de/SharedDocs/Publikation/EN/Schriftenreihe_Digitales_III.html?nn=10739378. CMA, *Online Platforms and Digital Advertising-Market Study Final Report* (Jul. 1, 2020), https://www.gov.uk/cma-cases/online-platforms-and-digital-advertising-market-study. ACCC, *Digital Advertising Services Inquiry-Final Report*(Sept. 28, 2021), https://www.accc.gov.au/publications/digital-advertising-services-inquiry-final-report. CNMC, *Study on the Competition Conditions in the Online Advertising Sector in Spain*(Jul. 7, 2021), https://www.cnmc.es/expedientes/ecnmc00219. JFTC, *Final Report Regarding Digital Advertising*, https://www.jftc.go.jp/en/pressreleases/yearly-2021/February/210217.html。

[7] See OECD, *Competition in Digital Advertising Markets*, http://www.oecd.org/daf/competition/competition-in-digital-advertising-markets-2020.pdf.

布了一份报告《云技术市场:创新的风暴还是竞争的雨天?》,[1]法国竞争执法部门也于2023年6月发布了云计算市场的调研报告。[2]

三、规则逐步完善

各国都在逐步完善相关规则以回应平台经济发展,比如,日本公平交易委员会于2019年发布《关于数字平台与提供个人信息的消费者进行交易过程中滥用优势地位的指南》,以应对平台滥用优势地位侵害消费者权益的情况。俄罗斯2020年反垄断法第五次修订,新加坡2022年开始实施新版竞争法配套指南,德国2023年《反对限制竞争法》第十一次修正案等。德国、奥地利2021年还更新了其2018年联合发布的《强制性事前并购申报交易额门槛指南》,对门槛进行了提升。此外,美欧近年来还发布了一系列重磅法案,比如美国众议院司法委员会2021年发布的《平台竞争与机会法案》《美国选择与创新在线法案》《终止平台垄断法案》等系列草案,[3]以及欧盟2022年11月生效的《数字市场法》。[4] 2022年1月,FTC和DOJ联合宣布将对合并指南进行修订,如何在新的指南中对数字市场"零价格"、多边市场和数据聚合等特征进行回应,将是此次修改的重点之一。[5] 2022年11月,欧盟委员会就《相关市场界定通告》(MDN)的修订草案公开征求意见,草案增加了关于数字经济市场界定的新内容,如多边市场相关内容。[6]

---

[1] See Diana L. Moss, *The Cloud Technology Market: Storm of Innovation or Rainy Days for Competition*? AAI(June. 21,2023), https://www.antitrustinstitute.org/wp-content/uploads/2023/07/AAI-Report-Cloud-Markets_7.5.23.pdf.

[2] See Autorité de la concurrence, *Cloud computing: the Autorité de la concurrence issues its market study on competition in the cloud sector*, autoritedelaconcurrence.fr (June. 29, 2023), https://www.autoritedelaconcurrence.fr/en/press-release/cloud-computing-autorite-de-la-concurrence-issues-its-market-study-competition-cloud.

[3] 截至2023年6月,这些草案能否最终通过仍存在很大不确定性。

[4] 该法案与欧盟竞争法高度关联。

[5] See DOJ, *Justice Department and Federal Trade Commission Seek to Strengthen Enforcement Against Illegal Mergers*, DOJ (Jan. 18, 2022), https://www.justice.gov/opa/pr/justice-department-and-federal-trade-commission-seek-strengthen-enforcement-against-illegal.

[6] See European Commission, *Competition: Commission seeks feedback on draft revised Market Definition Notice*, ec.europa.eu (November. 8, 2022), https://ec.europa.eu/commission/presscorner/detail/en/ip_22_6528.

四、警惕执法不足

过去,国际竞争政策理论界与实务界主要强调如何预防反垄断执法过度(假阳性问题),近年美欧等多国执法部门以及芝加哥大学等学术机构均开始强调平台经济领域反垄断执法不足的风险(假阴性问题)。比如英国竞争与市场管理局(CMA)便委托经济咨询公司 Lear 系统梳理了英国近年在平台经济领域的若干重大并购交易。[1] 此外,一些"回溯性执法"也体现了执法部门对以往执法不足的担忧。比如 2020 年 12 月,FTC 以及 48 个州和地区分别对 Facebook 提起反垄断诉讼,其中便涉及 Facebook 早已完成的两起并购交易,即 2012 年和 2014 年针对 Instagram 与 WhatsApp 的收购。[2] 2021 年 1 月,CMA 针对 Facebook 收购 Giphy 这一已完成交易开展调查。在调查过程中,CMA 认为 Facebook 与 Giphy 的合并损害了社交媒体平台间的竞争,并消除了展示广告市场的潜在竞争,对此 CMA 的最终救济方案是全面剥离 Giphy。[3]

五、关注特定行为

除传统反竞争行为外,当前各反垄断辖区高度重视数字经济领域的反垄断执法,跨平台平价协议、算法合谋、扼杀性收购(killer acquisition)、数据封锁、自我优待、隐私相关的反竞争行为等,日渐引发各国反垄断执法部门的关注。比如,针对一些大型平台经营者兼具"市场组织者"与"市场内经营者"的双重属性所引发的自我优待等问题,多个国家的反垄断执法部门已展开行动。2019 年欧盟委员会就针对亚马逊滥用市场支配地位优待自身零售业务的行为展开了调查,调查结果显示亚马逊掌握了非公开的平台内经营者数据,这可以使亚马逊规避零售业正常的商业风险,并实现市场力量的传导。2022 年 12 月,为

---

〔1〕 See Lear, *Ex-post Assessment of Merger Control Decisions in Digital Markets*, Document prepared by Lear for the Competition and Markets Authority, 2019.

〔2〕 See FTC, *FTC Sues Facebook for Illegal Monopolization*, ftc. gov (December. 9, 2020), https://www. ftc. gov/news-events/news/press-releases/2020/12/ftc-sues-facebook-illegal-monopolization.

〔3〕 See CMA, *Completed acquisition by Facebook, Inc (now Meta Platforms, Inc) of Giphy, Inc.: Final report on the case remitted to the CMA by the Competition Appeal Tribunal*, Gov. UK (October. 18, 2022), https://assets. publishing. service. gov. uk/media/635017428fa8f53463dcb9f2/Final_Report_Meta. GIPHY. pdf.

解决欧盟委员会的竞争关注,亚马逊承诺不会将非公开的平台内经营者数据用于其零售业务。[1] 此外,实践中已经有竞争执法部门在合并审查过程中关注合并后实体可能从事的自我优待行为,例如,在 Sully System(在线零售商)收购 CENEJE(搜索引擎和在线比价网站)案中,斯洛文尼亚竞争执法部门的损害理由是,合并后实体可能利用非客观的搜索和排名算法来优待自己的服务,从而对在线零售商的竞争对手造成封锁。[2] 又如,在 2023 年欧盟委员会针对亚马逊收购 iRobot(机器人吸尘器制造商)的反垄断调查中,其担心亚马逊有能力和动机在亚马逊商城展示页面中优待 iRobot 的产品,从而对 iRobot 的竞争对手造成封锁。[3]

六、拓展损害理论

损害理论的拓展,主要体现在隐私与创新问题在反垄断执法中的考量。隐私问题纳入反垄断执法考量的代表性案例是德国卡特尔局查处的 Facebook 案(弱隐私保护),近年苹果隐私新政策在法国等地遭遇调查,使得"强隐私保护"也受到竞争关注。法国竞争管理局(FCA)2020 年 10 月接到在线广告商投诉,称苹果在 iOS 应用程序上强制执行"应用程序跟踪透明度"(ATT)功能,开发商施加了不公平的交易条件,涉嫌滥用市场支配地位。FCA 在进行初步调查后认为,苹果使用 ATT 功能收集用户的补充同意以实现隐私保护。尽管 FCA 认为这并非一种滥用行为,但其决定继续调查苹果是否存在歧视或自我优待等反竞争问题,深入了解苹果新的隐私政策是否让苹果自己比其他开发商更容易

---

〔1〕 See European Commission, *Antitrust: Commission accepts commitments by Amazon barring it from using marketplace seller data, and ensuring equal access to Buy Box and Prime*, ec. europa. eu (December. 20, 2022), https://ec. europa. eu/commission/presscorner/detail/en/ip_22_7777.

〔2〕 See OECD, *Theories of Harm for Digital Mergers*, OECD Competition Policy Roundtable Background Note, www. oecd. org/daf/competition/theories-of-harm-for-digital-mergers-2023. pdf. Also See Javna agencija Republike Slovenije za varstvo konkurence, Sully System/CENEJE (3061 – 27/2017 – 71, April. 12, 2018), http://www. varstvo-konkurence. si/ostali-dokumenti/arhiv-odlocb/odlocba411/.

〔3〕 See European Commission, *Mergers: Commission opens in-depth investigation into the proposed acquisition of iRobot by Amazon*, ec. europa. eu (July. 6, 2023), https://ec. europa. eu/commission/presscorner/detail/en/ip_23_3702.

追踪用户。[1] 就反垄断执法中对创新问题的考量,2020 年 CMA 处理的 Sabre 收购 Farelogix 一案是这方面的重要案例。CMA 在调查中发现,Farelogix 开发了一项使航空公司能够定制航班体验的技术,进而为从旅行社处订购机票的消费者提供了更多选择。Sabre 虽暂未拥有该项技术,但其正在投资研发此项技术。CMA 认为,如果 Sabre 成功收购 Farelogix,那么 Sabre 可能不会继续独立研发该项技术,进而可能造成市场竞争不足,并导致产品价格上涨、质量下降、服务创新能力下降,最终影响航空公司、旅行社以及英国消费者的利益。[2] 此外,2022 年 CMA 处理的 Facebook 收购 Giphy 案也涉及创新损害理论。CMA 在该案中提出了一种横向损害理论,认为 Giphy 目前已经在美国提供其创新的在线广告服务——基于 GIF 动图的广告服务,有证据表明它打算将这项服务扩展到英国。CMA 认为,Giphy 的创新服务是 Facebook 在英国展示广告服务的潜在竞争对手,Facebook 在合并后停止了 Giphy 的服务,导致了动态竞争的减弱。在得出这一结论时,CMA 认为 Giphy 在创新和将其服务货币化方面的努力是有价值的,因为它们增加了未来创新和生产新产品的可能性,即使其商业模式可能不会成功。[3]

七、优化机构设置

为应对数字经济发展带来的挑战,近年有观点主张在机构设置方面予以优化,比如 2019 年芝加哥大学发布的《数字市场竞争政策调研报告》,建议美国国会建立一个专业的监管机构"数字监管局"(Digital Authority)。CMA 则在 2021 年正式宣布成立"数字市场部"(DMU),从而进一步优化 CMA 在

---

[1] See Autorité de la concurrence, *Targeted advertising / Apple's implementation of the ATT framework. The Autorité does not issue urgent interim measures against Apple but continues to investigate into the merits of the case*, autorite de la concurrence. fr (March. 17, 2021), https://www.autoritedelaconcurrence.fr/en/communiques-de-presse/targeted-advertising-apples-implementation-att-framework-autorite-does-not.

[2] See CMA, *Anticipated acquisition by Sabre Corporation of Farelogix Inc.: Final report*, Gov. UK (April. 9, 2020), https://assets.publishing.service.gov.uk/media/5e8f17e4d3bf7f4120cb1881/Final_Report_-_Sabre_Farelogix.pdf.

[3] See CMA, *Completed acquisition by Facebook, Inc (now Meta Platforms, Inc) of Giphy, Inc.: Final report on the case remitted to the CMA by the Competition Appeal Tribunal*, Gov. UK (October. 18, 2022), https://assets.publishing.service.gov.uk/media/635017428fa8f53463dcb9f2/Final_Report_Meta.GIPHY.pdf.

数字经济领域的反垄断执法。2022 年 1 月，韩国公平交易委员会(KFTC)宣布，基于对数字平台市场的多边性、技术发展等因素的考虑，其已将现行“信息通信技术(ICT)专管组”改编为“数字市场应对组”，改编后的“数字市场应对组”下设五个部门：一是“数字独寡占分科”，负责预防市场垄断，监督平台自我优待等涉嫌垄断的行为；二是“数字甲乙分科”，负责筹备平台与入驻商(甲方与乙方)之间的共同发展方案；三是“数字消费者分科”，负责监管新型欺诈消费者的行为；四是“数字国际协助分科”，负责与海外竞争监管机构的国际交流协作；五是“市场疏通分科”，负责加强与数字市场参与者的沟通，提高市场参与者对数字市场和数字技术的理解。[1] 澳大利亚 2022 年开始组建“数字平台监管机构论坛”(DP-REG)，该论坛是澳大利亚监管机构分享数字平台监管相关跨领域问题以及开展合作的渠道；该论坛目前的成员单位包括澳大利亚竞争和消费者委员会(ACCC)、澳大利亚信息专员办公室(OAIC)、澳大利亚通信和媒体管理局(ACMA)，以及电子安全专员办公室(eSafety)。DP-REG 旨在解决当前促进竞争、消费者保护、隐私保护、网络安全与数据利用等多重利益相互交叉的情形下不同监管机构所面临的共同挑战，包括对新型侵害消费者权益行为进行规制、实现鼓励创新与保护知识产权间的平衡、有效监管拥有强大市场力量的大型跨国公司。[2] 2023 年 6 月，加拿大竞争局(CBC)联合加拿大广播电视与电信委员会(CRTC)和隐私专员办公室(OPC)，创建了加拿大数字监管机构论坛，以加强其在数字市场和平台相关事项的信息共享与协作。[3]

八、改进监管手段

由于数字经济发展迅速，传统执法工具的运用有时很难满足市场快速发展的需求，近年来，部分国家执法部门开始关注临时性措施的运用。CERRE 2017

---

〔1〕 参见 KFTC，정보통신기술(ICT)전담팀개편안발표(January. 27，2022)，http://www.ftc.go.kr/www/selectReportUserView.do? key = 10&rpttype = 1&report_data_no = 9465。

〔2〕 See ACMA，*Digital Platform Regulators Forum* (*DP-Reg*)，acma.gov.au (Sept. 16，2022)，https://www.acma.gov.au/dp-reg-joint-public-statement.

〔3〕 See CBC，*Canadian Digital Regulators Forum established to better serve Canadians in the digital era*，canada.ca (June. 9，2023)，https://www.canada.ca/en/competition-bureau/news/2023/06/canadian-digital-regulators-forum-established-to-better-serve-canadians-in-the-digital-era.html.

年发布的项目报告《互联网平台与非歧视》强调，在法律上可行时，应更频繁地使用“临时性措施”。OECD 在其 2023 年度竞争开放日活动中，将反垄断调查的临时性措施作为三大讨论主题之一。在其背景报告中，OECD 指出，数字市场的快速变化增加了对更频繁地采取临时性措施的呼声。事实上，在符合法律和证据标准的前提下，临时性措施可能特别适用于对那些包含市场颠覆性产品或服务的市场展开的反垄断调查，因此可以给竞争执法部门的调查行动带来重大好处。[1] 欧盟竞争法规定，以下情况可以采取临时措施：第一，初步认定存在反竞争行为；第二，对市场竞争造成了严重、紧迫、可能产生不可挽回损害的危险。2019 年 10 月，欧盟委员会认为博通公司与上下游企业间达成的纵向垄断协议将对电视机顶盒与调制解调器芯片组市场的竞争产生严重且不可逆转的损害，因此对外公告已责令博通公司暂停与其六个主要客户达成的某些业务交易，该决定是欧盟时隔 18 年后再次运用临时禁令。[2] 2019 年 12 月，瑞典竞争管理局（SCA）发布消息称，对健身服务聚合平台 Bruce 采取临时性措施，在调查终止前禁止其与健身工作室供应商签署排他性的独家协议。[3] 2023 年 4 月，意大利竞争和市场管理局（AGCM）宣布对 Meta 采取临时性措施，制止其在版权许可市场滥用交易相对人的经济依赖的行为，命令其恢复与意大利主要的著作权集体管理组织（SIAE）之间的音乐权利许可谈判。[4]

九、科技赋能执法

针对算法合谋等技术发展伴生的新问题，部分国家反垄断执法部门关注技术手段的应用，这在一定程度上体现了技术问题通过技术解决的思路。值得注

---

〔1〕 See OECD, *Interim Measures in Antitrust Investigations*, *OECD Competition Policy Roundtable Background Note*, www. oecd. org/daf/competition/interim-measures-in-antitrust-investigations-2022. pdf.

〔2〕 See European Commission, *Antitrust*: *Commission imposes interim measures on Broadcom in TV and modem chipset markets*, ec. europa. eu (October. 16, 2019), https://ec. europa. eu/commission/presscorner/detail/en/ip_19_6109.

〔3〕 See SCA, *Exclusive agreements between training companies are prohibited*, konkurrensverket. se (December. 5, 2019), https://www. konkurrensverket. se/en/news/exclusive-agreements-between-training-companies-are-prohibited/.

〔4〕 See AGCM, *Antitrust*: *the ICA orders Meta to resume negotiations with SIAE. Musical works available again on Facebook e Instagram*, en. agcm. it (April. 21, 2023), https://en. agcm. it/en/media/press-releases/2023/4/A559 -.

意的是，除了传统发达反垄断辖区重视数字技术对反垄断执法的赋能，部分发展中国家也加大了这方面的投入。比如俄罗斯联邦反垄断局（FAS）开发了一套系统——大数据猫（Big Digital Cat），用于跟踪市场上出现的算法合谋。Big Digital Cat 可以通过开放或封闭的信息渠道自动收集数据并进行分析，识别垄断协议并自动固定证据。FAS 表示，俄罗斯 85% 的垄断协议与招投标有关，而 Big Digital Cat 系统显著提高了采购过程的透明度。FAS 已创建了一个专门公布打击垄断行为信息的网站（www. anticartel. ru），并计划在 Big Digital Cat 所收集数据的基础上结合域外经验创建数据库。[1] 巴西行政经济保护委员会（CADE）为了在非正式调查前的“黎明突袭”中掌握一定证据、支持正在进行的反垄断调查，开发了一套名为 Cérebro 的筛选系统；该系统由 40 多个公开或私密数据库组成，并采用了一种可搜索的计算机语言。Cérebro 系统可通过应用数据挖掘工具和经济过滤器来集成大型公共采购数据库，识别和衡量公共竞标中合谋发生的可能性。[2] 值得注意的是，2021 年 1 月，斯坦福大学法律信息学中心启动了“计算反垄断”项目。该项目主要探讨法律信息学如何促进反垄断程序的自动化以及反垄断分析技术的改进。截至 2023 年 3 月，全球已有超过 60 个国家（地区）的反垄断执法部门与项目组建立了合作关系。

十、争夺国际话语

数字经济领域的反垄断监管各国整体仍处于摸索与规则创建阶段，各国对数字经济规则话语权也日益重视。欧盟与美国近年来推出的系列新法案均引发了各国的高度关注，德国与法国则在欧盟成员国中最为活跃。英国脱欧后，也高度重视国际影响力，实际上 CMA 于 2019 年发布的调研报告《解锁数字竞争》便强调了“国际引领计划”，该报告指出竞争政策是英国的国际优势，具备

---

〔1〕 See ДмитрийДоброштан, *The FAS Russia has the “Big Digital Cat” system*, gkgz. ru (December. 4, 2019), https://gkgz. ru/the-fas-russia-has-the-big-digital-cat-system/#: ~ :text = The%20%E2%80%9CBig%20Digital%20Cat%E2%80%9D%20lives%20in%20digital%20space, auctions%20%2885%25%20of%20the%20total%20number%20of%20cartels%29.

〔2〕 See OECD, *Fighting Bid Rigging in Brazil: A Review of Federal Public Procurement* (May. 19, 2021), https://www. oecd. org/competition/fighting-bid-rigging-in-brazil-a-review-of-federal-public-procurement. htm.

有力、受人尊重的立法与执法框架。[1] 2023 年 4 月，CBC 发布的 2023 ~ 2024 年年度计划表明，其 2020 ~ 2024 年的战略愿景之一是，在适应数字经济对竞争政策的影响方面，能够在国内与国际上均发挥领导作用。为完成这一目标，CBC 计划在 2023 ~ 2024 年继续在国际组织中扮演领导者的角色，在国际舞台上推进竞争政策的应用。[2] 除了发达反垄断辖区，发展中国家也开始注重竞争政策的国际影响力，比如金砖国家近年便高度重视数字经济领域竞争政策的国际影响，2019 年金砖国家数字经济竞争管理机构工作组还联合发布了《数字经济中的金砖国家：竞争政策实践》报告。报告显示，竞争执法机构达成了一项共识：数字经济所涉领域的广泛性以及全球性要求加强国内与国际合作。在国内，需要加强在竞争执法与消费者保护、隐私保护等不同部门间的协调。在国际上，数字经济的全球性要求竞争执法机构在设计可能影响多个反垄断辖区的救济措施时加强合作。该报告概述了金砖国家在数字经济领域的竞争政策与执法实践状况，讨论了数字市场特征、相关市场界定、算法共谋、市场进入壁垒、竞争与大数据的关联等问题，力求为包括金砖国家在内的全球反垄断界在应对数字经济为竞争政策执行带来的挑战上提供有益见解。[3] 此外，我国国家市场监督管理总局于 2022 年 3 月 17 日召开的"全国市场监管系统反垄断工作会议"强调，聚焦塑造我国竞争新优势，着力增强企业合规能力，提高竞争规则领域国际话语权。[4]

---

〔1〕 See Jason Furman et al., *Unlocking Digital Competition: Report of the Digital Competition Expert Panel*, 2019.

〔2〕 See CBC, 2023 - 2024 *Annual Plan: Driving competition forward for all Canadians*, canada. ca (April. 17, 2023), https://ised-isde. canada. ca/site/competition-bureau-canada/en/how-we-foster-competition/education-and-outreach/2023 - 2024 - annual-plan-driving-competition-forward-all-canadians.

〔3〕 See BRICS, *BRICS in the Digital Econimy-Competition Policy on Practice*, Competition Authorities Working Group on Digital Economy, 2019.

〔4〕 参见国家市场监督管理总局：《全国市场监管系统反垄断工作会议召开》，载国家市场监督管理总局网 2022 年 3 月 17 日，https://www. samr. gov. cn/xw/zj/art/2023/art_daa509a37835413baa8d108fd29aa853. html。

第二节 数字经济集中的调研进展

就数字经济领域的经营者集中而言,OECD 竞争委员会近年组织了多次相关论坛。由于 OECD 论坛体现了世界主要反垄断辖区的情况,对这些论坛讨论情况的了解,可以让我们大体把握这方面国际的最新发展,为我们结合国情进行制度优化提供参考。

一、OECD“并购非价格效应”论坛[1]

2018 年 6 月,OECD 竞争委员会组织了一次圆桌论坛,讨论“并购非价格效应”问题。综合秘书处的背景报告、与会代表提交的材料以及专家小组成员、代表的现场讨论情况,本次会议涉及以下要点。

1. 与价格一样,非价格竞争所涵盖的广泛产品特性与商业决策,均对消费者福利起决定性作用。然而,就并购审查而言,这些非价格因素仅在少数案件的决定中发挥核心作用。

如果一项并购审查涉及价格影响分析,那么非价格影响就是次要的,即便在分析并购竞争影响时非价格影响可能具备相关性。这是因为,通常情况下,价格是衡量其他影响的最佳指标:如果由于竞争的减损而导致价格下降,通常就认为创新或质量也会相应受损。然而,非价格影响实证研究的模糊性,以及分析非价格影响的定量工具的有限性,可能也会限制竞争执法部门评估非价格竞争的深度。

2. 并购能够影响参与方进行创新的动机与能力。并购对创新的整体影响,取决于相关市场以及并购参与方的具体情况。相应地,需要进行个案分析。

社会中存在大量对竞争与创新的关系,以及并购对创新的影响进行研究的经济学文献。一些文献强调,考虑到合并后交易方将面临更小的引进新产品的压力,而且引入新产品也可能严重影响既有产品的销售,因此并购可能会降低

---

[1] See OECD, *Considering non-price effects in merger control-Background note by the Secretariat*, (June. 6, 2018), https://one.oecd.org/document/DAF/COMP(2018)2/en/pdf.

企业进行创新的动机。另一些文献主张,并购能整合企业间的互补性创新能力,提升开发新产品的能力。观点各异的文献表明,直接假定并购有利于或者有害于创新,都不合理。竞争执法部门通常会个案分析并购对创新的影响,不过具体分析方式各异。在过去的一些案例中,创新分析所关注的范围非常有限,例如识别特定的产品研发管线,评估交易方的业务重叠。然而,各国竞争执法部门日渐面临从更宽泛的角度来分析创新的挑战。这要求执法部门能够识别出那些具备足够创新能力以施加竞争压力的各类企业,不论这些企业当前与交易方同处一个产品市场,还是构成创新方面的潜在竞争对手。这种分析方法承认了动态竞争的重要性,而且所依赖的市场还可能充满不确定性。企业界的利益相关方已呼吁出台更为清晰的指引,以说明如何通过这种方法对并购进行评估。

3. 质量指的是一系列宽泛意义上的特征,以将不同产品区别开来。反竞争性并购可能导致产品质量下降。与创新一样,学术文献建议实践中对质量问题也进行个案分析。

"质量"一词可被界定为除价格以外的一系列产品特性,这些特性会影响产品对于消费者的价值。这些特性包括功能、耐用性、可靠性、购买位置的便捷性、设计或美观性、性能以及安全性。如果并购降低了相关企业所面临的竞争压力,就会削弱并购方在产品质量方面的投资动机。另外,并购也可能提升企业提供特定质量水平产品的能力,或者并购可以让交易方以改善消费者福利的方式,更好地协调交易前各自提供的差异性产品的定位。要评判并购可能带来的上述影响到底哪一种更显著,并且确保任何质量的改善并不会引发价格的提升从而导致整体消费者福利的下降,这需要个案分析。

4. 近期一些并购案件的决定已将隐私或者更宽泛意义上的数据保护,认定为质量的一个维度。消费者数据在数字企业商业模式中的重要性日益提升,这可能意味着数据保护将在未来的并购审查决定中成为一种被广为认可的质量维度。

将隐私考量纳入并购控制分析框架仍面临一些质疑,因为这会导致竞争分析中掺杂主观性,也可能涉及其他政策目标。然而,目前至少在一些市场中,数据保护(程度)可以将不同企业区别开来,据此可以在标准的分析框架中将其认定为质量的一个维度。进一步来说,即便现阶段企业在数据保护方面缺乏差异性,这也并不一定意味着对消费者而言它不是一个重要的质量维度,这可能表明市场的竞争并不充分。尽管如此,一些竞争执法部门已经表示,对并购进行评估时考虑数据保护问题需要非常的谨慎,并将其分析植根于实际的消费者偏好。这涉及若干其他需要考量的因素,尤其需要衡量与功能之类的其他产品特性的协调,确认消费者在信息获取方面所面临的限制,并考虑消费者的行为偏见。

5. 识别相关市场中哪一种非价格竞争维度(如果存在)更重要,这对并购审查而言是一个重大挑战。

表明非价格因素重要的一些清晰的指标包括:存在价格管制,零价产品,需求存在较高价格弹性,或者基于特定性质的产品供应频繁变化。如果不存在上述指标,要判断哪些特性对消费者而言非常重要,而且企业竞争决策已经将这些特性考虑在内,个案分析就非常重要。某种特性目前还不是企业之间差别的体现,这一事实本身并不能说明该特性与并购分析无关(例如,并购对潜在的未来产品特性的影响)。

6. 在并购审查中同时考虑价格效应与非价格效应也是一个挑战。这些影响会发生在不同时间段,这就要求竞争执法部门同时衡量静态与动态竞争影响。另外,相对于定性证据,确定给予定量证据多大的相对权重也是非常困难的,因为分析非价格效应通常需要定性证据。

实践中可能会用到一些分析技术,例如基于不确定性对考虑因素的权重予以打折,为了其他竞争维度而调整价格,或者适用并购模拟。然而,在绝大部分案件中,定性证据将扮演非常重要的角色,尤其是涉及消费者偏好以及交易缘由时。如果交易带来的价格影响与非价格影响可能存在冲突,应考虑两种影响是否与减损竞争相一致。比如,一项损害竞争的并购,可能导致质量和价格都提升至竞争水平之上。

7. 如果非价格竞争很重要,案件分析的若干阶段均会涉及非价格因素,包括市场界定、竞争评估以及救济措施设计等阶段。

对于非价格竞争在其中扮演重要角色的市场而言,仅关注价格的市场界定将会给并购分析带来偏见。然而,由于数据获取方面的限制、新工具在概念层面所面临的批判以及缺乏可供遵循的特定方法,基于非价格因素而建立的市场界定工具,比如"小而显著的非临时性质量下降测试"(以下简称 SSNDQ 测试),在实践中便很少见。因此,可能需要一种灵活的市场界定方案。在竞争评估时如果考虑非价格影响,动态分析可能尤其重要。这种分析可能涉及:企业动机将会如何改变,以及在创新投入、产品质量或类型定位,甚至隐私保护方面,潜在竞争将如何挑战合并后的企业。截至目前,已适用的解决非价格竞争关注的救济措施包括行为救济与结构救济,这些救济措施也同样适用于解决价格关注。然而,确定能够充分解决潜在非价格损害的救济措施,可能面临重大挑战。这是因为,关注竞争某个维度的救济措施,会给竞争的其他维度带来超出预期的影响。另外,一项行为救济措施能否解决非价格竞争不同方面的问题(如创新动机),也是不确定的。

8. 并购方经常向竞争执法部门提出非价格方面的效率主张。一方面,如果交易后价格会上涨,且所主张效率从长期看也存在不确定性,则这类效率主张会面临质疑。另一方面,实证研究确实表明,某些情况下并购会带来非价格特性的改进。

非价格方面的效率通常很难量化,几年之内可能都无法实现,而且可能被竞争执法部门认为是当事方为了让交易通过。一些竞争执法部门已经指出,当事方提出的非价格效率通常无法满足并购审查所要求的特定性、可行性以及消费者据此受益的标准。有人则发现,交易方提出的交易后质量方面的效率并非总能实现。然而,有关并购可能给创新和质量带来影响的实证研究表明,一些交易确实会提升效率。因此,竞争执法部门就面临如何在静态价格上涨与宽泛意义上的长期动态效率提升之间进行权衡的问题。同一行业中过去发生的并购相关证据,以及交易后对交易方的跟踪记录,或许能够提供一些帮助。效率量化方面的不断努力(包括基于不确定性对考量权重予以打折),也有助于解决主观性导致的问题。因此,要对非价格方面的效率进行评估,竞争执法部门颁布清晰的指引与分析框架就显得非常重要,因为这可以降低不确定性,并确保交易方向竞争执法部门提供其所需的证据。

二、OECD“零价经济中的质量考量”论坛[1]

2018 年 11 月，OECD 竞争委员会与消费者政策委员会联合举办论坛，讨论“零价经济中的质量考量”。综合秘书处的背景报告、与会代表提交的材料以及专家小组成员、代表的现场讨论情况，本次会议涉及以下要点。

1. 零价市场并非新鲜事物，但它在数字经济中日趋普遍。

大多数消费者每天使用零价格提供的商品或服务。尽管这种商业模式并不新鲜，但零价市场已经在数字经济中大量出现，并且具有独有的特征，可能给竞争政策和消费者政策带来挑战。特别是消费者越来越多地通过提供个人数据或对广告的关注，来交换免费的商品或服务。现今一些数字商品和服务被认为对很多消费者的日常生活至关重要。

2. 企业提供零价商品和服务的原因有很多，但广告与数据获取似乎是数字经济中的关键驱动力。

在数字经济中提供零价商品和服务的主要动机包括出售广告空间以及获取数据，尤其是消费者的个人数据。企业将这些数据用于多种目的，包括在线定向广告、改进产品质量、正价出售互补品、防止欺诈，或者在某些情况下将数据直接出售给第三方（如数据经纪人）。在广告和数据获取方面，规模经济、网络效应以及多边市场通常是相关的，这在竞争评估方面带来了特定的挑战。特别是网络效应会增加内生性市场进入障碍，这一问题还可能涉及学习效应、范围经济和规模经济。企业还可以利用零价市场创建客户关系，从而在关联市场中出售互补品或进行其他创收活动。一种常见的商业模式是，以零价提供某种“基础”服务，然后对高版本服务收取更多费用。

3. 数字经济中，除了传统的质量维度，零价市场中的企业还可以在隐私、数据安全以及广告质量等方面展开竞争。

从竞争政策与竞争执法的角度看，我们应该认识到，在商品与服务价格为零的市场中，竞争效应可能以对质量所产生影响的形式体现出来。也就是说，在没有价格竞争的情形下，竞争可能更多围绕商品或服务的质量展开。在这方

---

[1] See OECD, *Quality Considerations in Digital Zero-Price Markets*, 2018, www.oecd.org/daf/competition/quality-considerations-in-the-zero-price-economy.htm.

面，质量的传统维度（如功能以及用户友好性）仍然非常重要。但是，在数字经济中，质量的其他维度，比如隐私、数据保护及安全性；广告的质量与性质；补充品的提供；以及质量相关的选择与创新，变得越来越重要。关于隐私，一些消费者可能会将对其个人数据的收集视为商品或服务的质量下降。同样，如果某些消费者必须观看更多广告才能获得商品或服务，则他们也会感到质量下降。在线广告也可能在数据流量以及能耗方面产生直接成本。

4. 零价市场中竞争影响相关的若干潜在损害理论。

涉及商品或服务质量下降的损害理论与零价市场特别相关。在这种情形下，质量下降可能会伴随功能减少或用户友好性降低，比如搜索引擎性能下降或准确度降低。此外，这也可能导致企业所提供的隐私保护水平、所要求获取的个人数据量，或者消费者所接受的广告数量和广告类型方面的质量下降。这些质量下降可能源于反竞争性合并、固定质量水平的卡特尔协议或者滥用市场支配地位（如支配地位企业单方面附加不公平合同条款）。除了竞争关注，这些问题还可能涉及消费者政策、数据安全和隐私保护政策。

5. 需求侧问题也可能影响零价市场的竞争结果。

一些需求方面的问题以及信息不对称会影响零价市场的竞争结果。特别是消费者可能会遭遇行为偏差，从而破坏零价市场中的竞争结果。一个例子是“免费效应”，即一旦消费者以零价享受特定商品后，他们便不太能接受这类商品被收费。另一类潜在的相关行为偏差是所谓的“隐私悖论”：尽管许多消费者说他们关心自己的隐私，但并不清楚隐私是否真的会影响他们的购买决策；如果不是，出现这种情况的原因有时并不清晰。需求方面的另一项关键考量因素是，消费者是否可以在零价市场中充分观察质量。如果竞争是基于质量维度进行的，则只有在消费者能够客观地评估市场中质量的各个方面的情形下，他们才能作出明智的决定。这在数字市场中尤为困难，因为数字市场中，消费者可能很难分辨某些质量方面的水平，比如隐私和数据安全性。在这方面，通过确保消费者能够在企业之间作出明智的选择，以及在适当情况下维护最低质量标准，消费者政策可能被用来强化竞争。因此，探索是消费者能够更好地评估质量的救济措施，可能是非常有益的。特别是那些使隐私和数据安全性等质量方面的信息对消费者更为透明的救济措施，可能非常有效。

6. 需要完善竞争影响评估工具,使其能够评估对质量而非价格的影响。

许多用于界定相关市场和评估竞争影响的分析工具,都集中在价格方面的影响上。此外,传统的市场界定方法不太适合多边市场。因此,在零价市场中界定相关市场以及认定市场支配地位面临挑战。需要运用其他分析工具来评估质量方面的需求(和供应)替代性。在这方面,理解企业采取零价策略的动机是了解相关市场竞争动态的关键。但是,由于在质量权衡的评估方面存在困难,尤其是消费者数据和注意力以及不同消费者偏好方面的评估,即使是那些聚焦质量变化导致需求可替代性的评估方法,也存在适用的困难。因此,在零价市场中,一些其他指标(如在线用户关注度、交易量、网络效应以及多归属普及率)可能更为有用。特别是在多边市场中,需要考虑市场各边的竞争影响与定价策略。评估竞争约束的一些其他指标,比如产品改进与创新的频率及重要性,也可能有用。某些基于价格评估反竞争行为的工具,也可能不适用于零价市场。比如,将价格固定为零的卡特尔协议未必会对竞争产生负面影响。类似地,在零价市场中,拥有市场支配地位的企业将价格设定在边际成本之下,也不一定构成掠夺性定价。在涉及多边市场的情形下,需要考虑市场各边的情况以了解竞争影响。

7. 在某些反垄断辖区,在零价市场中进行竞争执法可能面临法律方面的挑战。

从法律角度看,在某些反垄断辖区,将竞争法适用于某些类型的行为,在零价市场中可能面临一些限制。比如,如果将竞争法解释为仅涵盖对所售商品或服务收取正价的企业,则这可能将零价交易排除在竞争法的适用范围之外。另一个问题是,竞争执法部门是否有能力去评估其他法律部门规范的相关质量问题,比如隐私和数据安全。要确定那些提供零价商品或服务的企业的市场支配地位,也可能面临挑战。同样,在零价市场中,基于营业额的并购申报阈值,也可能并不合理。

8. 竞争法项下的传统救济措施可能并不适合零价市场,竞争、消费者保护以及隐私保护部门之间需要展开积极的合作。

竞争法项下的传统救济措施,比如罚款以及结构救济,在解决零价市场中的竞争问题时可能并不是特别有效。特别是结构救济存在破坏直接网络外部性的风险,这可能会损害产品的质量。相反,行为救措施可能更为合适。比如,增加透明度、提升消费者意识、确定最低服务标准，或者促进数据可迁移性，这些救济措施在某些情况下便可能是适当的。但是，这些救济措施的监督成本很高，并可能与其他政策领域（如隐私和数据保护以及消费者保护）竞合。因此，一个关键的问题是，通过竞争法进行救济，还是依据隐私和数据保护法或者消费者保护法去解决此类问题。在基于竞争关注进行干预之前，需要确定质量方面的竞争出现了问题，并且拟采取的干预措施能够解决问题。某些情形下，通过消费者政策可以更快、更直接地进行干预。比如，改善消费者信息或者处理不公平商业行为。有些情形下，隐私和数据安全以及相关最低标准的问题，由隐私和数据保护部门处理可能更有利于问题的解决。如果涉案行为涉及一家支配地位企业，则通过竞争法进行救济可能更为合适。通过竞争法采取行为救济的案件中，为了澄清隐私和数据保护法以及消费者保护法中的不明确之处，竞争执法部门应与隐私和数据保护部门以及消费者保护部门展开合作，并协商确定相关救济措施。从整体来看，一项关键挑战是如何去改善竞争、隐私和数据保护以及消费者保护监管机构之间的合作和信息共享。此外，这些监管部门之间还可以开展一些联合倡导活动，比如提升消费者的信息获取或者促进私人行动，从而确保消费者拥有更大的选择空间。

三、OECD“动态市场中的并购控制”论坛[1]

2019 年 12 月，OECD 组织召开了“动态市场中的并购控制”论坛，结合背景报告、与会方提交的书面材料以及会议讨论情况，论坛涉及以下要点。

1. 在一些经济领域，竞争执法部门面临复杂而迅速变化的市场动态带来的挑战。

针对一些经济领域的并购控制，执法部门在评估并购时采用的时间框架（通常较短）与特定领域的动态属性之间出现了紧张关系。

动态市场中的并购控制面临诸多挑战。执法决定取决于对特定并购可能产生影响所采取的基于效果的分析。由于这些经济领域的特点通常是高市场进入率和高退出率，以及不断颠覆现有商业模式的创新，执法部门越来越难以

---

[1] See OECD, *Merger Control in Dynamic Markets: Executive Summary* (December. 6, 2019), https://one.oecd.org/document/DAF/COMP/GF(2019)21/en/pdf.

预测市场将如何演变以支持并购审查决定。传统的并购评估工具往往侧重于最近的或当前的市场状况,以评估并购的未来影响。然而,在充满活力的市场中,短期效果可能并非衡量并购之后充满活力的市场如何演变的最佳指标。在高科技、消费者服务以及在线零售等充满活力的市场中,企业在创新、新产品和服务开发等方面展开竞争。超越传统"结构—行为—绩效"(SCP)的静态范式,考虑并购对市场结构、商业行为和市场绩效的长期动态影响,可以降低干预过度与干预不足的执法错误风险。

2. 并购审查程序可以进行适当调整,以确认和考虑动态并购导致的长期潜在经济影响。

并购评估工具是灵活的,可用于评估动态并购的竞争效果。如果延长相关的时间框架,消费者的长期利益可能会得到更好的保护。然而,如果审查程序没有足够的可预测性和循证性,可能带来法律适用的不确定性,执法部门可以通过制定指南和最佳操作指引来解决这一问题。评估动态影响的一些措施包括分析产品的可替代性与创新能力,观察市场份额随时间流逝的变化,评估市场的进入与退出壁垒,以及采用标准定价压力测试去量化对创新的竞争性影响。在动态市场中,市场界定则没那么重要。并购对消费者福利的长期影响是模糊的,必须基于个案情况进行评估。并购可能减少静态和动态方面的竞争,但也可能产生短期或长期的效率。那些涉及紧密替代品以及显著市场进入壁垒的横向并购对消费者造成净损失的风险更大,而纵向和混合并购则很少引发竞争关注。

3. 动态效率主张值得特别关注,因为它们比静态效率更有可能为消费者带来好处。

从长远来看,只要效率收益足以弥补竞争的暂时性损失,那些引发直接竞争问题的并购,仍可能对消费者和社会整体福利产生积极的净影响。除了静态效率之外,在动态市场中,并购还可以通过动态效率增强竞争。然而,效率收益可能很难量化和证明,比如可能它们给消费者带来的是间接性利益。并购的重要动态效率包括创新激励(如研发方面的规模经济以及创新溢出效应),以及营利性退出策略(如破产抗辩和创业退出)。效率应该是合并特有,可证实,且能分享给消费者的。

4. 结构救济措施可用于处理导致价格和非价格方面潜在损害(包括对创新的损害)的动态效果。

执法部门可以在不影响交易产生的重要效率的情况下,使用结构和行为救济来解决并购中的竞争问题。在充满活力的市场中设计适当的救济措施仍然充满挑战。在一个充满活力的市场中,市场的变化是高度不确定的,因此可能需要更为灵活的救济措施。结构救济措施是可取的,可以在不损害动态效率的情况下解决横向并购的动态反竞争效果。通过要求并购企业剥离重叠的创新资源,结构救济措施比全面禁止决定带来的负面影响更小。当并购的动态影响不确定时,执法部门可能会考虑设计更为灵活的救济措施,比如救济措施的实际执行以未来特定市场事件的发生为条件。执法部门可能需要与其他反垄断辖区和行业监管部门保持密切合作,以设计和协调适当的救济措施。

四、OECD"初创企业、扼杀性收购与并购控制"论坛[1]

2020 年 6 月,OECD 举行了一次关于"初创企业、扼杀性收购与并购控制"的圆桌论坛。结合背景报告、与会方提交的书面材料以及会议讨论情况,论坛涉及以下要点。

1. 近期专注于制药行业的实证研究确认了一种被称为"扼杀性收购"的趋势,即在位企业收购新生竞争对手并停止其产品(或产品研发工作)。

根据扼杀性收购损害理论,在位企业收购并"扼杀"竞争对手的产品是为了:(1)避免竞争对手控制的特定产品成熟后对其施加竞争压力;(2)通过停止开发和销售被收购产品,避免其蚕食在位企业既有产品的销售市场。扼杀性收购与一系列更宽泛的损害理论相匹配,这些理论关注新生竞争对手带来的潜在竞争的损失。这些收购可能是数字市场特别关注的问题,可能会导致横向、纵向或混合集中相关的损害。收购以下情形中的新生竞争对手可能会损害竞争:目标企业最近推出了与收购方产品直接竞争的产品;尽管目标企业的产品暂时仅是收购方产品的弱替代品,但是随着时间的推移,它们之间的替代性会越来越高;或者目标企业未来将在当前市场或新产品市场中引入竞争性产品。

---

〔1〕 See OECD, *Start-ups, Killer Acquisitions and Merger Control*, https://www.oecd.org/daf/competition/start-ups-killer-acquisitions-and-merger-control-2020.pdf.

2. 对新生竞争对手的收购，包括扼杀性收购，已被视为行业和市场层面日益提高的市场集中度以及加价现象的可能原因。这些指标表明市场力量正在上升，一些人认为这至少部分是由于反竞争性并购活动所导致。

虽然尚不清楚在收购新生竞争对手方面是否存在执法不足的情况，但有证据表明，这些损害理论并不经常受到执法部门关注，并且没有迹象表明在这一领域存在执法过度的现象。一种令人担忧的现象是，在依赖营业额阈值的强制性事前申报的反垄断辖区，收购新生竞争对手可能不会向执法部门申报（因为新生目标可能未产生任何收入）。因此，一些反垄断辖区引入了交易价值阈值，试图规范涉及新生竞争对手的潜在反竞争性收购。这种方法的基本原理是，针对营业额非常低的公司给出高昂的收购价格，这可能表明目标企业具有竞争相关性，且交易导致的竞争损失可能是巨大的。其他一些反垄断辖区，目前的并购审查框架则可以足够灵活地捕捉这些交易，比如适用供应份额测试，或者执法部门有权对那些未达标的交易展开调查。

3. 考虑到所涉及问题的不确定性，对收购新生竞争对手展开调查可能面临巨大挑战。然而，既定的评估框架仍然可行，包括内部文件在内的某些证据类型可能特别有用。

调查收购新生竞争对手相关的一项特殊挑战是确定反事实（如果没有并购会发生什么）。特别是执法部门必须评估目标企业成为竞争对手的可能性，目标企业是否是"搅局者"或破坏性竞争对手，以及它是否可能被市场上的其他竞争对手或潜在竞争对手收购。较数字市场，在药品等产品研发途径相对完善的市场，这些挑战可能没那么明显。此外，还有必要考虑知识产权、管制或其他方面的挑战是否会损害目标企业实现商业成功的能力。然而，为了证明交易的竞争损害，并不需要通过证据去证明目标企业最终会与收购方的规模和范围相匹配。因为即使是仅在一个市场上拥有一种竞争性产品的较小规模的企业，也可能基于市场环境施加有力的竞争约束（因此收购这些公司可能会损害竞争）。对尚未在市场上提供产品的新生企业收购的评估，可能更加具有挑战性，因为这种情况下可能需要确定多个反事实。评估这些收购的时间框架至关重要，因为时间太短可能会低估潜在的损害。虽然这些问题涉及很大的不确定性，但执法部门必须在面临的挑战与不干预具有可信竞争损害的市场风险之间寻求平衡。证据收集有助于克服这些挑战，尤其是同期的内部文件，这些文件可以了解收购方如何看待目标企业(及其构成的潜在竞争威胁),以及收购方计划如何处理目标企业当前的研发工作。此外,审查目标企业的商业计划,以评估目标企业未来作为竞争约束因素的潜在作用,也非常有价值。还有必要征求其他潜在收购方、消费者和中立第三方的意见。在证据收集过程中,应防范便利偏差(过度关注容易获得的信息)的相关风险。估值分析也被认为是评估收购新生竞争对手的一种有用但存在挑战的方法。特别是执法部门可以尝试细分针对目标企业的收购价格的组成部分,以确定收购方是否为反竞争效应支付了溢价。这可能涉及评估目标企业的当前现金流以及收购方预期的潜在协同效应,进而确定交易价值的剩余部分是否可以体现由于竞争减少带来的收益。其他投标人对目标企业的估价,也可能有助于进行比较分析。在判断收购新兴竞争对手是否产生相关效率时,需要非常谨慎。比如,目前尚不清楚并购是否有正当理由,因为它可以让一家新生公司的产品提供给现有公司的庞大客户群。此外,尚不清楚促进"创业退出"相关的动态效率是否对消费者有利。比如,大型在位企业的收购前景会激励创新的观点,仍然存在争议。

4. 展望未来,一些执法部门在考虑对执法优先顺序以及分析框架进行调整,以应对收购新生竞争对手方面的担忧。

首先,一些执法部门开始适用新的交易价值申报阈值,以确保可以规范收购新生竞争对手的交易。然而,现在认为这些新门槛能够有效识别对新生竞争对手的潜在有害收购还为时过早。其次,需要确保新的申报阈值不会给执法部门带来太大的不必要的执法压力。其他相关建议还包括使用市场份额阈值,并根据产品和交易类型进行甄别(比如,收购具有独立潜力的产品可能比旨在招聘人才的"人才收购"更令人担忧)。在新兴企业收购风险更大的数字市场,竞争执法部门还可以考虑对相关公司附加额外的申报要求。再次,还有人提议明确执法部门的特定权力,让其可以对涉及新生企业的已完成交易进行事后审查。另一项有待讨论的建议是,在某些情况下,消除执法部门关于并购竞争影响的举证责任。比如,一些人呼吁建立一种可反驳的推定,即推定那些拥有根深蒂固的支配地位的企业收购新生竞争对手是反竞争的。这可能有助于解决竞争执法部门和大型在位企业之间的重大信息不对称问题。最后,一些人担心并购审查的概率平衡测试(比如,要求执法部门确定新生公司很可能取得商业成功)会影响执法部门对反竞争性新生公司收购的审查。作为一种替代方案,有观点建议执法部门应该同时考虑损害可能性以及损害程度，从而确保即使在没有50%以上损害可能性的情形下，也应该高度关注那些损害一旦发生就会非常严重的交易。

五、OECD“合并的混合效应”论坛[1]

2020年6月，OECD召开会议，讨论“合并的混合效应”。结合背景报告、与会方提交的书面材料以及会议讨论情况，论坛涉及以下要点。

1. 混合并购将那些并非竞争对手或存在供应关系的企业聚集在一起。这类并购通常并非反垄断执法的重点。事实上，近年对混合并购提出质疑的执法部门相对较少。

只有少数混合并购受到挑战。一方面，当并购不会导致竞争对手退出市场或纵向整合时，经济研究发现，特定情况下才会出现竞争损害。另一方面，关于混合并购影响的实证证据非常有限，人们普遍认为混合并购可以带来显著的效率。供应方面，混合并购带来的相关效率包括产品生产工艺相似性带来的范围经济。此外，当混合并购将互补产品的生产商联合在一起时，可以帮助克服投资套牢问题、质量控制问题以及定价低效问题（尽管一些人质疑是否需要通过并购才能实现这些效果）。需求方面，混合并购可以通过一站式购物、互补产品之间的兼容性以及数字市场的通用用户界面的形式去提升效率。

2. 虽然仅在少数情形下出现，混合并购在某些情况下仍可能导致竞争危害。特别是当混合并购涉及至少在一个市场拥有支配地位的企业时，如果合并后的企业有能力和动机阻止竞争或提高竞争对手的成本，则竞争可能会受到损害。

一些执法部门将注意力集中在未来可能产生纵向或横向影响的混合并购上。特别是如果混合并购涉及两种原料的生产商，需要将其结合起来生产最终产品，则可能引发纵向问题。如果混合并购减少了生产类似产品的公司创新的竞争压力，从而损害了未来的横向竞争，则可能出现横向问题。纯混合并购的损害理论传统上关注的是合并后企业将合并前企业的产品捆绑或搭售在一起

---

[1] See OECD, *Roundtable on Conglomerate Effects of Mergers-Background Note*, June 10 - 12, 2020, https://one.oecd.org/document/DAF/COMP(2020)2/en/pdf.

的风险。搭售是指一家公司要求其客户购买一种或多种搭卖品,如果他们希望购买结卖品。搭售可以通过技术或合同手段实现。捆绑可以被视为搭售的一种形式,当一家公司在一个包装中提供多个产品时就会发生捆绑。捆绑可以通过拒绝单独提供产品或以折扣价提供捆绑包来实现。捆绑和搭售损害理论通常侧重于互补性产品(意味着它们被一起消费),尽管在特定情况下,替代性产品或无关的产品被捆绑或搭售在一起时,也可能产生损害。为了评估将并购后捆绑和搭售作为一种封锁策略的风险,执法部门会考察合并后企业从事此类行为的能力和动机。公司捆绑或搭售的能力将取决于技术可行性、所需投资(尤其是技术搭售)以及抵消性买方力量的存在。对捆绑和搭售激励措施的分析可能是复杂和有争议的。特别是针对反竞争性捆绑和搭售的激励条件,经济研究存在重大争议。这方面争议包括在那些非完全竞争的市场中涉及补充品搭售时的情形。此外,如果消费者存在重叠,捆绑和搭售可能被用来阻止替代性产品甚至无关产品之间的竞争,而市场进入壁垒可能会限制潜在竞争对手对这些策略予以回应(因为潜在进入者需要提供所有捆绑或搭售产品才能进行竞争)。如果合并后企业能获得重复购买的互补品的未来销售额,那么捆绑和搭售的激励就可能存在。最后,在少数情况下,竞争执法部门考虑了混合并购可能产生的横向协同效应风险。这是因为混合并购增加了市场中混合型企业之间的结构对称性,可能会增加多市场接触——这也是产生共谋风险的因素之一。

3. 一些研究表明,数字市场中的混合并购可能更容易导致竞争问题。这是因为这些市场的固有特征,以及大型数字混合企业的存在。

数字市场的特征可能会提升传统混合并购损害理论的风险。规模经济、低边际成本、范围经济、反馈循环和网络效应在数字市场中非常常见。虽然这些特征可以成为并购效率的来源,但它们也可以激励合并后的公司进行捆绑和搭售。此外,考虑到从技术角度来看,互操作性限制(或拒绝提供有助于互操作的信息)通常是可行的,而且通常是创建产品"生态系统"的一部分,因此企业可能更容易实施搭售。在以零价格向消费者提供产品的特殊情况下,正如在很多平台市场中常见的那样,当无法在其进入的市场中降低价格时,拥有支配地位的平台可能会实施捆绑销售。也就是说,即使目标市场中的竞争性公司收取的价格为零,仍可以基于垄断市场提供的补贴,通过捆绑销售阻碍该市场的竞争。此外，一些新的混合并购损害理论专门针对数字市场。比如，“平台包络”(platform envelopment)[1]是指在某个市场上拥有支配地位的平台，通过将两个平台的产品进行捆绑或搭售从而进入另一平台市场(无论两个平台是互补、替代还是不相关关系)的能力。平台包络策略可能导致第二个市场被封锁，因为基于网络效应(来自支配地位平台的现有用户群)和范围经济(由于共享技术和数据)，第二个市场中的竞争性平台无法与合并后的实体展开有效竞争。网络效应和范围经济通常对策略的成功至关重要——如果没有重叠的用户群(或潜在用户群)，或者在产品开发方面没有实质性的效率，捆绑或搭售就不太可能盈利。该策略的一个变体是使用零价格产品来使消费者同意收集其数据，这方面的同意可用于在相关市场中建立用户基础。这一策略可以通过剥夺潜在进入者在相关市场建立用户和数据的能力，防止该市场出现竞争威胁。除了这些问题外，还有一系列与特定混合并购相关的担忧，这些担忧无法通过并购控制轻易解决，但竞争执法部门可能希望考虑这些问题。具体而言，一些人担心，在几个相关市场拥有支配地位的企业合并后可能引发系统性风险，放大补贴或其他类型的国家支持所导致的扭曲性影响，且游说以及公共宣传方面的实力也会提升。

4. 由于混合并购的损害风险一般很小，但某些情况下又很大，评估混合并购的竞争执法部门面临着一些挑战。此外，鉴于相关产品没有横向或纵向关系，信息请求和分析的范围可能非常复杂。

为了确定针对特定并购进行初步信息收集和分析时，是否应该考虑潜在的混合效应(对评估这些影响的反垄断辖区而言)，执法部门可以借助某些初步指标进行筛查。除非至少有一家参与并购的企业拥有强大的市场力量，且一个或多个相关市场存在显著的市场进入壁垒、规模经济或网络效应，否则不太可能出现混合损害。如果确实存在这些情况，可以进一步评估其他风险因素，包括：(1)产品是否是互补产品，其中一种产品是否有替代性用途或者被重复购买；(2)这些产品是弱替代品还是不相关产品，是否在消费者中有很大的重叠；(3)搭售中的捆绑在市场上是否普遍，技术上是否可行；(4)并购相关的某个市场是否极可能被用作扩展并购企业在另一市场的市场力量的垫脚石。在调查

[1] platform envelopment 在国内也被译为“平台包抄”。

混合并购时,执法部门在收集证据方面面临重大挑战。他们面临增加办案人员的负担,以及分散化信息收集的压力。因此,执法部门最初可以重点关注并购的理由,特别是范围经济、需求侧效率、捆绑折扣,以及将公司资产和专有知识运用于新市场的作用。鉴于这些并购理论与反竞争行为的风险有关,执法部门也在考虑是否更适合通过事后执法来解决混合并购的问题。然而,在并购审查中评估混合并购的损害理论,有助于提前防止竞争损害的发生。如果竞争损害已经发生且导致竞争对手退出市场,这种损害往往很难被事后消除。最后,执法部门面临的挑战是选择适当的救济措施来解决混合并购问题。行为救济措施可能是解决至少部分混合并购问题的一种方法,同时可以维系此类并购的效率。特别是存在与捆绑和搭售有关的问题时,行为救济措施可以侧重于防止当事方实施此类策略。事实上,一些执法部门在混合并购中使用了行为救济措施,特别是在解决没有纵向或横向层面的问题时。当出现竞争问题时,一些执法部门则明确倾向于采取结构救济措施或者禁止交易。这种偏好是由于监督行为救济措施面临的巨大挑战,以及对其有效性的担忧而形成的,尽管这可能使混合并购的竞争关注更难被解决。鉴于混合并购损害理论的不确定性,如果不考虑行为救济,这种情况下执法部门可能会选择批准混合并购,否则就只能禁止交易。

第三节　中国集中审查规则的重塑

对比2008年实施的《反垄断法》(本节简称为旧法),2022年版《反垄断法》(本节简称为新法)在经营者集中审查制度方面取得了实质性进展。新法在未达标交易审查、停钟、分类分级以及法律责任四大方面的调整,一定程度上重塑了我国经营者集中反垄断审查的制度体系,为数字经济领域经营者集中反垄断审查的下一步规则细化与执法强化打下了良好基础。

一、明确剩余管辖回应经济发展

基于OECD的梳理,允许反垄断执法部门对一些未达申报门槛但可能存在问题的交易进行审查,即执法部门拥有“剩余管辖权”(residual jurisdiction)

的情况全球并不鲜见。[1] 对此,我国2008年发布的国务院《关于经营者集中申报标准的规定》第4条[2]已有体现,此次修法则正式在法律层面予以明确。新法第26条规定,经营者集中未达到国务院规定的申报标准,但有证据证明该经营者集中具有或者可能具有排除、限制竞争效果的,国务院反垄断执法机构可以要求经营者申报。经营者未依照规定进行申报的,执法部门应当依法进行调查。

针对未达标交易的剩余管辖权有助于降低假阴性风险(干预不足),但也提升了特定交易在合规方面的不确定性。整体而言,由于未达标交易缺乏严格的自我评估标准,立法重点应该是在完善申报标准的基础上通过剩余管辖权兜底。为避免制度过于刚性给市场主体带来困扰,新法规则设计更为柔性,确立了"要求申报+未申报+依法调查"的适用逻辑。新法第26条的适用范围很大程度上取决于申报标准的完善,标准越完善该条适用空间越小。如何有效适应数字经济发展是此次修法的背景之一,尽管经营者集中相关内容未有直接体现,但第26条的规定间接涉及。该条有助于弥补传统申报门槛无法有效回应数字经济领域特定交易的漏洞,比如"扼杀性收购"。不过考虑到经济发展的不确定性,剩余管辖权的意义并不限于数字经济领域,该条实际上是在法律层面为应对未来经济发展给申报门槛带来的潜在冲击预留了空间。最后需要指出的是,未达标交易的反竞争效果可能涉及竞争损害理论的演化,比如近年国际上关注的创新竞争损害便与扼杀性收购存在关联,这方面也是新法第1条增加的"鼓励创新"目的在经营者集中环节的可能体现。

二、引入停钟机制优化审查时限

依据旧法,经营者集中审查采取不停钟模式,立案后审查期限累计不得超过180个自然日。在我国经营者集中案件执法人员数量非常有限的条件下,审查时限硬约束成为突出问题。从过去10多年的执法实践看,相当数量的附条件批准案件只能采取交易方撤回重报的方式变通应对审查时限缺乏弹性的困

---

[1] See OECD, *JurisdictionalNexus in Merger Control Regimes*, 2016.

[2] 2008年国务院《关于经营者集中申报标准的规定》第4条规定:"经营者集中未达到本规定第三条规定的申报标准,但按照规定程序收集的事实和证据表明该经营者集中具有或者可能具有排除、限制竞争效果的,国务院商务主管部门应当依法进行调查。"

境,但这对法律权威和市场预期造成了一定影响。新法第 32 条正式确立停钟制度,规定有下列情形之一的,执法部门可以决定中止计算经营者集中的审查期限,并书面通知经营者:(1)经营者未按照规定提交文件、资料,导致审查工作无法进行;(2)出现对经营者集中审查具有重大影响的新情况、新事实,不经核实将导致审查工作无法进行;(3)需要对经营者集中附加的限制性条件进一步评估,且经营者提出中止请求。自中止计算审查期限的情形消除之日起,审查期限继续计算,国务院反垄断执法机构应当书面通知经营者。

停钟机制的引入形式上解决了案件审查时间不够用的问题,特别是针对一些在多反垄断辖区均面临申报义务的大型交易,往往涉及全球主要反垄断辖区执法效率的横向比对,经营者集中反垄断审查停钟机制应逐步成为我国优化营商环境中的一个加分项。该机制落实过程中应避免因随意停钟、反复停钟而降低整体审查效率的问题,因而针对新法确定的三类停钟情形,执法部门有必要尽快出台更具可操作性的细化规则。今后涉及停钟机制适用的案件,可考虑进一步提升相关信息披露力度,以便后续案件参考,促进提升审查效率。此外,停钟机制实施一段时间后,可以考虑针对相关方面问题进行专项回溯分析,与修法前撤回重报的案件整体所需时限进行比较,借以调整与优化停钟机制的实施。

三、探索分类分级提升执法质量

分类分级制度是新法备受关注的新增内容之一,新法第 37 条规定:“国务院反垄断执法机构应当健全经营者集中分类分级审查制度,依法加强对涉及国计民生等重要领域的经营者集中的审查,提高审查质量和效率。”分类分级是近年数字经济治理领域备受关注的一种思路,比如国家市场监督管理总局 2021 年公布了《互联网平台分类分级指南(征求意见稿)》。在反垄断领域,特别是经营者集中反垄断审查角度引入分类分级的提法比较罕见。反垄断领域该提法初见于 2022 年 3 月发布的中共中央、国务院《关于加快建设全国统一大市场的意见》,在该意见的第 7 部分“进一步规范不当市场竞争和市场干预行为”中,第 22 条提及“完善垄断行为认定法律规则,健全经营者集中分类分级反垄断审查制度”。整体来看,现行制度设计已体现一定的分类属性(如普通案件和简易案件的分类),但分级色彩并不明显。基于新法对该提法的正式引入，在后续配套规则与执法完善方面需要予以回应。

分类分级突出了经营者集中交易主体或交易的某些特性，基于这些特性可以更有针对性地设计辅助规则、调整分析方法、配置执法资源，进而提升执法质量和办案效率。值得注意的是，考虑到经营者集中反垄断审查的“事前规制”属性与管制制度的天然关联，避免统一市场监督管理思路与行业管制思路的混同应引起重视。该制度建设过程中，应确保特性与共性协调，保持反垄断执法的统一性和稳定性。反垄断执法部门应坚持反垄断固有规制逻辑，警惕经营者集中分类分级制度，特别是分级制度（如对主体划分不同级别）向行业管制措施变异。就分类分级制度的路径健全而言，可分别体现在申报和审查两大环节。在申报环节，一方面，提高申报门槛，减轻政府与市场压力；另一方面，探索交易额门槛的引入，以应对数字经济发展。在审查环节则可以重点关注特定行业的反垄断执法以及简易案件的分流。在特定行业方面，除了新法明确提及的“涉及国计民生等重要领域”这一抽象表述，中共中央、国务院《关于加快建设全国统一大市场的意见》中强调的金融、传媒、科技等领域以及涉及初创企业、新业态、劳动密集型行业的经营者集中，都可以作为执法资源的配置重点。就简易案件分流而言，我国的重点探索方向是部分简易案件如何向地方分流（主要是部分省级执法部门），具体分流机制的构建可以结合特定指标（如营业额、交易额、所处行业、与特定地域经济关联度等）进行分类分级。值得注意的是，2023 年 3 月国家市场监督管理总局出台的《经营者集中审查规定》第 2 条明确国家市场监督管理总局根据工作需要，可以委托省、自治区、直辖市市场监督管理部门实施经营者集中审查。修法前我国的经营者集中反垄断审查一直由中央执法，2022 年 8 月 1 日国家市场监督管理总局启动试点，委托北京、上海、广东、重庆、陕西 5 省（市）市场监督管理部门开展经营者集中反垄断审查工作。

四、加重法律责任强化制度威慑

如何提升反垄断法律制度的威慑力是此次修法的重点之一，特别是旧法中对经营者集中应报未报情形只能处罚 50 万元人民币的规定，被作为有必要提升处罚力度的一个典型例证。新法第 58 条加大了未依法申报等违法行为的处罚力度：(1) 对于具有或者可能具有排除、限制竞争效果的未依法申报案件，反垄断执法机构可责令停止实施集中、限期处分股份或者资产、限期转让营业以及采取其他必要措施恢复到集中前的状态,处上一年度销售额 10% 以下的罚款;(2)对于不具有排除、限制竞争效果的,处 500 万元以下的罚款。此外,新法还明确对经营者集中在内的违法行为情节特别严重、影响特别恶劣、造成特别严重后果的规定,执法机关可以在一般情形下罚款数额的 2 ~ 5 倍确定具体罚款数额。

反垄断法律责任的强弱设置与一国竞争文化水平存在关联。ICN 对"年轻竞争执法机构"(young competition agency)确定了 15 年以下的标准,[1]尽管我国反垄断执法已迈入成熟期,但我国社会的竞争文化水平仍有很大的提升空间,这方面突出体现在国内相当比例的经营者仍然缺乏反垄断合规意识。新法对法律责任的全面加重,有助于从制度威慑的角度促进竞争文化水平的提升。新法落实过程中,应重视作为事前规制的经营者集中审查,与垄断协议、滥用市场支配地位这类事后规制的差异,特别是反事实比对在法律责任确认方面所发挥作用的区别。此外,由于新法责任显著提升,新旧法的衔接也是值得重视的问题,特别是应报未报交易的处理。基于《立法法》的原理,新法原则上不溯及既往。但考虑到不同交易情形的差异,比如,交易方持续拥有目标公司的控制权,是否被视为违法状态的持续进而适用新法责任,执法部门有必要结合交易机理以及《行政处罚法》中追诉时效的相关规定,明晰新旧法的适用标准。

---

〔1〕 参见韩伟主编:《国际竞争网络(ICN)调研报告选介》,法律出版社 2018 年版,第 367 页。

第二章　反事实比对

反垄断法律制度属于典型的负面清单规则，立法聚焦于那些导致市场失灵且市场无法自行修复的排除、限制竞争行为。涉嫌违法行为是否已经导致或者可能导致市场竞争水平的严重下降，这是行政执法部门或者司法机构在个案中的关注焦点，反事实比对则是评估竞争水平变化的重要方法。反事实比对是将涉嫌违法行为发生情形下的市场状态与该行为不发生情形下的市场状态（反事实状态）进行比较，评估两种情形下的差异（特别是竞争水平差异），进而判断涉嫌违法行为对竞争的影响。反事实状态是假如涉案行为未发生情形下市场竞争会达到的（均衡）状态。[1] 反事实比对是反垄断法律科学实施的重要方法论保障，特别是在数字经济领域的经营者集中审查制度中有很大的适用空间。本章拟结合世界主要反垄断辖区的相关发展，就反事实比对在经营者集中反垄断审查中涉及的若干问题作一探讨。

---

〔1〕 参见林平：《反事实状态与反垄断执法误差》，载《竞争政策研究》2016 年第 3 期。

第一节 概 况

一、反事实比对在反垄断规则中的体现

从世界主要反垄断辖区的情况来看,在垄断协议、滥用市场支配地位以及违法并购这三大类反竞争行为的审查过程中,反事实比对均发挥着重要作用。从规则角度看,反事实比对主要体现在各国的配套性反垄断指南中。就垄断协议而言,以欧盟 2011 年《横向合作协议指南》为例,在介绍依据《欧盟运行条约》第 101 条进行个案评估的基本原则时,该指南指出,评估一项横向合作协议是否具有第 101 条第 1 款的限制竞争效果时,应该与协议不存在的情形下的竞争状况进行比较。为了证明协议对竞争产生的实际或潜在限制性影响,有必要考虑当事人之间以及来自第三方的竞争,特别是需要考虑在没有协议的情形下存在的实际或潜在竞争。[1] 就滥用市场支配地位而言,欧盟 2009 年《滥用市场支配地位指南》在针对排他性行为的一般分析方法部分指出,欧盟委员会将基于市场地位、相关市场条件等因素进行评估。这种评估通常以对比的方式作出,即将相关市场的现实或未来的情形与一个适当的反事实(如企业未实施相关行为的情形)进行比较。[2] 依据新加坡 2022 年《滥用市场支配地位指南》,尽管反事实评估不是分析滥用市场支配地位的法定要求,但执法部门将酌情使用反事实分析,作为评估滥用市场支配地位的工具。[3]

本章重点关注并购反垄断审查中反事实比对的运用,这方面内容世界主要反垄断辖区的反垄断指南也非常重视。欧盟 2004 年《横向合并指南》在导言部分提出,在评估合并的竞争影响时,欧盟委员会将合并后产生的竞争条件与没有合并的条件相比较。[4] 欧盟 2008 年《非横向合并指南》在导言部分也指

---

〔1〕 参见《欧盟横向合作协议指南(2011)》,薛颖、王俣等译,载韩伟主编:《美欧反垄断新规选编》,法律出版社 2016 年版,第 13 页。

〔2〕 参见《欧盟滥用市场支配地位指南(2009)》,曾雄译,载韩伟主编:《美欧反垄断新规选编》,法律出版社 2016 年版,第 294 页。

〔3〕 See CCCS, Guidelines on the Section 47 Prohibition, 2022.

〔4〕 See European Commission, *Guidelines on the assessment of horizontal mergers under the Council Regulation on the control of concentrations between undertakings*, 2004.

出，在评估合并的竞争效果时，欧盟委员会将把合并可能造成的竞争状态，与没有合并情形下的竞争状态进行比较。[1] 美国 2010 年《横向合并指南》在概述部分明确表示，大部分的合并分析都是预测性的，评估与不发生合并的情形相较而言，发生合并后会产生何种效果。[2] 美国 2020 年《纵向合并指南》的概述部分也指出，在效果评估时，执法部门专注于合并导致的竞争结果的可能变化。执法部门关注与合并后企业的能力和动机相匹配的行为所引发的竞争结果，如果交易不发生，这些结果就不会出现。[3] ICN 针对并购反垄断审查的执法建议也强调了反事实比对的重要性，认为执法部门进行竞争影响分析的重点是比较合并发生以及合并不发生情形下相关市场的竞争状况。[4] 此外，德国 2012 年《合并控制指南》[5]、法国 2020 年《合并控制指南》[6]、新加坡 2022 年《合并评估指南》[7]均有相关内容。比如在认定横向并购是否产生协同效应方面，德国指南指出，分析的出发点是评估特定市场中默示合谋的条件和动机，将并购对市场的预期影响与反事实的市场条件进行比较。评估并购交易是否以及在多大程度上改变市场条件，使其对默示合谋产生影响，特别是是否使协调得以实现，或者让协调更为稳定和有效。[8] 一些国家的反垄断指南更是设置独立的部分对反事实问题进行说明，比如巴西 2016 年《横向合并评估指南》[9]、英国 2021 年《合并评估指南》[10]，特别是英国在这方面的进展（包括系列重要案例），尤其值得关注。

---

[1] See European Commission, *Guidelines on the assessment of non-horizontal mergers under the Council Regulation on the control of concentrations between undertakings*, 2008.

[2] 参见韩伟：《横向合并指南》，载《产业组织评论》2012 年第 4 期。

[3] 参见韩伟：《纵向合并指南》，载《竞争政策研究》2020 年第 3 期。该指南由 DOJ 与 FTC 联合发布，FTC 后来又宣布撤回该指南。

[4] See ICN, *Recommended Practices for Merger Analysis*, https://www.internationalcompetitionnetwork.org/wp-content/uploads/2018/05/MWG_RPsforMergerAnalysis.pdf.

[5] See Bundeskartellamt, *Guidance on Substantive Merger Control*, 2012.

[6] See Autorité de la concurrence, *Merger Control Guidelines*, 2020.

[7] See CCCS, *Guidelines on the Substantive Assessment of Mergers*, 2022.

[8] See Bundeskartellamt, *Guidance on Substantive Merger Control*, 2012.

[9] See CADE, *Guide for Horizontal Merger Review*, 2016.

[10] See CMA, *Merger Assessment Guidelines*, 2021.

二、反事实比对的定位

反事实分析是评估特定行为是否对竞争产生限制性影响的一种手段。[1] 反事实思维方法在反垄断法实施过程中的应用将会大大提高执法工作的合理性和有效性,避免反垄断执法误差。[2] 德国指南有一个单独的“因果关系”(causation)部分,该部分指出,评估因果关系需要将合并后预期的市场条件进行反事实比对,即与没有合并时可能的市场条件进行比较。因此,有必要比较关于市场条件未来发展的情况。只有当这种比较表明,合并后的竞争条件会比没有合并时的条件更差,合并才能被视为这种变化的原因,并可能被禁止或以附条件的方式批准。[3] 尽管反事实比对方法非常重要,但是从目前主要反垄断辖区相关指南的表述来看,反事实比对并非强制性要求,各国更多的是强调其作为工具价值的重要性。依据英国指南,反事实分析不是法定测试,而是用于回答特定合并是否导致“实质减少竞争”(SLC)问题的分析工具。[4] 巴西指南则将反事实比对作为传统审查的一种补充或者替代性方法,与“合并模拟”等方法并列。[5]

第二节　反事实的主要特性与类型

一、反事实的主要特性

首先,反事实聚焦那些对相关市场的竞争会产生显著影响的事件。反事实认定过程中需要确定事实的大致范围。并购案件中,反事实主要用于描述特定并购交易不发生情形下市场的竞争状况。从理论上看,并购交易不发生情形下的事实范围非常宽泛,执法部门往往需要聚焦那些对市场竞争机制产生显著影响的事实,相关事实可能涉及交易方、第三人以及市场整体发展态势等方面。

---

〔1〕 See CCCS, *Guidelines on the Section 47 Prohibition*, 2022.

〔2〕 参见林平:《反事实状态与反垄断执法误差》,载《竞争政策研究》2016 年第 3 期。

〔3〕 See Bundeskartellamt, *Guidance on Substantive Merger Control*, 2012.

〔4〕 See CMA, *Merger Assessment Guidelines*, 2021.

〔5〕 See CADE, *Guide for Horizontal Merger Review*, 2016.

一般而言,只有那些涉案并购交易没有发生的情形下才会出现的事件,才能被纳入反事实的范围。因并购交易而出现或可能出现的情况,不构成反事实的一部分。

其次,不同案件反事实的时间范围存在差异。依据英国指南,执法部门在描述反事实时考虑的时间范围取决于具体情况。有些市场相关变化几年内都不会发生,有些市场反事实的时间范围则会很短。反事实的时间范围与执法部门竞争评估环节使用的时间范围一致。[1] OECD一份研究指出,各国的并购指南通常没有规定用于评估合并影响的确切时间框架,实践中经常使用2~3年的时间。虽然这样的时间框架可能有助于简化评估,使其在较短的时间内更容易得出有关反事实的结论,但并不意味着这是最佳时间框架。时间框架问题与新生企业收购特别相关,因为在某些情况下,反事实中预期的竞争约束可能在一两年后才产生影响。过短的时间框架可能低估新生企业收购导致的竞争损害。[2] 英国的一份并购案件回溯分析报告也建议适当延长时间,该报告认为英国并购调查中惯常适用的两年期限,其作为评估某些未来市场(future markets)发展(如市场进入)的指标,可能存在一定的局限性,该指标在适用数字市场的合并时可以考虑适当延长。因为即使在快速发展的数字市场,要实现市场成功,需要的时间可能也超过两年。[3]

再次,反事实无法也没有必要高度精确。反事实的精确度也是确定反事实过程中无法回避的问题。依据新加坡指南对反事实的描述,受事件或情况及其后果可预见程度的影响。[4] 从各反垄断辖区的情况来看,执法部门不会寻求反事实的高度精确描述,实际上也不可能实现对反事实的高度精确判断。依据英国指南,反事实并非旨在详细描述在没有合并的情况下占主导情形的竞争条件。执法部门只关注那些有理由相信会对其竞争评估产生显著影响的重大变化。如果两类或更多可能的反事实情景导致大致相同的竞争条件,执法部门便没有必要选择反事实的特定情景。执法部门力求避免预测在没有合并的情况

---

〔1〕 See CMA, *Merger Assessment Guidelines*, 2021.

〔2〕 See OECD, *Start-ups, Killer Acquisitions and Merger Control*, 2020, p. 23.

〔3〕 参见韩伟、高雅洁:《英国2019年〈数字市场合并控制执法事后评估〉报告》,载《竞争政策研究》2019年第3期。

〔4〕 See CCCS, *Guidelines on the Substantive Assessment of Mergers*, 2022.

下会出现的确切细节或情况。比如，作为反事实的一部分，执法部门可能会评估交易一方进入市场或进行重大市场扩张的可能性，但不会评估其可能引入的产品或服务的确切特征或者可能达到的销售水平。[1]

最后，反事实不考虑违反竞争法的行为。反事实还涉及事实的合法性问题，即违反竞争法的事实是否也能纳入反事实范围，这方面各国一般确定的反事实仅限于具有竞争法方面合法性的事实。英国指南就明确指出，执法部门不会将违反竞争法的相关行为作为反事实，如垄断协议。[2] 依据新加坡指南，反事实不应涉及违反竞争法的情形。比如，如果市场状态涉及定价或者划分市场方面的垄断协议，这便不是一个适当的反事实，因为这种情况下的竞争由于反竞争行为而人为地减少。[3]

二、反事实的类型

并购案件中适用的反事实大体可以区分为静态反事实和动态反事实两大类。静态反事实指并购交易发生时的市场状态，这种反事实建立在市场平稳发展，市场竞争状况不会出现重大变化的基础上。动态反事实则指不局限于交易发生时的市场状态，还要充分考虑交易不发生情形下市场正常发展过程中将会出现的重大动态变化。

大部分案件中，执法部门可以适用静态反事实进行比对分析。随着动态竞争特征明显的数字经济的发展，近年来数字经济领域越来越多的案件执法部门更为倚重动态反事实比对。欧盟2004年《横向合并指南》指出，在绝大多数情况下，合并交易发生时存在的竞争条件，可以构成评估合并影响的相关比较对象，而在某些情况下，欧盟委员会可以考虑能够合理预测到的未来市场变化。特别是在考虑什么构成相关比较对象时，欧盟委员会还可以考虑如果合并没有发生，其他企业可能的市场进入和市场退出的情况。[4] 欧盟2008年《非横向合并指南》也有类似规定，并强调欧盟委员会还可能把拟议中的监管规则的变

[1] See CMA, *Merger Assessment Guidelines*, 2021.

[2] See CMA, *Merger Assessment Guidelines*, 2021.

[3] See CCCS, *Guidelines on the Substantive Assessment of Mergers*, 2022.

[4] See European Commission, *Guidelines on the assessment of horizontal mergers under the Council Regulation on the control of concentrations between undertakings*, 2004.

化对未来市场发展的影响,也一并予以考量。[1] 新加坡指南也规定,大多数情况下,适当反事实的最佳参考是交易时的市场竞争条件。然而在某些情况下,交易时的市场现状可能不是适当的反事实。执法部门需要考虑竞争结构中可能和即将发生的变化,以便尽量准确地反映合并不发生情形下竞争的性质。[2] 依据德国指南,并购案件的评估并不局限于比较合并前后的市场条件,因为这是假定市场条件不变。合并后的情况要与没有合并的情况进行比较,反事实包括在不久的将来可以预期的、与竞争评估有关的市场发展。[3]

动态反事实更为复杂,以涉及新生企业收购案为例,相关动态反事实便涉及多种情形。值得关注的被收购方的动态反事实包括:该目标是否可能保持独立,如果是,它将构成多强的竞争约束?目标公司能否从私人投资者或投资市场获得资金?目标公司是否有可能被另一收购者收购?值得关注的收购方动态反事实则包括收购方购买其他公司(不会显著减少竞争)或者内部发展自己的能力生产新产品的可能性。[4]

Facebook 收购 Giphy 案便重点考察了动态反事实,该案英国执法部门最终认定交易导致相关市场竞争实质减少,要求合并后的实体全面剥离 Giphy。在确认该案适当的动态反事实时,执法部门重点考虑了:(1)在没有合并的情况下,Facebook 在采购 GIF 方面会有怎样的表现;(2)如果没有合并,Giphy 在提供 GIF 和基于 GIF 的广告方面会有怎样的表现。执法部门基于其掌握的证据,最终确认在没有合并的情况下,最可能出现的事实是:(1)Facebook 将继续从 Giphy 那里采购 GIF;(2)Giphy 将继续提供 GIF,继续创新,继续开发其产品和服务,继续营收,并在投资者的资金等方面的支持下探索各种方案以进一步实现其产品的货币化能力。无论 Giphy 的所有权如何变化,即无论是在合并前的所有权结构下(接受投资者的财务支持和商业专业知识),还是被出售给其

---

〔1〕 See European Commission, *Guidelines on the assessment of non-horizontal mergers under the Council Regulation on the control of concentrations between undertakings*, 2008.

〔2〕 See CCCS, *Guidelines on the Substantive Assessment of Mergers*, 2022.

〔3〕 See Bundeskartellamt, *Guidance on Substantive Merger Control*, 2012.

〔4〕 See OECD, *Start-ups, Killer Acquisitions and Merger Control*, 2020, p. 21.

他买家(可能是另一家社交媒体平台),这种反事实都会发生。[1]

第三节 动态反事实情形及不确定性

如前所述,反事实聚焦那些对相关市场的竞争产生显著影响的事件。从各国实践看,执法部门关注的动态反事实主要涉及市场扩张和市场进入,以及市场退出。此外,相关交易的进展以及监管环境的变化等方面的发展也值得关注。

一、动态反事实的主要情形

(一)市场扩张和市场进入

市场扩张,是指已在市场中的企业,在既有竞争力(如产能)的基础上进一步扩大业务规模。市场进入,则是指经营者进入以前没有提供过相关产品或服务的新市场。执法部门重点关注的反事实包括参与合并的一方是否会进入另一方的市场,或者如果已进入市场,是否会在合并不发生的情形下进行市场扩张。比如合并一方是一家初创企业或新进入者,或者合并一方是一家老牌企业决定通过收购进入新市场,否则就通过开发自己的产品或服务进入市场。这两种情况下,合并都可能消除交易方之间的潜在竞争。[2]

在 Sabre 收购 Farelogix 案中,该收购在遭遇 DOJ[3]和 CMA 的反对后宣布放弃。Sabre 是服务于航空公司的全球分销系统(Global Distribution System,GDS)的主要供应商,被收购方 Farelogix 尽管不运营 GDS,但运营一项独立的技术,即"新分销能力解决方案"(NDC 解决方案),该技术允许航空公司直接连接旅行社展开预订服务而无须求助 GDS。英国执法部门认为该交易将实质

---

〔1〕 See CMA, *Completed acquisition by Facebook, Inc (now Meta Platforms, Inc) of Giphy, Inc.: Final report on the case remitted to the CMA by the Competition Appeal Tribunal*, Gov. UK (October. 18, 2022), https://assets.publishing.service.gov.uk/media/635017428fa8f53463dcb9f2/Final_Report_Meta.GIPHY.pdf.

〔2〕 See CMA, *Merger Assessment Guidelines*, 2021.

〔3〕 尽管 DOJ 反对该交易,美国法院却驳回了 DOJ 的起诉。United States v. Sabre Corp., No. 1:19-cv-01548-LPS (Delaware District Court).

性减少相关市场的竞争。在反事实评估方面,尽管留意到新冠疫情对全球旅游业造成重大破坏,但执法部门指出疫情不会改变其对交易的评估。在评估"营销解决方案"相关动态反事实时,执法部门分析了 Sabre 的商业战略文件,这些文件表明它有计划成为比交易时更强大的供应商。Sabre 具有增强其销售能力的战略动机,特别是通过开发独立的、与 NDC 兼容且与乘客服务系统(Passenger Service System,PSS)无关的营销解决方案,使其能够向所有航空公司销售,无论他们是否使用 Sabre 的核心 PSS。执法部门评估了 Sabre 是否有可能在没有合并的情况下开发出与 NDC 兼容且与 PSS 无关的营销解决方案;考虑了有关 Sabre 的意图、动机和能力的证据,包括相关时间。Sabre 的内部文件以及提交给执法部门的文件表明,它已经在开发支持 NDC 的下一代产品方面取得了进展,该产品包括一个与 PSS 无关的营销解决方案。因此,执法部门得出的结论是,在没有合并的情况下,Sabre 有明确的意图、动机和能力推出与 NDC 兼容且与 PSS 无关的商品,并且很可能在未来三到五年内实现。[1]

(二)市场退出

市场退出是一种非常普遍的经济现象,企业在财务上出现问题(如破产)是常见的市场退出情况。然而市场退出也可能有其他原因,比如企业战略发生了变化而选择的主动退出。从各国执法实践看,破产是市场退出方面最为重要的动态反事实。ICN 建议,如果合并一方有可能破产,其资产可能在不久的将来退出市场,则合并就不可能创造或增强市场势力。在合并方声称合并不太可能损害竞争的情况下,因为合并企业之一处于破产状态,执法机构应仔细评估相应的反事实,以分析合并对竞争的影响。[2] 依据 OECD 在 2009 年召开的"破产企业抗辩"论坛,虽然不同的竞争执法机构在适用破产企业抗辩时存在些许差异,但在接受破产企业的抗辩前,它们都要求同时满足以下三个条件:(1)如果不合并,破产企业将很快因财政困难而退出市场;(2)不存在可行的替代交易或重组,且这一替代方式的反竞争效果没有所提议的合并明显;(3)如

---

[1] See CMA, *Anticipated acquisition by Sabre Corporation of Farelogix Inc.: Final report*, Gov. UK (April. 9, 2020), https://assets.publishing.service.gov.uk/media/5e8f17e4d3bf7f4120cb1881/Final_Report_-_Sabre_Farelogix.pdf.

[2] See ICN, *Recommended Practices for Merger Analysis*, https://www.internationalcompetitionnetwork.org/wp-content/uploads/2018/05/MWG_RPsforMergerAnalysis.pdf.

果不合并,破产企业的资产将不可避免地退出市场。[1]

英国处理的亚马逊收购 Deliveroo 少数股份案,先后涉及市场进入和市场退出方面的动态反事实判断。亚马逊在 2018 年退出了英国在线餐厅配送市场。2019 年 5 月,亚马逊宣布收购 Deliveroo 少数股权。2019 年 7 月,英国执法部门对该交易展开调查。2019 年 12 月,英国执法部门认为该交易可能降低亚马逊重新进入在线餐厅配送市场的可能性,因此启动第二阶段调查。当时执法部门重点考虑了一种动态反事实,即在没有该交易的情况下,亚马逊重新进入市场是否会增强市场的竞争水平。英国在线餐厅配送市场的集中度很高,只有三家大型供应商在英国运营,即 Deliveroo、Just Eat 和 Uber Eats。执法部门认为,该交易会导致相关市场竞争实质减少。然而,由于新冠疫情的出现,Deliveroo 的主要收入来源大幅减少,执法部门的调查重点后来发生变化,动态反事实方面则关注 Deliveroo 的市场退出。执法部门认为,考虑到疫情,如果不能通过此次收购获得亚马逊的资金,Deliveroo 很可能会退出市场。受疫情影响,除了接受亚马逊的投资,Deliveroo 没有其他可供选择的可行融资渠道来维持其业务。此外,该案不涉及亚马逊对 Deliveroo 的全面收购,执法部门认为较之收购交易,Deliveroo 退出市场更不利于客户以及市场竞争,因此在 2020 年批准了该交易。[2]

(三)相关交易

新加坡指南指出,可以考虑的反事实还包括在同一相关市场可能发生或正在发生的合并交易,无论这些交易是否已经向执法部门申报。[3] 值得注意的是,特定案件如果执法部门在反事实确定过程中考虑其他相关交易,则需要警惕对法律适用稳定性的影响。2011 年发生的西部数据收购日立存储以及希捷收购三星硬盘驱动器业务,这两起交易涉及全球硬盘市场五巨头中的四家,如何协调两起并购的审查关系也成为各国反垄断执法部门面临的重要问题之一。

---

〔1〕 参见《破产企业抗辩》,袁嘉译,载韩伟主编:《OECD 竞争政策圆桌论坛报告选译》,法律出版社 2015 年版,第 196 页。

〔2〕 See CMA, *Anticipated acquisition by Amazon of a minority shareholding and certain rights in Deliveroo: Final report* (August. 4, 2020), https://assets.publishing.service.gov.uk/media/5f297aa18fa8f57ac287c118/Final_report_pdf_a_version_------.pdf.

〔3〕 See CCCS, *Guidelines on the Substantive Assessment of Mergers*, 2022.

希捷收购三星硬盘驱动器业务案中，申报方于 2011 年 4 月 19 日正式向欧盟委员会申报。西部数据收购日立存储的交易，则于 2011 年 4 月 20 日向欧盟委员会正式申报。从欧盟的处理情况看，尽管两起交易几乎同时申报且高度关联，但考虑到法律适用的确定性，欧盟委员会仍遵循了基于申报日期的优先原则进行审查。因此，在优先审查的希捷收购三星硬盘驱动器业务案中，欧盟委员会仍基于申报时的市场状况进行评估，即评估所依赖的市场结构仍是日立存储、三星、希捷、东芝和西部数据这五家主要硬盘供应商。[1]

（四）监管环境变化

确定动态反事实的过程中，市场监管环境的变化也值得关注，比如市场自由化或者更严格的环境约束，都会改变竞争的性质。[2] 在欧盟 2016 年附条件批准的微软收购领英案中，便考虑了该案审查期间还未正式实施的《一般数据保护条例》（GDPR）带来的监管环境变化。《一般数据保护条例》自 2016 年通过，2018 年才生效。该案审查过程中，针对在线广告服务市场，欧盟委员会认为该交易不会因为交易双方在线广告方面的数据整合而导致竞争问题。决定书特别指出，合并后的企业对整合后的数据使用受限于数据保护规则。交易前，微软和领英对个人数据的收集、处理、存储与使用方面符合相关国家的数据保护规则。而欧盟新出台的《一般数据保护条例》确立了很高的个人数据保护水平，对数据的收集、利用以及个人数据可迁移性等都有规范。欧盟委员会认为，该条例的出台可进一步限制微软获得以及处理客户个人数据的能力。在该案涉及的客户关系管理软件解决方案市场中，欧盟委员会在判断合并后实体是否导致数据封锁时，也提及待《一般数据保护条例》生效后会进一步限制微软处理领英完整数据的能力。[3]

二、动态反事实的不确定性

并购反垄断审查过程中，执法部门赖以分析的反事实需要有足够的可信度。法国指南便强调，当确定用来评估合并影响的合理经济情景时，执法部门

---

〔1〕 See European Commission, Case No COMP/M. 6214 – Seagate/ HDD Business of Samsung.

〔2〕 See CCCS, *Guidelines on the Substantive Assessment of Mergers*, 2022.

〔3〕 参见韩伟：《数据驱动型并购的反垄断审查——以欧盟微软收购领英案为例》，载《竞争法律与政策评论》2017 年第 00 期。

在其分析中会考虑市场结构的预期发展,如果这些发展具有足够的确定性。因此,当现有的信息可信地指向特定经营者的市场进入、扩张或退出时,执法部门便会在竞争分析中考虑这方面的事实。[1]

值得注意的是,建立适当的反事实来评估并购交易是一项固有的不确定性活动,并且可能难以获得并购不发生情形下未来发展的相关证据。[2] 此外,不确定性在不同类型的案件中也可能存在差异。比如在一个涉及因破产退出市场的案件中,企业如果主张没有合并它们就会破产,那么所需提供的证据主要与所涉企业的未来短期状况有关。在一些涉及市场进入的潜在竞争案件中,则可能需要证据用来说明所涉企业的中期或长期的状况。但在并购交易时,可能很难知道被收购的企业是否有可能发展成为一个有力竞争者。[3] 相对而言,潜在竞争相关的市场进入方面的反事实评估面临更大的不确定性。

依据 OECD 的相关研究,在调查涉及新生企业的收购案时,执法部门面临的一项特别挑战是,目标公司产品的发展存在很大不确定性。比如相关产品是否受欢迎?该产品是否从网络效应中受益?随着合并后企业获得规模经济等优势,生产成本是否会下降?市场对产品的需求是否会发生变化,使其与新的对手的产品形成竞争?[4]美国乔治梅森大学发布的一份报告也提出了这方面的担忧,报告指出,大型科技公司收购潜在和新生对手并在他们成为有力竞争对手之前抑制竞争,目前是否存在这方面的系统性问题?要解决该问题,我们必须评估反事实,即如果这些大型科技公司没有收购 YouTube 或 Instagram 等小公司,市场会如何发展?消费者的境况会更好吗?鉴于预测的性质,总会存在一定程度的不确定性,我们可能永远无法真正观察到反事实。[5] 英国并购案件回溯分析报告也指出,确定一项交易的反事实假设非常复杂,当交易一方是处于发展初期的年轻公司时尤其如此。即使加强可用工具,对于评估交易所

---

[1] See Autorité de la concurrence, *Merger Control Guidelines*, 2020.

[2] See CMA, *Merger Assessment Guidelines*, 2021.

[3] See Peter Davis, Greg Eastman & Kostis Hatzitaskos, *Non-standard Counterfactuals in Merger Control*, Cornerstone Research Paper, 2020, p. 2.

[4] See OECD, *Start-ups, Killer Acquisitions and Merger Control*, 2020, p. 22.

[5] See The Global Antitrust Institute, *Report on the Digital Economy*, 2020, https://gaidigitalreport.com/wp-content/uploads/2020/11/The-Global-Antitrust-Institute-Report-on-the-Digital-Economy_Final.pdf.

选择的反事实假设来说,也总会存在一定程度的不确定性。[1]

针对备受关注的 Facebook 收购 WhatsApp 案,一份研究便提及,欧盟委员会当年并未发现任何文件证据表明 WhatsApp 计划在未来成为一家成熟的社交网络公司。这种初创公司计划进入收购方的核心领域的证据,通常难以获得。当初创企业在其生命的早期阶段被收购时,很少有日后市场发展的明确计划。[2] 针对另一项同样备受争议的交易,即 Facebook 收购 Instagram 案,英国并购案件回溯分析报告则指出,要评价执法部门批准该交易的决定所造成的影响,取决于可能的反竞争效果与效率之间的权衡,而这又取决于所选择的反事实假设:如果 Instagram 可以成为一家受欢迎的社交网络,则预期会产生更强的反竞争效果,这种情况下就需要更充分的效率改进来弥补竞争损失。[3]

在欧盟 2016 年附条件批准的微软收购领英案中,也涉及动态反事实方面不确定性问题的处理。针对客户关系管理软件解决方案市场,欧盟委员会在纵向非协同效应方面重点分析了涉及数据问题的原料封锁。有企业投诉,领英的完整数据在不久的将来会成为实现客户关系管理软件解决方案某些高级功能所需的机器学习的一种重要的原料,交易后微软可能封锁相关数据。欧盟委员会评估了这一竞争关注,发现交易前领英并未将其完整数据或部分数据向第三方开放用于机器学习目的。原料封锁方面竞争问题出现的前提是,即使交易不发生,领英也会将其完整数据对外开放(反事实)。欧盟委员会承认,并不清楚即使交易不发生,领英是否会将数据向第三方开放。尽管如此,欧盟委员会还是在假定即使交易不发生领英也会向客户关系管理软件客户和竞争性客户关系管理软件解决方案竞争对手开放其完整数据,且假定交易后微软开始利用这些数据去优化其客户关系管理软件解决方案的情况下,分析了交易是否让合并后的企业有能力与动机通过限制下游竞争对手获得一种重要的原料去限制竞争。最终欧盟委员会从封锁的能力、动机、对有效竞争可能的整体影响等方面

---

[1] 参见韩伟、高雅洁:《英国 2019 年〈数字市场合并控制执法事后评估〉报告》,载《竞争政策研究》2019 年第 3 期。

[2] See Jacques Crémer, Yves-Alexandre de Montjoye& Heike Schweitzer, *Competition Policy for the digital era*, European Commission, 2019, p. 119.

[3] 参见韩伟、高雅洁:《英国 2019 年〈数字市场合并控制执法事后评估〉报告》,载《竞争政策研究》2019 年第 3 期。

进行分析后认为,该交易在客户关系管理软件解决方案市场不会出现原料封锁方面的竞争问题。[1]

第四节 动态反事实的评估路径

具体案件中,执法部门可能会评估多种可能性以确定适当的反事实,有些可能是合并前情况的延续,有些则可能涉及市场的重大变化。执法部门对合并不发生情形下的竞争状况(反事实)进行评估,不仅要了解现有的竞争状况,还要了解合并不发生时可能出现的竞争状况的任何重大变化。[2] 一般而言,执法部门最终只会采用那些基于其掌握的证据以及对未来发展进行适当预测所确认的反事实。有国内学者将反事实评估方法进行了归纳,其中包括横向取值法、纵向预测法、经济模型模拟分析、初始值近似法等,如横向取值法是将同一时期类似市场中(如临近地区同一市场)的竞争状态作为反事实状态的近似值。[3]

动态反事实的评估需要借助不同的证据类型。加拿大最高法院于 2015 年对 Tervita 案作出的判决中确定,分析一项合并是否会导致对竞争的实质性阻碍的合理方法是"若无"(but for)测试。这种分析方法关注的是合并交易之前的市场条件,即评估合并未发生时可能的市场竞争状态。Tervita 对"若无"测试提出抗议,认为竞争法庭关于企业在未来将如何作出商业决策的分析是没有根据的、猜测性的判断。加拿大最高法院认为,竞争法庭对交易会阻碍竞争的认定不是推测,而是基于其掌握的证据得出的合理结论。针对未来竞争态势的分析,执法部门不可避免地需要进行前瞻性、预测性分析。加拿大最高法院也提醒,这类分析需要基于可信赖的证据,而不能仅仅是对合并交易方未来行为

---

〔1〕 参见韩伟:《数据驱动型并购的反垄断审查——以欧盟微软收购领英案为例》,载《竞争法律与政策评论》2017 年第 00 期。

〔2〕 See ICN, *Recommended Practices for Merger Analysis*, https://www. international competition-network. org/wp-content/uploads/2018/05/MWG_RPsforMergerAnalysis. pdf.

〔3〕 参见林平:《反事实状态与反垄断执法误差》,载《竞争政策研究》2016 年第 3 期。

的猜测。[1] 依据新加坡的相关指南，执法部门将考虑所有可用的证据来决定相关的反事实。在此过程中，执法部门将评估合并公司提出的反事实的可信度，并会要求其提供支持性证据，这类证据必须与交易方自身在合并前的内部评估相一致。[2] 巴西指南则指出，执法部门可能会查看类似市场的相关证据。如果并购申报各方在某个市场相互竞争，但在另一个市场不竞争，执法部门可能将他们相互竞争领域的价格与他们不竞争领域的价格进行比较，以评估竞争程度。反事实分析需要一个“对照组”，通过它控制影响价格和需求的其他变量。执法部门通过选择可比较的相关地域市场来避免拟观察的变量（如价格行为）带来的影响，从而将该变量与其他变量或影响不同地域之间价格变化的因素区别开来。[3]

具体案件中，执法部门可以审查交易方的内部文件，也可以收集市场证据。内部文件一般涉及董事会会议记录、账目以及战略计划，也可能查阅企业内部的电子邮件。具体到市场扩张和市场进入方面，可以重点关注交易方打算进入特定市场或进行市场扩张的直接证据，包括商业计划，以及交易理由相关的内部文件，也可以关注交易方以往进入相关市场的历史证据。涉及破产抗辩的案件中，执法部门则可以仔细检查涉案企业在一段时间内的盈利能力、现金流和资产负债表，以确定其资产和负债的情况。如果涉案企业是大型企业集团的一部分，还可以核实母公司提供持续财务支持的能力。市场证据存在多种形式，包括向第三方（包括消费者）进行问卷调查，也可以寻求外部专业机构（如会计师）就涉案企业状况提供评估材料。

在前述 Sabre 收购 Farelogix 案中，执法部门在确认 Sabre 拥有开发支持 NDC 且与 PSS 无关的商品的强烈动机和意图时，主要基于以下证据：首先，Sabre 已确认其需要并打算提高其销售能力。Sabre 告诉执法部门，它的下一代零售和下一代分销战略（包括营销解决方案）将与 PSS 无关，其目的是提供与 PSS 无关的营销解决方案。其次，执法部门发现 Sabre 开发包括商品销售在内的新零售能力的一个关键驱动因素是保留其 GDS 的一些价值，这些价值涉及

---

〔1〕 参见韩伟：《企业合并反垄断审查中的效率抗辩：以加拿大“Tervita 案”为视角》，载《竞争政策研究》2015 年第 1 期。

〔2〕 See CCCS, *Guidelines on the Substantive Assessment of Mergers*, 2022.

〔3〕 See CADE, *Guide for Horizontal Merger Review*, 2016.

报价创建功能,而 Sabre 提供的这类功能正面临航空公司施加的压力。随着基于 NDC 标准的新零售模式的出现,航空公司越来越有能力自己实现报价创建功能。这体现了 Sabre 面临的威胁,它可能对此做出反应。再次,发展销售能力将加强 Sabre 的核心 PSS 和非核心 PSS 业务。销售能力的发展将通过更强大的销售组件降低其在 PSS 业务方面输给竞争对手的风险,特别是考虑到在竞争更广泛的 NDC 零售捆绑产品时,有效的商品供应变得越来越重要。Sabre 将能够通过竞争向那些不使用 Sabre 核心 PSS 的航空公司提供营销解决方案,而这代表了市场的大部分。最后,Sabre 在其向投资者和分析师发布的关于合并理由的公告中,强调了具有与 PSS 无关的销售能力的重要性。综上,执法部门认为,如果没有合并,Sabre 将有能力在三到五年内实现其意图并开发出可靠的与 PSS 无关的营销解决方案。[1]

受数字经济发展的影响,目前各国对新生企业收购高度关注,如前所述,这类案件中动态反事实的评估难度很大,这方面可以重点关注交易理由方面的证据。比如,收购方看重目标公司哪些方面的特点?在没有合并的情况下有多少其他企业可能会对目标公司感兴趣?执法部门可以从其他潜在收购方那里收集证据。从目标公司的内部文件中也可能发现有用信息,比如为潜在的首次公开募股所做的工作以及为潜在投资者准备的其他文件。[2]

第五节　中国反事实比对思路构建

本章就并购反垄断审查中的反事实比对涉及的若干问题,包括反事实的主要特性、类型、不确定性及其评估路径等方面进行了简要的梳理。具体案件中,执法部门在反事实的基础上,结合交易类型以及相应的竞争损害理论(如横向交易涉及的单边效应、协同效应等),就交易后的市场状态与反事实状态进行比对,进而判断交易的竞争效果。实际上,反事实比对方法的适用贯穿并购反

〔1〕 See CMA, *Anticipated acquisition by Sabre Corporation of Farelogix Inc.: Final report*, Gov. UK (April. 9, 2020), https://assets.publishing.service.gov.uk/media/5e8f17e4d3bf7f4120cb1881/Final_Report_-_Sabre_Farelogix.pdf.

〔2〕 See OECD, *Start-ups, Killer Acquisitions and Merger Control*, 2020, p. 26.

垄断审查的各环节，涉及反竞争效果的认定、抗辩与救济。限于篇幅，本章仅就反事实的一些基础性问题进行了介绍。此外，反垄断民事诉讼案件中，特定反竞争行为导致的损失计算也涉及反事实比对。OECD 相关论坛便提及，垄断协议案件中，即使是简单的卡特尔案件，对损害进行量化也十分困难，因为需要建构一个有说服力的“反事实状况”，即如果卡特尔不存在市场会如何发展。[1]因此，反垄断法律制度实施过程中的反事实比对，仍有大量问题值得进一步深入研究。

整体来看，尽管我国《反垄断法》已实施十多年，但是对反事实比对方法的重视程度仍待提升。从立法来看，我国《反垄断法》及其配套规章、规范性文件和指南缺乏相关内容。法律实施方面，行政执法与司法文书也未突出这方面的分析。就理论研究而言，国内相关研究特别是针对性研究还非常匮乏。我国现行《反垄断法》及其配套的《经营者集中审查规定》、国务院反垄断委员会《关于平台经济领域的反垄断指南》等规则均未对反事实比对方法进行介绍。尽管在相关案件的执法过程中可能一定程度上已嵌入反事实比对的思维，但目前公开的决定文书中这方面内容的体现并不清晰。实际上近年国内已明显加大数字经济领域的反垄断执法力度，执法部门查处了大量涉互联网平台的应报未报案，相信日后数字经济领域的并购案件会越来越多，如何确保办案质量是执法部门面临的挑战。反事实比对是执法科学性的重要保障，其在数字经济领域并购案件中有很大的作用空间，但适用难度也在提升。

我国反垄断理论界与实务界在《反垄断法》实施方面应该树立反事实比对的整体方法论意识，在此基础上进一步思考如何完善规则与执法。

就规则完善而言，从域外经验看，反事实比对的相关内容一般在配套指南中体现，英国和巴西在配套的指南中就反事实问题还设置了独立的部分。我国可以考虑制定系统的经营者集中反垄断指南，在指南中对反事实比对的思路进行更为详细的介绍。比如，在日后可能出台的经营者集中反垄断指南中，可以考虑在总则部分，单列一条明确反事实比对思路，条文可以表述为：“反垄断执法机构评估经营者集中是否可能排除、限制竞争时，可以比较集中后预期相关

[1] 参见《法院和竞争执法机构对竞争损害的定量评估》，陈灿祁译，载韩伟主编：《OECD 竞争政策圆桌论坛报告选译》，法律出版社 2015 年版，第 286 页。

市场的竞争情况与假设集中未发生时相关市场的竞争情况，后者被称为反事实。反事实，可能是集中前相关市场的竞争情况，也可能是假设集中未发生时相关市场未来的竞争发展情况。反事实并非法定测试，而是用于评估集中是否可能排除、限制竞争的辅助分析工具。反垄断执法机构确定反事实时，通常关注会影响参与集中的经营者之间竞争的重大变化，例如参与集中的经营者均进入新的相关市场从而直接竞争，参与集中的一个经营者在参与集中的所有经营者均已从事经营活动的市场中显著扩张，或者参与集中的一个经营者退出市场。”

就执法而言，一方面，在重大案件中逐渐推动反事实比对的适用。比如经过初步判断可能存在竞争关注的交易，执法部门可以充分评估引入反事实比对分析的可行性和必要性。另一方面，结合交易特征合理选择静态反事实和动态反事实。从国外实践看，大量案件借助交易时的市场竞争状况即可进行比对分析，并不需要适用更为复杂的动态反事实。动态反事实的评估难度更高，相关交易往往处于更为活跃的市场中。国务院反垄断委员会《关于平台经济领域的反垄断指南》提及的参与集中的一方经营者为初创企业或者新兴平台的交易，便应该重视动态反事实比对的适用。最后，日后在执法文书中可以适当体现反事实比对分析的思路。一些国家（如英国）的执法决定会突出反事实部分的分析，在此基础上再评估相关竞争损害（进行比对）。我国执法日后如果能够在部分重大案件中逐步引入反事实比对分析，决定文书方面也可以进行相应的完善和改进。

第三章　非价格竞争损害的认定

经营者集中反垄断审查制度可以归纳为三大子制度群，即“反竞争效果认定制度群”、“反竞争效果抗辩制度群”和“反竞争效果救济制度群”。[1] 反竞争效果是特定经营者集中导致的竞争损害，对竞争损害的认识一般可以基于交易的类型进行梳理，比如横向集中、非横向集中（纵向集中、混合集中）导致的不同竞争损害。[2] 就数字经济领域的经营者集中而言，受数字生态系统（digital ecosystems）等特征影响，以往不太受到关注的混合集中日渐引发各界的重视（参见本书第一章第二节相关内容）。[3] 需要说明的是，本书对数字经济领域经营者集中损害的梳理，并非基于交易类型展开，而是关注损害的不同竞争维度。因为数字经济领域零价商业模式的盛行，使得非价格维度的竞争损害在经营者集中反垄断审查过程中越来越重要，本章拟重点围绕质量、

---

〔1〕 参见韩伟：《美国〈横向合并指南〉的最新修订及启示》，载《现代法学》2011 年第 3 期。

〔2〕 不同交易类型导致的各种竞争损害理论（比如，横向交易的单边效应和协同效应，非横向交易的原料封锁、客户封锁等），可参见［英］Daniel Gore、Stephen Lewis 等：《经济学分析方法在欧盟企业并购反垄断审查中的适用》，黄晋、韩伟等译，法律出版社 2017 年版。

〔3〕 See OECD, *Roundtable on Conglomerate Effects of Mergers-Background Note*, 2020.

多样性和创新这几类非价格维度的竞争损害展开分析。[1]

第一节 概 况

一、相关市场界定的新发展

一般而言,经营者集中竞争损害的认定,离不开在具体案件中对相关市场进行界定。[2] 要对具体案件进行竞争评估,需要考虑案件所涉产业的各种因素,相关市场界定只是一种中间步骤,基本功能是便利竞争影响评估。整体而言,作为竞争影响评估的一种中间步骤,界定相关市场有两方面的重要作用:首先,界定相关市场为执法部门具体的竞争影响评估工作提供了关注的焦点;其次,界定相关市场为竞争影响评估提供了一个初步的审查或筛选机制。[3] 相关市场界定问题并非本书的关注重点,但考虑到该问题对具体案件的竞争损害认定具有重要影响,因此本节简要介绍欧盟委员会 2021 年 6 月发布的《MDN 评估项目支撑报告》。[4] 该报告直接服务于欧盟 MDN 的修订(这是目前国际上对相关市场界定规则进行完善最值得关注的新动向),且大部分内容体现了数字经济发展对相关市场界定带来的影响,具有较高的参考价值。该报告是欧盟委员会竞争总司委托的“MDN 评估项目支撑性研究”的最终报告,下文对调研报告的核心内容作一梳理。[5]

---

〔1〕 数据、隐私与创新相关经营者集中损害理论,可参考韩伟所著《迈向智能时代的反垄断法演化》(法律出版社 2019 年版)的相关内容,本书后续章节针对创新问题在该书相关内容的基础上,还将作进一步梳理。

〔2〕 美国 2010 年《横向合并指南》指出相关市场界定并非横向合并反垄断执法的必需步骤,针对特定交易竞争损害类型的新兴认定方法也被提出,参见韩伟:《合并控制中的向上定价压力测试法》,载《河北法学》2012 年第 4 期。

〔3〕 参见李青、韩伟:《反垄断执法中相关市场界定的若干基础性问题》,载《价格理论与实践》2013 年第 7 期。

〔4〕 See European Commission, *Support study accompanying the Commission Notice on the evaluation of the definition of relevant market for the purposes of Community competition law*, 2021.

〔5〕 参见韩伟:《欧盟〈《相关市场界定通告》评估项目支撑报告〉》,载《竞争政策研究》2022 年第 1 期。

（一）数字化

1. 针对多边市场界定相关市场

在线平台通常在多边市场中运营，适用竞争法时必须考虑其性质和维度。然而，针对双边或多边平台进行市场界定，并没有普遍接受或有效的标准，执法实践也没有确立何种平台类型可以作为市场界定的决定性标准。平台各边相互依赖的关键是直接与间接网络效应。当用户获得的产品/服务价值随着产品/服务用户数量的变化而变化时，就会出现直接网络效应。当一个平台或服务依赖于两个或多个用户群的互动时（如生产者和消费者、买家和卖家、用户与开发者等），就会产生间接网络效应。直接网络效应在相关市场界定的执法实践中较少被讨论，通常在竞争评估环节被提及。对于间接网络效应，不同反垄断辖区之间目前还没有一致和通用的方法去衡量其对市场界定的影响。一些国家的竞争执法部门，仅在竞争评估环节考虑间接网络效应，另一些国家的竞争执法部门则认为间接网络效应与市场界定相关。

在界定多边平台相关市场时，由于多边平台的特点，使用假定垄断者测试（以下简称 SSNIP 测试）可能具有挑战性。一些专家认为，SSNIP 测试无法准确把握多边市场的复杂性。然而，从执法实践来看，一些国家的竞争执法部门将 SSNIP 测试与其他类型的定性证据（如对竞争对手和消费者的调查）合并使用。

一些国家的执法部门承认在低价或零价情形下，仍存在相关市场。一些专家则强调，在这些情形下不必过分关注市场界定。如果特定国家的竞争执法部门依据法律要求必须进行市场界定，则可以依赖定性工具而非 SSNIP 测试。

用户除了使用某平台的产品或服务外，还同时使用至少另一家平台提供的可比产品或服务，为多归属；如果用户（平台各边）只使用某平台的服务或产品，则为单归属。在文献中，可以发现选择单归属还是多归属，取决于替代方的定价策略以及服务或产品之间的差异化程度。从本次调研所梳理的案例来看，对多归属/单归属情形的确认，并不总被视为市场界定的决定性考量因素。

2. 针对数字生态系统界定相关市场

数字生态系统，是指多个企业共同努力创造一个新市场，并生产对消费者有价值的商品和服务。开放系统设置了一个接口，除系统所有者自身外，其他组件制造商或者系统开发商也可以访问该接口；在封闭系统中，每个组件只能与选定的组件协同工作。文献与实践表明,生态系统越封闭,从单一生态系统层面去界定相关市场就越合理。在开放或中间生态系统中,互操作性起着重要作用。互操作性越强通常会导致分散独立的市场界定方案(更开放的系统),更低的互操作性则可能导致单一生态系统层面的市场界定方案(更封闭的系统)。

当交易互补性使得消费者不会将分拆性产品作为捆绑产品的合适替代方案时,就存在集群市场(cluster market)。就市场界定而言,在这些集群市场中,要确定某生态系统具体包含哪些产品,哪些产品又该被排除出去,具有挑战性。因此,多市场(multiple markets)与系统市场(system markets)是界定数字生态系统相关市场的适当方法。前者是将初始产品(primary products)界定为一个独立市场,每个初始产品市场确定相应的独立售后市场(after markets);后者则是将初始产品市场与售后市场统一界定为同一个市场。这两种方法均符合MDN的思路。

在数字生态系统的背景下,由于转换成本高,消费者不太可能转向替代性平台或系统。用户端的高转换成本,加上生态系统服务中网络外部性的增加,导致了锁定效应。各国竞争执法部门分析数字生态系统中的转换成本的案例并不多见,但在那些有过相关分析的案件中,可以发现它们在市场界定中发挥着关键作用。

3. 市场界定与数据开放

数字市场的特点是企业收集大量个人数据。数据的核心价值基于从数据中获得的信息量及其使用环境。用户数据在数字生态系统中的重要作用及其对竞争产生的影响,引出了是否应该界定独立的数据市场的问题。当不存在数据交易时,目前的文献普遍认为无法界定这样的独立市场。相反,执法实践并未区分存在数据交易的市场和不交易数据的市场,这两种情况下均可能存在独立的数据市场。

4. 针对电子商务界定相关市场

电子商务的发展增加了可供消费者选择的替代供应商的数量,消费不再局限于消费者一定距离范围内保有实体店铺的零售商。具体案件中界定相关市场时,对于线上和线下零售细分市场,是应该界定为不同市场还是同一市场,可能具有挑战性。

各国竞争执法部门并没有因为电子商务的发展，而将网络销售相关商品市场与线下销售市场相区分这一思路给简单抛弃掉：定价模式、客户体验的差异、服务质量以及产品性质都可能导致更窄的商品市场界定方案。市场界定有时可能取决于某个特定因素的权衡，如价格维度。价格趋同的证据出现在执法实践中，成为可能导致商品市场同时包含线上和线下渠道的一种考量因素。

没有证据表明电子商务导致更宽的地域市场。事实上，即使是与线下细分市场区分的线上商品市场，地域市场也可能限于国别市场甚至更窄的国内地方性市场。

(二)创新

在创新发挥重要作用的情形下，各国执法实践和软法越来越倾向于在界定相关市场和更准确地评估竞争影响时，考虑企业的创新努力(innovation efforts)。

1. 传统市场界定与创新

基于现有产品去界定市场，适用于研发工作直接针对特定产品的情形，研发工作与现有产品的联系很明确，并且创新产品与现有产品之间的替代性可能很高，上市时间因素可能因行业而异，因此倾向于个案评估。此外，在渐进式创新(incremental innovation)环境中，将新产品与现有商品市场联系起来可能更容易。不使用静态的定价测试，而是观察关键的产品性能变化，可能会更好地了解替代性。最后，外部专家可能会帮助确定未来/创新产品与现有产品之间的联系，以帮助执法部门去分析可替代性。

然而，在创新努力表现出“不确定性特征”，且创新努力与未来产品存在关联，与现有产品则关联性很弱的情形下，运用涉及其他概念的方法可能更为合适。

2. 未来市场

未来市场可用于描述直接针对特定未来产品的可观察创新努力，这些未来产品可能可以相互替代，但这些产品与现有产品存在显著差异，比如新一代产品或全新的产品类型。此类市场的界定，可能取决于研发活动成功将新产品推向市场的可能性。执法部门评估时，未来市场中的可能竞争对手无须在任何现有市场中竞争，即使现有优势(如企业在既有产品开发方面的经验、能力、专有技术)可能在相关市场界定中发挥作用。尽管未来产品的参数不确定，但可以参考现有市场特征,比如客户对现有产品的体验、现有交叉弹性、所适用的监管要求、市场参与者过去的表现等指标。

3. 技术市场

通过已经被交易的技术(通常是知识产权)可以更准确地界定技术市场(technology market)。然而,市场界定也可能适用于那些在未来有可能被使用以及可能被交易的技术,或者那些对反垄断执法而言必不可少的非交易类技术(如在拒绝供应类案件中)。

各国执法部门界定技术市场的方法与界定其他相关市场的方法一样(如在 SSNIP 测试的帮助下确定近似替代品)。界定的困难在于,需要寻找合理的替代性技术或商品。在难以计算技术的市场份额时,可以将利用每种技术生产的下游产品的市场份额,作为替代性指标。如果市场份额或者市场参与者对技术市场各方重要性的看法无法获取,且不同技术之间显示具有可比性,则市场各主体可能被视为拥有相同市场份额。将技术市场与下游产品市场分别界定,可能有助于更准确地评估各供应链层面对技术使用的反竞争性限制。

4. 创新市场

可以通过界定创新市场(innovation markets)来保护创新竞争。当需要特定的研发能力,或者在研发能力是竞争的一项基本参数的研发密集型行业,或者当相关市场主要由持续的创新竞争驱动,或者至少案件一方当事人可被视为重大创新者,或者当创新过程的结果和创新产品的潜在应用存在不确定性从而无法根据当前产品市场评估案件时,可以界定创新市场。

严格来说,创新市场不用被视为“市场”。要分析特定行为或交易对创新竞争的影响,可以在“创新空间”(innovation spaces)、未来市场、技术市场或产品市场的框架内进行考量,也可以在竞争分析的其他环节予以考虑。“创新空间”使得执法部门可以从更宽泛的视角去看待创新竞争,可能针对不同产品群,这有助于关注早期创新努力,并且可能有助于促进研发的纵向分解与外包。可以通过识别用于创新活动的特定资产(如研发实验室或专业人员),或使用“小而显著的非临时性创新努力降低”,来确定围绕研发的竞争者群体。如果这些方法不可用,查看企业以往的研发管线、他们的研究目标或他们在其他市场的地位,可能会提供信息。

（三）地域市场界定

1.适用标准

在 MDN 中，相关地域市场，是指“相关经营者参与产品或服务供求的区域，该区域的竞争条件足够同质，并且可以与邻近区域区别开来，因为那些区域的竞争条件明显不同”。

欧盟各成员国的指南与程序中，使用了类似的标准。事实上，欧洲经济区成员国层面的判例法已经确定，“充分同质的竞争条件”似乎是被最广泛使用的地域市场界定标准，其中包含可替代性和可适用性的概念，在某些情况下还可以借助 SSNIP 测试。与 MDN 相比，非欧洲经济区的指南，在其地域市场界定方法中，并不总是明确其采用了何种实质性标准。SSNIP 测试被多个反垄断辖区的执法部门（英国、加拿大、韩国）用作界定相关市场的基础性框架。其他非欧洲经济区的执法部门，则根据合并方（澳大利亚和日本）所服务区域的地理重叠情况，来界定地域市场。美国《横向合并指南》中地域市场的界定，是基于需求方的可替代性，没有提及同质竞争条件。一些指南（包括美国和一些欧洲经济区国家）明确，地域市场界定将考虑供应商能否在特定市场中基于客户位置实施价格歧视。如果基于消费者位置的价格歧视不可行，则地域市场的核心区域就是供应商所处位置；如果可行，则地域市场可以与消费者所处位置联系起来。在 MDN 中则找不到这样的区分。

2.主要因素

MDN 介绍了欧盟委员会认为可能对地域市场界定非常重要的考量因素。同样，欧洲经济区和非欧洲经济区的相关指南中提到的各种因素，可能也与地域市场的界定有关。这些因素之间并没有明确的层次结构。所有指南都指出，一般而言，在个案中获取所有要素信息是不必要或不可行的。

客户/消费者偏好、所购买产品的特征/购买过程的特点以及价格差异/价格套利的可行性，这些是欧洲经济区指南最常引用的因素。在非欧洲经济区指南中，与运输、价格差异和贸易壁垒相关的因素，被引用的最多。价格差异和进口也是欧洲经济区指南经常被引用的因素。特定市场的大比例产品进口，并不会自动导致更大范围的地域市场。如果贸易流量并非由价格差异驱动，国内价格上涨可能无法通过增加进口来应对。最后，在地域市场界定中发挥作用的其他因素往往与运输相关：事实上，外国供应商的距离不仅可能增加进口产品的成本,还可能限制供应本身的可用性以及市场的地理范围。欧洲经济区和非欧洲经济区的案例,体现了一些行业特定的考虑因素。一些行业具有市场范围更广的特点(如一些技术产品面对全球市场),而另一些行业的特点是地域市场较窄,即在国家层面,甚至在一国范围内的地方层面(如医院和一些专业活动,以及那些相对交易价值而言运输成本很高的市场)。

3. 证据类型

MDN 确定了界定地域市场的相关证据类型。此外,部分专家还提及一些特定类型的证据,尤其是那些确定客户与消费者偏好的证据。具体而言,四个欧洲经济区成员国的竞争执法部门以及几乎所有非欧洲经济区的执法部门,都在其指南中表示他们会对消费者进行调查。欧洲经济区和非欧洲经济区的竞争执法部门在其指南和执法中,也提及对贸易流量、供应商数据以及采购模式相关的数据进行分析。尽管如此,竞争执法部门普遍清楚,贸易流量证据本身不能作为地域市场界定的决定性因素。如果供应商能够进行价格歧视,那么供应商可以跨多个地理区域进行销售,并且同时向每个区域的客户提供截然不同的交易条件。因此,即使观察到大额贸易流量,可能也无法得出两个地域竞争条件相似的信息。数据要求与数据可得性被竞争执法部门视为相关问题,因为一国竞争执法部门可能无权要求超越国界/管辖范围的信息。为解决该问题,相关部门正在开发一些对数据需求有限的地域市场界定新方法,或者以其他方式解决该问题,例如使用自然实验法或事件研究法。

4. 供给替代的作用

MDN 非常重视需求替代。然而,在某些条件下,供给替代也可能是影响地域市场界定的市场内约束因素。特别是要影响市场界定,供给替代必须能够迅速回应涨价,这涉及"非约定市场进入"(uncommitted entry),即以低成本且不会产生不可逆投资的方式进入市场,且对市场进入前的价格产生明确的重大竞争约束。

欧洲经济区倾向于将需求替代性作为界定地域市场的主要因素,但也考虑了供给替代性,其中供给侧的影响可用于证明对特定地域供应商的行为施加有效竞争约束。美国和加拿大在地域市场界定阶段没有考虑供给替代,而是在竞争效果评估阶段考虑了这些因素。与 MDN 类似,日本和英国在市场界定阶段(仅在某些条件下)考虑供给替代,而韩国和澳大利亚的竞争执法部门根据其指南,市场界定阶段可能会考虑需求替代和供给替代。供给侧约束与市场界定的相关性存在争议:一些专家认为,供给替代的次要性导致市场界定过窄;另一些专家则建议,在采用较窄地域市场界定方案时,应将供给替代作为竞争评估环节的竞争约束。

(四)定量技术

1. SSNIP 测试

SSNIP 测试被普遍视为评估需求替代以及界定相关市场的合理分析框架。该分析框架已在各国竞争执法部门的实践中被采纳。SSNIP 测试中的初始市场选择,通常基于具体案件中的核心涉案产品,与核心涉案产品最接近的替代品集合便通过需求的自身以及交叉价格弹性来评估。通常适用 5% ~10% 的 SSNIP 测试;不过,具体百分比也可能因市场属性而异(不同指南在这方面有所趋同)。如果企业能够实施价格歧视,则可能有必要区分每个客户群,并对每个客户群单独适用 SSNIP 测试。如果假定垄断者在初始备选市场之外销售产品,且如果对这些产品的需求与初始产品存在相关性(替代品或补充品),则可能还需要考虑这种相互作用。

2. 临界损失分析

临界损失分析(CLA)是一种落实 SSNIP 测试的具体方法。它涉及评估确保涨价有利可图的最大销售损失(临界损失),并将临界损失与由特定涨价导致的销售实际损失进行比较。如果临界损失大于实际损失,则 SSNIP 测试结果为有利可图,市场不会在当前产品范围外进行扩张。

这种方法被各国竞争执法部门使用,并且在文献中也被广泛讨论。一些国家的竞争执法部门提供了这种方法运用的指引,以及存在的潜在问题。该方法在 MDN 中则没有被明确提及。早期文献指出了这种方法适用的潜在问题,特别是当合并交易方运用 CLA 分析时,可能会主张小的临界损失以及大的预估损失,进而界定一个范围很大的相关市场。出现这一问题是因为 CLA 分析的两个方面不是相互独立的:低临界损失意味着高利润率,而高实际损失则意味着高需求弹性。对这一问题的认识,导致了对 CLA 的改进,新方法有时被称为"现代 CLA"。新方法中的一个新元素是对分流比(diversion ratios)的计算。然而,文献中提出的标准公式,倾向于围绕线性需求和固定边际成本做出严格假设,如果假设在特定情况下不太可能成立,则不应使用这些假设。最后,虽然很明显需要正确考量固定成本和可变成本,但各国竞争执法部门的指南或MDN中,几乎没有关于这方面的指引。

3. 自然实验法

当具有适当特性(突发、外生、能明确识别)的自然事件发生,并且可以收集其所产生影响的数据时,对其进行分析可以为需求弹性和需求替代性提供有力的直接证据。在实践中,由于缺乏可观察到的冲击事件以及此类冲击的数据,使用自然实验法的案例相对较少。MDN提及了自然实验法:这与一些成员国的指南对技术细节的有限关注存在一致性。通告将“以往新产品的推出”作为适合分析的冲击事件类型,还有其他几类冲击事件已经在执法中被使用或者在部分国家的指南中被提及。

4. 消费者调查

各国竞争执法部门通常使用消费者调查来评估相关市场界定中的需求替代问题,特别是在SSNIP框架内,进行一项SSNIP测试时,一般将消费者调查作为一种评估自身及交叉价格需求弹性的方法。消费者调查也可用于实施CLA,比如用于估计总分流比。在并购控制的紧迫期限内,对代表性消费者进行调查所面临的困难是众所周知的,需要足够大的样本以确保调查结果稳健且具有统计学意义。抽样方法尤其应注意挑选边际消费者(那些最有可能对SSNIP测试做出反应的人)。实践中,调查者通常会询问消费者对产品无法获得的反应,而非他们对5%~10% SSNIP测试的反应。在MDN中,调查被称为市场界定的证据工具,但并没有对调查的具体方法进行指引。

5. 需求估计技术

需求估计的计量经济学方法,可用于估计自身及交叉价格需求弹性。这些估计可用作替代性的一种直接指标,或用于SSNIP测试,或用于CLA。需求估计具有挑战性,经常需要使用计量经济学技术(如工具变量法)来区分供给侧和需求侧因素。因此,要进行稳健的分析,需要足够的数据、资源和时间。在MDN评估项目支撑性研究梳理的各国案例中,市场界定中并不经常使用需求估计的计量经济学技术。各国的指南中也没有明确提及使用这些技术的具体指引。这可能反映了这类模型的复杂性,这些模型的估计耗时、需要大量数据,并且可能无法被非计量经济学家很好地理解。MDN有提及“评估弹性和交叉价格弹性的各种计量经济学方法和统计方法”,各国指南中也有类似的简单提及。

6. 价格时间序列分析

一些定量方法侧重于分析价格的时间序列数据。这些技术(比如价格相关性、平稳性检验、协整检验、格兰杰因果关系检验)不依赖于对自身和交叉价格弹性的估计,而是将产品分组到相关市场,以使它们的价格能够实现某种意义的“联动”。价格时间序列分析很常见,因为它们需要的数据量有限,并且侧重于价格数据,而价格数据通常是任何给定市场中最有可能观察到的变量。

众所周知,不同产品即使不属于同一市场,价格也可能有显著的联动,比如由于共同的成本要素或受到类似的宏观环境冲击。从这个意义上说,价格联动测试在排除两种产品属于同一市场方面,比在确认它们属于同一市场方面更为可靠。价格相关性测试也受到依赖于任意确定的临界相关性水平的影响,高于该水平的产品将被视为在同一相关市场中。有关市场界定的价格时间序列分析的文献非常多。为了回应对简单相关性研究的批评,计量经济学文献发展了一系列可实现更好统计特性的替代性时间序列技术。特别是变量之间长期均衡关系的研究,在市场界定文献中受到了极大的关注,并且关注将价格测试用于调查价格趋同。各国竞争执法部门的指南中,以不同的详细程度提到了价格联动技术。MDN 则提及“基于价格随时间变化的相似性、价格序列之间因果关系的分析以及价格水平的相似性和/或它们的收敛性测试”,但没有进一步解释,只是指出任何这类方法必须经得起“严格的审查”。一些国家的竞争执法部门在其指南中更具体地讨论了这些方法,但只有极少数国家详细介绍了这些方法。

7. 集水区分析

在 MDN 评估项目支撑性研究梳理的各国竞争执法部门的案例中,经常发现地域市场界定中使用集水区(catchment areas)分析的方法。在涉及实体零售商的案例中,集水区的使用尤为突出,这类案件中位置和运输成本是消费者行为的重要考虑因素。当目标区域的地理和道路网络特征可能导致两种测量之间存在显著差异时,应该基于等时线(通常结合行驶时间判断)而非距离测量来划定集水区。即使可以划定地方性集水区,也不一定意味着相关市场是地方性而非区域性或国家级的。要基于集水区界定地方性市场,当地需要配置重要的竞争要素,并且供应商有动力根据当地的竞争条件调整其零售报价。即使价格是在全国范围内制定的,界定地方性市场也可能是合适的,因为除了价格,还有其他因素会影响当地的竞争和消费者的选择。

过去数年,随着消费者数据的可获得性日益提升,一些国家的竞争执法部门已开始基于从供应商那里购买产品的客户的实际所处区域,对集水区分析方法进行改进。少数国家的执法部门提供了有关使用集水区分析方法进行市场界定的指引,而 MDN 未提及集水区分析方法。虽然被认为是一种界定地域市场的实用方法,但集水区分析方法也受到批评,特别是相关阈值(如 80% 的"最紧密"客户)缺乏理论基础,也无法与 SSNIP 测试的实施进行有效衔接。

二、新兴经营者集中损害理论

2023 年 OECD 的"数字并购损害理论"论坛的背景报告[1]中,将数字并购损害理论区分为传统损害理论与新兴损害理论两大类。传统损害理论涉及横向损害理论、非横向损害理论和数据相关损害理论三类。横向损害理论区分为实际竞争受损和潜在竞争受损(包括扼杀性收购损害理论),非横向损害理论包括基于访问降级的封锁(foreclosure through access degradation)和杠杆损害理论(leveraging theories of harm)。新兴损害理论则涉及生态系统损害理论(ecosystem-based theories)、隐私损害理论(privacy-focused theories)、长期效应损害理论(theories incorporating longer-run effects)和创新损害理论(innovation-focused theories)四类。结合该背景报告,本节简要梳理生态系统损害理论和长期效应损害理论这两种新兴损害理论,本章后续三节将聚焦质量、多样性与创新这几类关键的非价格竞争损害类型。[2]

(一)生态系统损害理论

在数字经济日益被少数复杂的数字生态系统主导的环境下,除了对交易直接关联的特定市场造成影响,特定交易还可能影响生态系统的其他部分。国际反垄断理论界与实务界已开始关注经营者集中损害理论如何体现交易对生态

---

〔1〕 See OECD, *Theories of Harm for Digital Mergers*, OECD Competition Policy Roundtable Background Note, 2023, https://www.oecd.org/daf/competition/theories-of-harm-for-digital-mergers-2023.pdf.

〔2〕 隐私相关经营者集中损害理论,可参见韩伟、李正:《并购控制中的隐私考量》,载《反垄断研究》2019 年第 2 期。

系统产生的广泛影响。OECD 的报告指出，这方面理论发展面临诸多挑战，比如可能需要考虑跨越多个市场的多个不确定的反事实假设。生态系统损害理论的核心思路是，涉及生态系统的并购可能在巩固整个生态系统的地位和实力方面产生更广泛的影响。生态系统所扮演的“守门人”角色，加之其拥有的显著信息优势，使得新企业很难进入该生态系统所经营的任何细分市场。合并后的实体也可能直接利用其生态系统来损害特定市场的竞争。

2022 年的一项研究认为生态系统损害理论不应被执法部门忽视，该研究针对欧盟及英国的 60 多个数字与技术领域的并购案件的研究得出结论：数字并购通常根据传统损害理论来评估，基于建立和加强数字生态系统的理论在执法实践中几乎没有。比如欧盟的苹果/Shazam 案，如果孤立地考虑单个封锁理论，可能会得出该交易不会影响竞争的结论，但如果更为广泛地考虑这些封锁策略的组合，以及它们作为一个整体加强数字生态系统的潜力，就可能得出不同的结论。〔1〕 也有观点认为，日益盛行的生态系统商业模式，特别是可以通过混合集中来强化的生态系统的力量，并没有得到竞争执法部门的充分关注。值得注意的是，执法部门应该重点关注如何从生态系统层面去理解竞争，而非专注于狭隘的相关市场界定。〔2〕 生态系统损害理论涉及前文提及的“平台包络”概念，谷歌收购 Double Click 便是通过并购实现平台包络的典型案例。

值得注意的是，OECD 报告还简要梳理了目前涉及生态系统损害理论的两个典型案例，即德国的 Meta 收购 Kustomer 案以及英国的微软收购动视暴雪案，其中德国执法部门在案件中对该理论予以考虑但最终放弃。英国执法部门虽然没有明确将其归纳为生态系统损害理论，但提出的云游戏相关损害理论（最终导致其决定阻止该交易）包含了生态系统损害理论的核心要素。

在 Meta 收购 Kustomer 案中，德国卡特尔局认为，不仅需要评估交易对企业基于云计算的 CRM 服务（Kustomer 在该领域运营）之间竞争的影响，还需要评估“Meta 生态系统的更广泛背景”，包括 Facebook 平台、WhatsApp、Instagram

---

〔1〕 See Viktoria H. S. E. Robertson, *Merger Review in Digital and Technology Markets: Insights from National Case Law*, *European Commission*, 2022.

〔2〕 See Zingales N. & B. Renzetti, *Digital Platform Ecosystems and Conglomerate Mergers: A review of the Brazilian Experience*, 45World Competition473 (2022), https://papers.ssrn.com/sol3/papers.cfm?abstract_id=4264806.

以及其通过在线广告盈利的情况。德国卡特尔局的损害理论认为，并购将进一步扩大、保护或加强 Meta 公司的生态系统，这可能会间接导致对特定个别市场的影响。值得注意的是，执法部门关注 Meta 公司可以通过积累来自 Kustomer 公司客户及其终端客户的额外数据而获得的优势，这些数据可以在 Meta 公司生态系统的各个环节使用（特别是用于在线广告）。执法部门还考虑了 Meta 是否可以通过使用从 Kustomer 获得的技术来开发自己现有及新的服务来进一步加强其市场力量，这将补充 Kustomer 的产品，并使得合并后的实体能够向客户提供广泛的相关服务。德国卡特尔局认为，这种数据优势以及 Meta 公司开发补充性服务的能力可能影响整个生态系统，并可能对 Meta 公司已经拥有强大地位的市场的竞争产生间接影响，特别是在线广告市场。然而，由于证据标准的问题，执法部门最终没有继续调查这些问题，因为执法部门认为"不可能以必要的概率水平确定与 Kustomer 相关的服务和能力对于生态系统的发展具有足够的重要性，进而需要对交易进行更为详细的审查"[1]。尽管德国执法部门最终放弃适用前述损害理论，但执法部门对整个生态系统的关注，以及认识到并购产生的反竞争影响可能表现为生态系统层面的市场力量加强，而非对单一市场带来的影响，体现了德国执法部门对平台市场的深入思考。

在对微软收购动视暴雪案的评估中，CMA 考虑了一种损害理论，即微软可以利用其现有的多产品生态系统，加上动视的游戏目录，强化网络效应，提高市场进入壁垒，最终在云游戏服务市场排除竞争对手。CMA 决定禁止该交易的关键是，微软已经在一些关键产品领域拥有强大的市场地位，这些产品是云游戏的重要原料（PC 操作系统、云计算基础设施能力以及现有的第一方游戏内容），交易将进一步强化这些产品，使得对手难以与这类整合性产品集合展开有效竞争。CMA 指出："我们认为，微软在云游戏服务方面的优势不应被孤立地评估。证据表明，与单独评估其每个产品和服务相比，微软的多产品生态系统的结合使其在云游戏领域具有更强的地位。"[2] OECD 报告指出，虽然该损害理论被 CMA 定性为纵向损害理论，但其已经体现了生态系统损害理论的核

[1] See Bundeskartallamt Meta/Kustomer decision, Bundeskartellamt-News-B6 - 21/22.

[2] CMA, *Anticipated acquisition by Microsoft of Activision Blizzard, Inc.: Final report*, Gov. UK (April. 26, 2023), https://assets.publishing.service.gov.uk/media/644939aa529eda000c3b0525/Microsoft_Activision_Final_Report_.pdf.

心要素，因为 CMA 的关注点特别集中在交易可能加强微软现有的生态系统，导致对一个新生但快速发展的市场造成损害。

（二）长期效应损害理论

OECD 报告对长期效应损害理论的介绍较为简略，这方面理论目前主要体现在少量的研究文献中。一项针对英国执法的回溯分析报告指出，目前通常用于评估并购影响的时间框架（2～3 年）可能太短，无法反映数字并购带来的全面竞争影响。在对英国竞争执法部门涉及数字并购的系列案例进行评估后，该调研提出的建议之一是可以考虑延长评估的时间框架。[1]

有研究提出了一种损害理论，即将数字并购的长期影响也纳入交易导致的损害之中。该理论的前提是，一个平台对新产品或服务的收购可以在短期内创造效率，然而这种收购会通过降低新竞争者的市场进入利润率，从而提高市场进入壁垒，在长期范围内具有消除竞争的效果。该研究认为，如果两家公司的产品或服务之间存在强大的范围经济，而且互补性很高（数字市场通常如此），则出现长期竞争损害的可能性就会增加，因为合并后的实体将能够更便宜、更有效地提供产品，这意味着新企业进入市场后将更加无利可图。生态系统的参与可能会进一步放大这些影响，因为收购单一服务的影响可能会渗透到整个生态系统。该研究指出，在涉及数字生态系统的并购中，潜在的长期损害容易被轻易摒弃，而倾向于关注短期效率。在竞争评估方面，该研究提出一种方法，即执法部门首先确定并购是否会导致长期的反竞争风险，在这方面进行举证责任转移，交易方有责任证明（包括提出承诺）这些风险不会发生或将被交易产生的效率所抵消。[2]

需要指出的是，也有研究反对将长期影响纳入数字并购评估。有观点认为，数字市场特别不适合进行长期预测，因为创新速度快，企业商业模式没那么明确，企业的市场地位变化较传统行业更难预测。因此，要加强对数字市场的执法，主要应该通过采取对有支配地位企业的直接管制以及事后救济的措施，

---

〔1〕 See Lear, *Ex-post Assessment of Merger Control Decisions in Digital Markets*, Document prepared by Lear for the Competition and Markets Authority, 2019.

〔2〕 See Boom J. & P. Samranchit, *Digital ecosystem mergers in big tech: A theory of long-run harm with applications*, 13 Journal of European Competition Law & Practice 365 (July, 2022), https://academic.oup.com/jeclap/article/13/5/365/6470960.

而不是对并购规则进行改革。[1]

第二节　质量竞争损害

一、问题的提出

反垄断可以保障市场竞争机制有效运转，反垄断执法的积极功能在传统市场主要体现为相关产品或服务（本节统称产品）的价格更低、产量更高，特定反竞争行为对价格的影响，即价格效应往往是执法的关注重点。[2] 在我国国家市场监督管理总局附条件批准的思科系统公司收购阿卡夏通信公司股权案中，在分析集中后实体具有实施原料封锁的动机时，强调了集中后实体提高“相干数字信号处理器”的价格能够增加利润。[3] 在附条件批准 SK 海力士株式会社收购英特尔公司部分业务案中，国家市场监督管理总局则指出：该集中交易可能增强相关市场竞争者协调价格的动机和能力。[4] 数字市场近年来在全球迅猛发展，产品价格为零的“零价商业模式”[5]也日趋普遍。这种环境下，反垄断执法针对涉嫌违法行为导致的非价格方面[6]影响（非价格效应）的关注度也在提升。由于质量在大多数情形下是价格之外吸引消费者最为重要的属性，因此数字市场的经营者集中交易对相关产品的质量会产生何种影响，即质量效应，已成为国际反垄断理论界与实务界关注的重要议题，这在一些国家的最新

[1] See Cabral L., *Merger Policy in Digital Industries*, Information Economics and Policy, 2021, http://luiscabral.net/economics/publications/IEP%202021.pdf.

[2] 参见余东华：《横向并购反垄断控制中的价格效应分析》，载《中国物价》2013 年第 9 期。

[3] 参见市场监管总局：《关于附加限制性条件批准思科系统公司收购阿卡夏通信公司股权案反垄断审查决定的公告》，载国家市场监督管理总局反垄断执法二司官网 2021 年 1 月 19 日，https://www.samr.gov.cn/fldes/tzgg/ftj/art/2023/art_86c761fac76042f9a623ba68979de7ba.html。

[4] 参见市场监管总局：《关于附加限制性条件批准 SK 海力士株式会社收购英特尔公司部分业务案反垄断审查决定的公告》，载国家市场监督管理总局反垄断执法二司官网 2021 年 12 月 22 日，https://www.samr.gov.cn/fldes/tzgg/ftj/art/2023/art_f03608bf1b8042b78705f412e3948588.html。

[5] 这类商业模式往往涉及多边市场，市场某边通过免费吸引客户进而获取其数据，市场其他边则基于数据通过广告等渠道变现获利，因此“零价”较“免费”更能体现这类商业模式的特点。

[6] 针对产品非价格属性的确切内涵，全球反垄断理论与实务界并未达成共识。一些文献将所有非价格属性都纳入“质量”概念之下，一些文献则使用质量、隐私、创新、多样、选择等不同概念描述非价格属性。

规则完善中有所体现。依据韩国反垄断执法部门2022年1月发布的一份指南草案,在线平台领域,由于免费产品的存在以及数字产品的特性,反竞争效应可能导致价格上涨或产出下降以外的其他结果。因此,在评估平台的反竞争效应时,除价格或产出外,还应考虑产品多样性、质量降低以及扼杀创新的风险。[1]

近年我国加大了反垄断执法力度,执法部门查处了大量涉互联网平台的经营者集中应报未报案件。在中央强调防止资本无序扩张的大背景下,数字市场领域的经营者集中反垄断审查工作将发挥关键作用。整体而言,我国反垄断执法部门评估质量效应的经验非常有限,理论研究也处于起步阶段。[2] 由于目前相关规定过于原则,反垄断执法如何进行质量效应评估既是一个理论难题,也是一个亟待解决的重大实践问题。本节拟就经营者集中反垄断审查中质量扮演的角色,数字市场中的主要质量维度特别是产品成瘾性,以及经营者集中案件对质量效应的评估思路等问题进行梳理,以期对反垄断执法中的质量效应评估作一初步探讨。

二、经营者集中质量效应的立法与实践现状

(一)法律文本对质量效应的日渐重视

质量是一个比较抽象的概念,其可用于描述价格之外的产品特性,体现了特定产品对消费者的价值水平。质量相关产品的特性涉及功能、耐用性、可靠性、美观性等诸多方面。就经营者集中对相关产品质量的潜在影响而言,依据OECD的梳理,一方面,如果特定交易降低了相关企业所面临的竞争压力,可能会削弱交易方在产品质量方面的投资动机;另一方面,交易也可能提升企业改进特定产品的质量水平的能力,或者交易可以让当事方以改善消费者福利的方式,更好地协调交易前各自提供的差异性产品的定位。[3]

---

〔1〕 See KFTC, *KFTC Establishes Guidelines on Anticompetitive Conducts in the Platform Sector*, 2022, p. 6.

〔2〕 参见吴汉洪、周孝:《双边平台横向并购的福利效应:基于文献的评论》,载《中国人民大学学报》2017年第2期;叶明、承上:《互联网行业经营者集中反垄断规制的挑战与解决思路》,载《经济法论丛》2019年第2期;王煜婷:《数字经济背景下我国经营者集中制度的完善》,载《中国政法大学学报》2022年第1期。

〔3〕 See OECD, *Executive Summary of the Roundtable on Non-Price Effects of Mergers*, June 6, 2018, https://one.oecd.org/document/DAF/COMP/M(2018)1/ANN1/FINAL/en/pdf.

“质量”一词在我国《反垄断法》中仅出现两次，该法第 20 条列举的垄断协议豁免情形中包括“提高产品质量、降低成本、增进效率，统一产品规格、标准或者实行专业化分工”等。尽管《反垄断法》经营者集中相关条款仅涉及一次“质量”一词，后续配套规则对质量则有所描述，特别是将“质量”作为分析交易对消费者所产生影响的一个重要方面。2011 年商务部发布的《关于评估经营者集中竞争影响的暂行规定》第 9 条第 2 款指出：经营者集中可能提高参与集中经营者的市场控制力，增强其采取排除、限制竞争行为的能力，使其更有可能通过提高价格、降低质量、限制产销量、减少科技研发投资等方式损害消费者利益。国家市场监督管理总局 2023 年发布的《经营者集中审查规定》第 35 条第 1 款明确规定：执法部门评估经营者集中对消费者的影响，可以考虑经营者集中对产品或者服务的数量、价格、质量、多样化等方面的影响。依据国务院反垄断委员会 2021 年发布的《关于平台经济领域的反垄断指南》第 20 条第 6 项的规定，在分析经营者集中对消费者的影响时，可以考虑集中后经营者是否有能力和动机以提高商品价格、降低商品质量、减少商品多样性、损害消费者选择能力和范围、区别对待不同消费者群体、不恰当使用消费者数据等方式损害消费者利益。

域外主要反垄断辖区相关规则对质量问题也予以重视，比如美国 2010 年《横向合并指南》规定，合并导致的市场势力加强可能体现为对消费者产生不利影响的非价格条款与条件，比如产品质量降低、产品种类减少以及服务或创新的减少等方面。这些非价格效应可能与价格效应并存，也可能单独存在。[1] 英国 2021 年修订版《合并评估指南》则指出：执法部门在评估特定交易是否实质减少竞争时，会重点分析合并后实体能否有利可图地单方面提高价格，恶化质量、服务水平以及其他非价格竞争因素，或者降低合并前特定业务在创新方面的努力水平。[2]

（二）我国执法实践对质量效应的具体分析

我国既有案件在竞争评估环节对质量效应进行具体分析的并不多见。在 2009 年附条件批准的通用汽车收购德尔福案中，执法部门认为德尔福是国内

〔1〕 参见韩伟主编：《美欧反垄断新规选编》，法律出版社 2016 年版，第 318 页。

〔2〕 See CMA, *Merger Assessment Guidelines*, 2021, p. 10.

多家整车厂的独家供应商，鉴于集中实施后双方的控股关系和利益一致性，有必要消除集中后德尔福对国内其他汽车制造企业的供货稳定性、价格和质量可能带来的不利影响，从而避免因此排除、限制国内汽车市场的竞争。[1] 在2016年的雅培公司收购圣犹达医疗公司股权案中，在分析交易将损害消费者的利益时，执法部门认为交易完成后，雅培公司将拥有更强的市场控制力，存在提高相关商品价格或延缓价格下降、降低服务质量的动机，并具有实施上述行为的能力，从而导致消费者利益受损。[2] 值得注意的是，一些案件尽管竞争评估环节并未聚焦质量效应，但最终确定的限制性条件仍涉及产品质量。在2020年的采埃孚股份公司收购威伯科控股公司股权案中，限制性条件包括集中后实体继续向现有客户提供机械式自动变速箱控制器或组件，确保所提供的产品在价格、质量、数量、交货期、技术先进性和售后服务等方面不低于现有客户合同水平。[3] 2022年的环球晶圆股份有限公司收购世创股份有限公司股权案的限制性条件，则涉及合并后实体按照公平、合理、无歧视的原则，继续向中国境内客户供应各类晶圆产品。在同等条件下，不得就价格、质量、数量和交货期、售后服务等交易条件对中国境内客户实施差别待遇。[4]

除了传统市场有少量案件涉及质量效应外，我国数字市场经营者集中质量效应评估的案件，则体现在市场监管总局禁止的虎牙公司与斗鱼国际控股有限公司合并一案中。执法部门认为该交易将强化腾讯在中国境内游戏直播市场上的支配地位，具有排除、限制竞争的效果。在分析集中可能对消费者造成的不利影响时，执法部门认为集中后实体有可能利用其市场力量，降低产品质量，

---

[1] 参见商务部：《中华人民共和国商务部公告2009第76号》，载原商务部反垄断局网2009年9月28日，http://fldj. mofcom. gov. cn/article/ztxx/200909/20090906540211. shtml。

[2] 参见商务部公告2016年第88号：《关于附加限制性条件批准雅培公司收购圣犹达医疗公司股权案经营者集中反垄断审查决定的公告》，载原商务部反垄断局网2016年12月30日，http://fldj. mofcom. gov. cn/article/ztxx/201612/20161202440204. shtml。

[3] 参见市场监管总局：《关于附加限制性条件批准采埃孚股份公司收购威伯科控股公司股权案反垄断审查决定的公告》，载国家市场监督管理总局反垄断执法一司网2020年5月15日，https://www. samr. gov. cn/cms_files/filemanager/samr/www/samrnew/fldys/tzgg/ftj/202204/t20220424_342151. html。

[4] 参见市场监管总局：《关于附加限制性条件批准环球晶圆股份有限公司收购世创股份有限公司股权案反垄断审查决定的公告》，载国家市场监督管理总局反垄断执法一司网2022年1月21日，https://www. samr. gov. cn/cms_files/filemanager/samr/www/samrnew/fldys/tzgg/ftj/202204/t20220424_342163. html。

提高服务价格或者降低用户体验感，损害消费者权益。[1]

三、数字市场的重要质量维度

针对质量维度的多重性，本部分结合数字市场的特点，以成瘾性为例，梳理数字产品成瘾性的市场现状，建议反垄断执法部门在展开质量效应评估的案件中对成瘾性予以适当的关注。

（一）数字市场质量维度的多重性

对消费者而言，产品质量因使用目的的差异而存在不同维度。在数字市场中，质量的传统维度（如功能以及用户友好性）仍然非常重要；质量的其他维度，比如安全性、广告性质、互补品的供应等，则变得越来越重要。[2] 实际上质量的内涵随着市场发展也在不断演化，以往反垄断领域鲜有提及的隐私保护，现在便被很多人视为产品质量的一个重要维度。[3] 针对数字市场无法穷尽的诸多质量维度，[4]本节聚焦成瘾性这一反垄断执法部门关注不足的数字产品属性。本书认为，数字市场经营者集中反垄断审查如果考虑质量效应，成瘾性是需要重视的质量维度。

（二）数字产品成瘾性

1. 数字产品成瘾性的市场现状

伴随数字经济在全球的飞速发展，数字产品成瘾性已成为一个突出问题，数字经济的“瘾性经济”特色也引起学界的关注。[5] 一些文献在介绍用户对数字设备及产品日益增长的依赖时，甚至使用了“数字海洛因”（digital heroin）、

---

〔1〕 参见市场监管总局：《关于禁止虎牙公司与斗鱼国际控股有限公司合并案反垄断审查决定的公告》，载国家市场监督管理总局反垄断执法一司网 2021 年 7 月 10 日，https://www.samr.gov.cn/cms_files/filemanager/samr/www/samrnew/fldys/tzgg/ftj/202204/t20220424_342157.html。

〔2〕 See OECD, *Executive Summary of the discussion on Quality Considerations in the Zero-Price Economy*, 2018, https://one.oecd.org/document/DAF/COMP/M(2018)2/ANN9/FINAL/en/pdf.

〔3〕 See Samson Y. Esayas, *Privacy-as-a-quality Parameter of Competition*, in Bjorn Lundqvist and Michal S. Gal (Eds.), Competition Law for the Digital Economy, Elgar, 2019, p. 126 – 172. 参见韩伟、李正：《反垄断法框架下的数据隐私保护》，载《中国物价》2017 年第 7 期。

〔4〕 隐私这一重要质量维度的经营者集中损害理论分析，可参考韩伟所著《迈向智能时代的反垄断法演化》（法律出版社 2019 年版）的相关内容。

〔5〕 参见高德步：《数字瘾性经济的危害与治理》，载《人民论坛》2020 年第 1 期。一些反垄断文献已涉及传统领域的成瘾性产品（如烟草），see Daniel A. Crane, *Harmful Output in the Antitrust Domain: Lessons from the Tobacco Industry*, 39 GA. L. Rev. 321 (2005)。

“电子可卡因”(electronic cocaine)以及“虚拟毒品”(virtual drugs)等夸张用语。[1] 全球不少官方机构、学术组织对该问题也开始表达关切。加拿大众议院2018年发布的一份调研报告阐述了对数字产品成瘾性的担忧。[2] 2019年牛津大学与斯坦福大学的一份联合研究建议,Facebook应该让用户对自身行为享有更积极的控制力,而不仅仅为了商业利益通过“点击诱饵”等方式加剧成瘾性。[3] 芝加哥大学2019年发布的一份报告则指出:越来越多的证据表明,许多在线产品的设计目的是尽可能让人上瘾,或者让消费者沉迷在平台上以提升其销售额,而不考虑消费者的幸福感,该报告认为,成瘾和垄断的结合可能是最糟糕的情况。[4] 美国众议院2020年发布的《数字市场竞争状况调查报告》也提及,那些依赖在线广告的平台,往往更愿意提供容易让人上瘾的内容,以提升用户的平台参与度。[5]

从企业的商业动机来看,大量数字平台热衷于产品成瘾性方面的投资,很大程度上源于数字经济中的商业模式由数据和注意力驱动。注意力是一种竞争性资源,个体的注意力持续时间有限。[6] 有专家认为,在未来一个世纪里,需要保护的最重要的人力资源可能是我们自己的意识和精神空间。[7] 与老一

---

〔1〕 See Ido Hartogsohn & Amir Vudka, *Technology and Addiction: What drugs can teach us about digital media*, Transcultural Psychiatry, January 2022, https://www. researchgate. net/publication/358142233.

〔2〕 See Canada Standing Committee on Access to Information, Privacy and Ethics, *Democracy under Threat: Risks and Solutions in the Era of Disinformaiton and Data Monopoly*, December 2018, https://www. ourcommons. ca/Content/Committee/421/ETHI/Reports/RP10242267/ethirp17/ethirp17 - e. pdf.

〔3〕 See Timothy Garton Ash, Robert Gorwa& Danae Metaxa, *GLASNOST! Nine Ways Facebook can Make Itself A Better Forum for Free Speech and Democracy*, Oxford-Stanford report, 2019, https://reutersinstitute. politics. ox. ac. uk/sites/default/files/2019 - 01/Garton_Ash_et_al_Facebook_report_FINAL_0. pdf.

〔4〕 See Stigler Center of University of Chicago, *Final Report of Stigler Committee on Digital Platforms*, 2019, https://sipotra. it/wp-content/uploads/2020/02/Stigler-Committee-on-Digital-Platforms-Final-Report. pdf.

〔5〕 See Committee on the Judiciary of United States House of Representatives, *Investigation of Competition in Digital Markets*, 2020, p. 67.

〔6〕 参见David S. Evans:《网络平台间的注意力之争》,薛颖、刘传海译,载韩伟主编:《数字市场竞争政策研究》,法律出版社2017年版,第296～339页。

〔7〕 See BRICS Competition Law and Policy Centre, *Digital Era in Competition: A BRICS View*, January 1, 2019, https://www. bricscompetition. org/publications/digital-era-in-competition-a-brics-view-report-by-the-brics-competition-law-and-policy-centre.

辈相比,智能手机等成瘾技术的发展大大缩短了年青一代的注意力持续时间。[1] 成瘾性可以提升消费者在数字产品上的停留时间,让产品提供商可以获得更多消费者数据以及注意力,进而为后续盈利提供基础。英国上议院2019年的一份研究指出:“监控资本主义”(surveillance capitalism)商业模式的一个关键特征是,鼓励用户关注并保持其注意力,以收集更多数据,并以广告为目标。[2] 依据欧洲消费者组织(BEUC)2019年的一份研究,当前很多平台和应用程序提供商加大投资力度让其产品更容易上瘾,目的是让用户长期保持登录状态,促进目标定位与数据收集。[3] 以国内热议的“元宇宙”为例,如果日后相关产品能实际落地且影响力扩大,则类似Roblox这类元宇宙项目的成瘾性便值得警惕。

从数字产品成瘾性的实现途径来看,数字平台往往利用消费者的认知偏差(如现状偏差、确认偏差、显著性偏差),[4]通过产品界面等环节的设计,提升成瘾性。这些认知偏差已经被一些借助行为经济学理论展开反垄断问题研究的文献所关注。[5] 平台可以利用这些认知偏差,突出某些信息,诱导上瘾行为。[6] 一些企业借助消费者的认知偏差,让消费者接受对隐私更具侵犯性的

---

〔1〕 See BRICS Competition Law and Policy Centre, *Digital Era Competition: A BRICS View*, January 1, 2019, https://www.bricscompetition.org/publications/digital-era-in-competition-a-brics-view-report-by-the-brics-competition-law-and-policy-centre.

〔2〕 See Select Committee on Communications of the House of Lords of the United Kingdom, *Regulating in a Digital World*, 2019, https://publications.parliament.uk/pa/ld201719/ldselect/ldcomuni/299/299.pdf.

〔3〕 See BEUC, *The Role of Competition Policy in Protecting Consumer's Well-being in the Digital Era*, 2019, https://www.beuc.eu/publications/beuc-x-2019-054_competition_policy_in_digital_markets.pdf.

〔4〕 现状偏差(status quo bias)指消费者往往倾向于接受现状,即使现状并非最优。确认偏差(confirmation bias)指对自己原本相信的观点更容易接受,轻视反面观点。显著性偏差(saliency bias)指消费者往往过度关注最显著的信息。

〔5〕 See Amelia Fletcher, *The EU Google Decisions: Extreme Enforcement or the Tip of the Behavioral Iceberg?* CPI Antitrust Chronicle (January, 2019), https://www.competitionpolicyinternational.com/the-eu-google-decisions-extreme-enforcement-or-the-tip-of-the-behavioral-iceberg/.

〔6〕 See Stigler Center of University of Chicago, *Final Report of Stigler Committee on Digital Platforms*, 2019, https://sipotra.it/wp-content/uploads/2020/02/Stigler-Committee-on-Digital-Platforms-Final-Report.pdf.

设置或者开发一些成瘾性更强的产品。[1] 基于用户的注意力和数据,平台可以利用用户的认知漏洞,引导个人实施平台所追求的行为,实现数字操纵(digital manipulation)。[2] 数字产品的成瘾性设计,实际上涉及人类的一些生物机理。数字平台对大脑的影响,主要通过刺激伏隔核中的多巴胺水平来实现,[3]这种重复刺激的过程会让大脑产生依赖性。[4] 一份研究指出:很多企业借助一些技术改进其产品设计,进而让人上瘾。该研究关注了“可变奖励”(variable rewards)技术,它可以模拟不可预测的奖励(这些奖励提供的时间可变且不固定),这会增加人类大脑产生的多巴胺水平。[5] 此外,企业往往通过特定算法实现数字产品成瘾性的强化,比如使用基于人类行为能自我学习并进行调整的智能算法。[6] 英国反垄断执法部门 2021 年发布的报告《算法:它们如何减少竞争并伤害消费者》指出:“推荐和协同过滤算法”是一类通过确定提供给消费者的信息和选项范围来影响选择架构的系统。这类算法可能加剧“自我控制问题”(self-control problems),导致消费者过度使用。[7] 此外,值得注意的是,产品成瘾性的成功推广也与消费者的数字素养不足相关。一项大规模实证研究指出:对平台的任何干预都需要考虑消费者对平台服务的现有理解

---

〔1〕 See BEUC, *Shaping Competition Policy in the Era of Digitalisation: Response to public consultation*, September 28, 2018, https://www.beuc.eu/sites/default/files/publications/beuc-x-2018-084_beuc_response_shaping_of_competition_policy.pdf.

〔2〕 See Gregory Day & Abbey Stemler, *Are Dark Patterns Anticompetitive?* 72 Alabama Law Review 1 (2020).

〔3〕 伏隔核也被称为伏核,是一组波纹体中的神经元,伏隔核被认为是大脑的快乐中枢,对诸如食物、性、毒品等刺激有反应。多巴胺是一种神经传导物质,用来帮助细胞传送脉冲的化学物质。多巴胺这种脑内分泌物与人的情欲、感觉有关,传递兴奋及开心的信息,其也与各种上瘾行为相关。

〔4〕 参见许本柯、何云等:《伏隔核内多巴胺在奖赏和强化学习中的作用》,载《解剖学杂志》2018 年第 4 期;桂欢、刘程曦、张益:《中脑腹侧被盖核——伏隔核多巴胺通路在觉醒中的作用》,载《神经解剖学杂志》2020 年第 5 期。

〔5〕 See Select Committee on Communications of the House of Lords of the United Kingdom, *Regulating in adigital world*, 2019, https://publications.parliament.uk/pa/ld201719/ldselect/ldcomuni/299/299.pdf.

〔6〕 See Stigler Center of University of Chicago, *Final Report of Stigler Committee on Digital Platforms*, 2019, https://sipotra.it/wp-content/uploads/2020/02/Stigler-Committee-on-Digital-Platforms-Final-Report.pdf.

〔7〕 See CMA, *Algorithms: How they can reduce competition and harm consumers*, 2021, https://assets.publishing.service.gov.uk/government/uploads/system/uploads/attachment_data/file/954331/Algorithms_++.pdf.

水平，以及消费者对默认设置、切换等功能的现有参与水平，需要思考如何解决消费者数字素养较低的问题。[1]

2. 成瘾性纳入数字市场质量效应评估的必要性

尽管呼吁反垄断执法中关注数字产品成瘾性问题的文献近年开始出现，整体而言，全球反垄断执法部门对于数字产品成瘾性问题的重视仍不够。当前各国都高度关注反垄断法如何适应数字经济发展，在涉及质量效应评估的反垄断案件中，有必要给予成瘾性一定的分析权重。在一个健康的市场中，我们希望看到企业在多个方面展开竞争，包括提供成瘾性更低的产品。竞争激烈的市场可能让消费者有更多选择，竞争促使一些企业可能通过提供不那么上瘾、更为安全的产品来实现差异化。[2] 基于以下五个方面的理由，本书认为有必要将成瘾性纳入数字市场反垄断执法中的质量效应评估，通过包括经营者集中反垄断审查在内的竞争执法，降低企业对消费者的数字操控水平，推动市场主体围绕产品低成瘾性方面的质量维度展开竞争。

第一，成瘾性已成为数字产品的重要质量维度。并非所有产品的质量都需要考虑成瘾性问题，实际上从整体来看，成瘾性仅在少数产品或市场中成为一个值得关注的特征。从前述数字市场的发展现状来看，基于大部分商业模式的数据和注意力驱动属性，成瘾性已成为数字产品的一类重要质量维度。因此，在反垄断法框架下评估特定行为或交易的质量效应时，成瘾性便可以成为评估的角度之一。[3]

第二，数字市场已出现围绕低成瘾性展开的竞争。高成瘾性已逐渐被视为数字产品低质量的一种表现，数字市场中在企业围绕不同质量维度展开竞争的过程中，一些企业已采取相关措施来降低产品的成瘾性，这也为反垄断执法中关注成瘾性、评估成瘾性竞争水平的变化提供了现实基础。限制消费者对平台

---

〔1〕 See Pinar Akman, *A Web of Paradoxes: Empirical Evidence on Online Platform Users and Implications for Competition and Regulation in Digital Markets*, 16 Virginia Law & Business Review 1 (2022).

〔2〕 See James Niels Rosenquist, Fiona M. Scott Morton & Samuel N. Weinstein, *Addictive Technology and its Implications for Antitrust Enforcement*, 100 N. C. L. Rev. 431 (2022).

〔3〕 考虑到数字市场商业模式的不断演化以及产品类型的多样，产品成瘾性的强度在数字市场的不同细分领域存在差异，作为质量维度的成瘾性仍需结合个案予以评估。

的使用可能会减少成瘾性,改善消费者福利。[1] 以 TikTok 为例,该应用 2019 年增加了一个屏幕时间管理工具,帮助用户限制每天在平台上花费的时间。TikTok 在 2020 年又引入了"家庭安全模式",该功能让家长可以通过限制每天使用 TikTok 的时长以及控制不当内容,保护儿童的"数字健康"[2]。Facebook 近年也推出了一项数字健康计划,为用户提供降低其产品使用量的机制。[3] 值得注意的是,由于产品成瘾性在很大程度上依赖对消费者个人数据的过度收集,因此近年部分企业提升隐私保护度水平也在一定程度上体现了产品低成瘾性的竞争。苹果公司近年便大力宣传其安全和隐私保护功能的强化,作为其产品质量优化的一大特色。

第三,成瘾性通过削弱消费者的自决能力进而破坏市场竞争机制有效运行。市场主体的决策自主能力是市场机制有效发挥作用的前提条件之一。依据哈耶克的理论,竞争作为一种发现的过程,只有在个人以最个性化的方式表达自己的需求和愿望时才可能实现。[4] 产品成瘾性在很大程度上会干扰消费者的自决能力,进而影响竞争机制发挥作用的基础。依据 AAI 的研究,利用成瘾技术吸引并维持用户的平台参与度,这挑战了塑造现代反垄断法的新古典经济模型的核心假设,即理性的利润最大化市场参与者具有独立意志力。[5] 由于成瘾性会削弱消费者的自决能力,在需求侧破坏成瘾性产品所处市场竞争机制的工作机理,通过反垄断执法推动供给侧的企业围绕成瘾性展开有效竞争进而降低成瘾性,对市场竞争机制的维系便具有重要的意义。因此,将成瘾性纳入反垄断评估范围至少在两个层面上有利于保护市场公平竞争:第一个层面

[1] See Shota Ichihashi & Byung-Cheol Kim, *Addictive Platforms*, SSRN, 2021, http://dx.doi.org/10.2139/ssrn.3853961.

[2] See James Niels Rosenquist, Fiona M. Scott Morton & Samuel N. Weinstein, *Addictive Technology and its Implications for Antitrust Enforcement*, 100 N. C. L. Rev. 431 (2022).

[3] See Gregory Day & Abbey Stemler, *Are Dark Patterns Anticompetitive*? 72 Alabama Law Review 1 (2020).

[4] See Philip Marsden & RupprechtPodszun, *Restoring Balance to Digital Competition-Sensible Rules, Effective Enforcement*, Konrad-Adenauer-Stiftung Report (September. 29, 2020), https://www.kas.de/en/single-title/-/content/restoring-balance-to-digital-competition-sensible-rules-effective-enforcement.

[5] See Randy M. Stutz, *Antitrust Law and Dominant-Firm Behavior in the Digital Technology Sector: Toward and Actionable Agenda for Policymakers*, AAI, 2021, p. 18.

是,提升企业之间在产品低成瘾性[1]方面的竞争水平;第二个层面是,企业之间成瘾性竞争带来的低成瘾性,可以通过保护消费者自决能力进而推动企业之间非成瘾性方面的竞争水平的提升。[2]

第四,缺乏有效竞争约束的产品成瘾性会对消费者造成直接损害。数字平台操纵用户让其上瘾的行为,降低了平台质量,损害了用户利益。[3] 如果提供替代性产品的企业之间在产品成瘾性方面竞争不足,则数字市场中产品成瘾性的整体水平很难下降,消费者利益会受到负面影响。英国一家消费者保护组织将消费者损害区分为经济损害和非经济损害,其中非经济损害便强调了成瘾性加剧。[4] 依据医学、心理学等相关学科的研究,被成瘾性软件设计操纵的用户,会因为过度使用而分心和焦虑。[5] 数字产品成瘾会导致社交障碍、冒险、抑郁、睡眠剥夺、自残行为等系列问题。[6] 此外,研究还表明,儿童和青少年对于数字技术的使用更容易上瘾,由于他们的大脑尚未发育成熟,对他们更可能造成长期的负面后果。[7]

第五,反垄断执法适度考量涉及公共利益的成瘾性问题可以更好地回应数字经济发展。近年美欧等成熟反垄断辖区出现反垄断目标由单一目标向多元

---

〔1〕 从市场发展现状来看,除了少数企业开始通过降低成瘾性来吸引客户外,在缺乏干预的情形下,企业之间很大程度上仍在围绕高成瘾性进行恶性竞争,反垄断可以引导企业围绕低成瘾性展开竞争。

〔2〕 数字市场领域企业之间的竞争很大程度上体现在争夺消费者的数据与注意力上,自决能力的提升可以保障消费者正常的"用脚投票"以及在不同企业之间的转换,进而推动企业之间的竞争。

〔3〕 See Stigler Center of University of Chicago, *Final Report of Stigler Committee on Digital Platforms*, 2019, https://sipotra.it/wp-content/uploads/2020/02/Stigler-Committee-on-Digital-Platforms-Final-Report.pdf.

〔4〕 See Which? *Control, Alt or Delete? The Future of Consumer Data*, Jun. 4, 2018, https://www.which.co.uk/policy/digital/2659/control-alt-or-delete-the-future-of-consumer-data-main-report.

〔5〕 See Randy M. Stutz, *Antitrust, Dominant Firms, and Public Policy Problems: A Framework for Maximizing Success by Minimizing Uncertainty*, AAI, June 28, 2021, https://www.antitrustinstitute.org/wp-content/uploads/2021/06/AAI-Knight-Paper-1-FINAL.pdf.

〔6〕 See Gregory Day & Abbey Stemler, *Are Dark Patterns Anticompetitive?* 72 Alabama Law Review 1 (2020).

〔7〕 See James Niels Rosenquist, Fiona M. Scott Morton & Samuel N. Weinstein, *Addictive Technology and its Implications for Antitrust Enforcement*, 100 N. C. L. Rev. 431 (2022). 参见韦臻、郭雅、阮中强:《青少年网络成瘾对亚健康的影响:消极应对方式的中介作用》,载《实用预防医学》2022 年第 2 期。

目标摇摆与回归的趋势，反垄断执法日益关注效率之外的其他目标。[1] 实际上，OECD 近年也日渐重视竞争政策在减贫、环保、社会公平、就业、性别平等方面的作用。[2] 成瘾性作为当前大量数字产品的突出属性之一，其影响已超出经济领域。除了涉及消费者个体利益外，数字产品对当今社会各年龄层的成瘾性作用，在一定程度上对社会公共利益也产生了影响，可能引发系列社会问题。将成瘾性纳入特定案件的质量效应评估，有助于反垄断法更好地适应与保障数字经济发展。

四、质量效应的评估思路

下面就反垄断执法中评估质量效应面临的主要挑战、具体的评估思路，以及反垄断执法展开质量效应评估过程中与其他法律部门的衔接问题作一分析。

（一）主要挑战

1. 质量内涵不确定

较之价格，质量内涵具有更大的不确定性，且随市场发展仍在不断演化。以隐私保护为例，传统反垄断执法不会考虑隐私问题，近年随着大量涉个人信息的数据驱动型并购交易的出现，隐私问题逐渐进入反垄断执法视野，也逐步成为质量的一个重要维度。[3] 因此，由于质量内涵存在很大不确定性，执法部门需要结合个案情况，灵活判断具体交易中是否需要考虑质量效应以及哪些质量维度值得重视。如前所述，数字市场中的产品成瘾性，现阶段便没有引起反垄断执法部门足够的重视。

2. 质量水平难量化

一些反垄断案件为提升分析的精确度与科学性，有时会借助定量工具。不同消费者对特定质量属性有不同的理解与评价，质量固有的变动性、主观性使得要对其进行评估，特别是要对质量水平进行定量评估，会非常困难。[4] 比

---

〔1〕 See Lina Khan, *The New Brandeis Movement: America's Antimonopoly Debate*, 9 Journal of European Competition Law & Practice 131 (2018); Ariel Ezrachi, *EU Competition Law Goals and The Digital Economy*, Oxford Legal Studies Research Paper No. 17, 2018, p. 1 – 27.

〔2〕 参见韩伟主编：《可持续发展与竞争法治》，法律出版社 2021 年版，第 210—286 页。

〔3〕 参见韩伟、李正：《并购控制中的隐私考量》，载《反垄断研究》2019 年第 2 期。

〔4〕 See OECD, *The Role and Measurement of Quality in Competition Analysis*, 2013, https://www.oecd.org/daf/competition/Quality-in-competition-analysis-2013.pdf.

如，如果担心特定经营者集中会强化相关产品的成瘾性水平，竞争评估环节就要测试交易前后的成瘾性水平变化，这方面量化分析可能面临一系列的操作性难题。即使是理论界早已提出的通过质量替代价格的相关市场界定法 SSNDQ 测试，[1] 由于质量难以量化，实际案例中这种方法也很难实施。

3. 质量价格难协调

同一案件中，如果特定交易同时产生显著的质量效应与价格效应，则会带来质量效应与价格效应之间如何协调的问题。针对经营者集中案件，质量方面的潜在积极效应经常被作为对反竞争性价格效应进行辩护的一种效率表现。相反，经营者集中在质量方面的潜在消极效应，也可能使得竞争执法部门对交易作出负面评价。因此，特定案件中，执法部门可能需要在对产品质量的积极效应与对价格的消极效应之间进行审慎的权衡。[2] 有研究指出，成瘾性驱动的产品设计相关价格效应和非价格效应可能出现矛盾，低价以及带来的产量提升似乎是积极效应，但从质量角度看，成瘾性对许多用户来说又是消极的。[3]

（二）评估思路

1. 评估质量效应的前提条件

针对特定的经营者集中交易，除了传统的价格效应评估，是否需要深入展开质量效应评估，首先需要通过甄别相关市场的特点，判断是否存在一些对竞争而言非常重要的质量因素。具体而言，经营者集中的相关市场如果具备以下特征之一，执法部门就应该关注交易对产品质量带来的潜在影响：首先，相关市场经营者提供的产品之间在某些质量特征方面存在差异，消费者根据这些差异在不同经营者之间进行选择；其次，相关市场经营者提供的产品之间在某些质量特征方面存在差异，相关市场经营者根据竞争者的产品在这些质量特征方面的变化调整自身产品的质量特征，或者相关市场经营者在调整自身产品的价格

---

〔1〕 在我国奇虎 360 诉腾讯滥用市场支配地位案中，一审法院认可了市场界定环节"以质量变动替代价格变动"的方法，最高人民法院在二审中也肯定了这一思路。参见最高人民法院民事判决书，(2013)民三终字第 4 号。

〔2〕 See OECD, *The Role and Measurement of Quality in Competition Analysis*, 2013, https://www.oecd.org/daf/competition/Quality-in-competition-analysis-2013.pdf.

〔3〕 See Randy M. Stutz, *Antitrust, Dominant Firms, and Public Policy Problems: A Framework for Maximizing Success by Minimizing Uncertainty*, AAI (June. 28, 2021), https://www.antitrustinstitute.org/wp-content/uploads/2021/06/AAI-Knight-Paper-1-FINAL.pdf.

时会考虑竞争者所提供产品的这些质量特征；再次，相关市场经营者提供的产品之间在某些质量特征方面尚不存在差异，但消费者调查、行业分析、经营者内部文件等证据显示，相关市场经营者提供的产品的这些质量特征对消费者非常重要；最后，经营者会投资于特定研发，以改善产品的某些质量特征，或者开发新产品或服务。

2. 评估质量效应的证据与因素

如果经营者集中降低经营者在产品质量方面的竞争压力，可能会导致交易后产品质量下降。具体市场特征决定了经营者集中是否会给产品质量带来不利影响，以及该影响相对于集中对价格影响的程度。大体而言，评估经营者集中对产品质量的影响执法部门可以关注的证据包括：首先，通过消费者问卷调查确认消费者重视产品质量的哪些方面，以及质量的哪些方面会激励其作出购买决定（如针对诱导成瘾的持续滚动页面之类的产品设计特征的好恶），以预测特定产品质量方面的需求弹性；尽管消费者偏好存在主观性，但其决定了质量竞争的范围和深度。其次，通过经营者的竞争策略，尤其是经营者内部文件等证据，理解质量在消费者决策中的作用，以及经营者的竞争压力。最后，结合经营者内部文件，通过经营者集中的商业动机去理解交易对集中后实体未来产品质量的影响。

就具体的考虑因素而言，以成瘾性为例，交易对产品成瘾性水平带来何种影响，交易导致的数据聚合情况便值得关注。集中后的经营者所掌握的数据经整合，可能被用于进一步强化对客户的数字操控能力，提升产品成瘾性。执法部门至少可以从以下几个方面去评估集中交易相关的数据聚合对产品成瘾性的影响：首先，消费者对其个人数据能否被收集以及被收集的数据数量、范围、频率进行控制水平的变化；其次，对数据如何被收集方以及授予访问权的第三方使用的自我控制水平的变化；最后，对防止未经授权的或者不当的数据使用的控制水平的变化。除了关注交易导致的数据聚合，执法部门还可以分析成瘾性相关的一些其他因素，比如提升消费者对产品拥有自控性的特定产品功能（如使用时长提醒）是否受到交易的不利影响？交易后实体是否有能力和动机停止相关降低成瘾性的功能？如果涉及初创企业收购，被收购方在低成瘾性方面是否有能力向收购方施加实质性竞争约束？

3. 质量效应与价格效应权衡

评估数字市场经营者集中的竞争影响时，如果交易有可能在价格与质量方面均造成显著影响，则有必要同时考察交易导致的价格效应和质量效应。执法部门可以区分以下不同情形，以评估交易导致的价格效应和质量效应：首先，如果初步证据显示交易导致的价格效应和质量效应方向一致，考虑到质量效应评估面临的前述挑战，可以重点评估价格效应；其次，如果交易对价格的影响是中性的，则应当重点评估交易的质量效应；最后，如果交易的价格效应和质量效应方向相反，则应当评估交易对特定质量特征潜在影响的不确定性程度，以及根据不确定的质量特征作出错误决定的风险，进而决定是否对交易进行干预。以成瘾性为例，在数字市场环境下，成瘾性降低便是一种值得被认可的积极效应。在产品具有成瘾性的环境下，产品成瘾性与产品价格及产量之间的关系更为复杂。对于成瘾性产品，即使交易导致了更低的价格、更高的产量，这可能也并非执法部门追求的目标。[1]

（三）法律衔接

由于质量内涵的丰富性，数字市场中反垄断执法重视质量效应的评估，也可能带来不同法律制度之间的衔接问题。数字经济发展使得竞争法、数据法与消费者权益保护法等法律部门之间的关系日益密切。[2] 近年《网络安全法》《数据安全法》和《个人信息保护法》等法律及配套规则的出台，使得我国反垄断执法部门在数字市场中考虑质量效应时要注意与其他法律部门的协调。我国数字市场监管涉及多个政府部门，以成瘾性为例，目前算法治理相关规则已有“防沉迷”的规定。2021 年 12 月，国家互联网信息办公室、工业和信息化部、公安部、国家市场监督管理总局联合发布《互联网信息服务算法推荐管理规定》，该规定第 8 条明确要求：算法推荐服务提供者应当定期审核、评估、验证算法机制机理、模型、数据和应用结果等，不得设置诱导用户沉迷、过度消费等违反法律法规或者违背伦理道德的算法模型。因此，反垄断执法关注数字市场产品成瘾性问题，需要综合判断其他法律部门对这一问题的实际规范效果，协调

---

〔1〕 See James Niels Rosenquist, Fiona M. Scott Morton & Samuel N. Weinstein, *Addictive Technology and its Implications for Antitrust Enforcement*, 100 N. C. L. Rev. 431 (2022).

〔2〕 See Harry van Til, Nicolai van Gorp & Katelyn Price, *Big data and competition*, ECORYS (June. 13, 2017), https://www.eerstekamer.nl/overig/20170710/big_data_and_competition/document.

好反垄断与算法治理的关系。如果反垄断执法部门就经营者集中对产品成瘾性的影响展开实质评估，且成瘾性问题又涉及算法不当使用，则反垄断执法部门可以就算法问题征求相关部门意见（包括寻求证据支持），进而评估通过反垄断执法解决算法相关成瘾性问题的必要性。总而言之，在我国现行法律体系下，反垄断执法要兼顾不同部门与机构之间的关系，避免监管的过犹不及，警惕多部门监管中的“合成谬误”[1]。

五、结语

质量是价格之外吸引消费者最重要的产品属性，零价商业模式在数字市场中的盛行，使得反垄断执法中关注特定行为对质量产生的影响日趋重要。为更好回应我国数字经济的快速发展，反垄断执法对于数字产品的质量属性应给予更多关注。质量具有多重维度，本节重点梳理了当前仍未引起反垄断执法部门足够重视的成瘾性这一数字产品属性。类似成瘾性这类产生普遍影响的产品属性，应重视竞争机制在推进产品低成瘾性方面所能发挥的积极作用。反垄断执法应警惕特定经营者集中导致数字产品成瘾性提升或者阻碍成瘾性降低，保障数字市场的产品低成瘾性竞争水平。个案中反垄断执法部门应甄别需要展开质量效应评估的前提条件，结合系列因素展开具体评估，权衡价格效应与质量效应，同时留意反垄断角度的质量效应评估与算法治理等其他规则体系的衔接。

最后需要强调的是，尽管当前行业监管部门推进的算法治理这类偏管制性措施可能效果更为直接，但反垄断执法已形成一套相对成熟的分析框架以及防过度干预的制约机制（如市场界定等环节），这也使得反垄断相较于管制措施挫伤市场创新激励的风险更低。[2] 为进一步落实竞争政策的基础性地位，更

〔1〕 合成谬误（Fallacy of Composition）由经济学家萨缪尔森提出，指局部理性但整体非理性的状态。

〔2〕 在抽象的“监管”语境下，应避免将反垄断制度与管制制度混同，给反垄断执法贴上“强监管”、阻碍市场发展的错误标签。除了《民法典》支持的产权保障、契约自由，有效竞争也是市场经济健康运行的基础。作为市场经济的基础性规则体系，反垄断执法整体应该具有平稳性，不应刻意强调执法力度的强与弱。我国作为转轨国家，管制惯性与冲动更值得警惕。

好地保障我国数字经济高质量发展,应坚持"竞争优先、慎用管制"的原则。[1] 数字市场反垄断执法应重视质量效应评估,充分释放反垄断法功效,实现有效市场与有为政府的更好结合。

第三节 多样性竞争损害

一、问题的提出

"多样性"(variety)[2]一词内涵丰富,可用来表示可供选择的数量,或者表示商品或服务之间的差异,一定程度上还可以用来描述客户及消费者[3]的体验。多样性在不同领域均有其独特的价值,比如在人类对可持续发展的重视中,保护生物多样性便成为共同追求的理念。2015 年 9 月联合国可持续发展峰会正式通过《2030 年可持续发展议程》,其中"遏制生物多样性的丧失"便成为实现全球环境安全目标的一项重要内容。[4] 我国国务院新闻办公室于 2021 年 10 月公布的《中国的生物多样性保护》白皮书也指出:"生物多样性关系人类福祉,是人类赖以生存和发展的重要基础。"[5]在文化传播领域,多样性的存在是人类文化保持自身活力的重要条件。一方面,文化多样性为人类文化实现类似生物学意义上的"杂交优势"创造了必要条件;另一方面,文化多样性的存在还为特定文化的选择提供了多种可能性,而对全新可能性的尝试与探索又恰好是创造性与活力的重要表现。[6] 我国《扩大内需战略规划纲要(2022—2035

---

〔1〕 参见韩伟:《算法合谋反垄断初探——OECD〈算法与合谋〉报告介评(下)》,载《竞争政策研究》2017 年第 6 期。

〔2〕 针对"variety"一词还有"品种""种类"等译法,本节统一使用"多样性"进行论述。

〔3〕 本节所涉客户及消费者包括生产商、批发商、零售商在内的中间客户以及由最终消费者组成的购买商品或接受服务的广义消费者群体。为行文便捷,除特定语境进行概念区分外,本节统一使用消费者的概念。

〔4〕 See United Nations, *Transforming Our World: the 2030 Agenda for Sustainable Development*, United Nations (Oct. 21, 2015), https://www.un.org/ohrlls/sites/www.un.org.ohrlls/files/2030_agenda_for_sustainable_development_web.pdf.

〔5〕 国务院新闻办公室:《中国的生物多样性保护》,载中国人民共和国中央人民政府网 2021 年 10 月 8 日,http://www.gov.cn/zhengce/2021-10/08/content_5641289.htm。

〔6〕 参见于璞:《文化多样性研究述评》,载《广西民族研究》2007 年第 1 期。

年)》强调"持续提升传统消费""加快培育新型消费",着力满足人民个性化、多样化、高品质消费需求。可以看出,除了价格、质量、创新等维度,商品多样性也是大众消费的普遍关注。

在反垄断视域下,随着近年全球数字经济的迅猛发展,零价商业模式日益普遍且壮大,认为反垄断一定是为了"降价增产"的传统观点受到挑战,包括商品多样性在内的非价格竞争维度的重要性受到各国以及一些国际组织的关注。各反垄断辖区逐渐认识到多样性是和质量、创新同等重要的商品非价格属性之一。[1] 随着数字经济的发展,为了满足消费者的不同需求,包括多样性在内的非价格维度的竞争越来越受到关注。[2] 有调研报告指出,数字市场中,企业提供差异化产品,消费者可能更重视质量而非价格。细致评估交易对质量、产品多样性和创新的潜在影响,对了解数字市场中的合并如何影响竞争是至关重要的。[3] 金砖国家 2019 年竞争政策学术界报告、[4] 联合国贸易和发展会议(UNCTAD)2019 年《数字经济报告》都对多样性问题表示关注。[5] ICN 2017 年的年会主题之一是讨论经营者集中对质量、创新、商品多样性和服务等非价格维度的潜在影响。[6] OECD 则在 2018 年开展了主题为"并购非价格效应"的圆桌论坛,其中特别关注多样性作为非价格效应之一在并购审查中的重要性。[7] 整体而言,尽管相关调研认识到商品多样性有其重要价值,但目前的讨

〔1〕 See OECD, *Executive Summary of the Roundtable on Non-Price Effects of Mergers*, June 6, 2018, https://one. oecd. org/document/DAF/COMP/M(2018)1/ANN1/FINAL/en/pdf.

〔2〕 See Randy M. Stutz, *Antitrust Law and Dominant-Firm Behavior in the Digital Technology Sector: Toward an Actionable Agenda for Policymakers*, AAI (June 28, 2021), https://www. antitrustinstitute. org/wp-content/uploads/2021/06/AAI-Knight-Paper-2-FINAL. pdf.

〔3〕 参见韩伟、徐美玲:《GSMA〈数字生态系统竞争政策框架重整〉调研报告介评》,载韩伟主编:《数字市场竞争政策研究》,法律出版社 2017 年版。

〔4〕 See BRICS Competition Law and Policy Centre, *Digital Era in Competition: A BRICS View*, January 11, 2019, https://www. bricscompetition. org/publications/digital-era-in-competition-a-brics-view-report-by-the-brics-competition-law-and-policy-centre.

〔5〕 See UNCTAD, *Digital Economy Report* 2019, UNCTAD (Sep. 4, 2019), https://unctad. org/publication/digital-economy-report-2019.

〔6〕 See FTC, *International Competition Network Adopts Recommended Practices on Merger Notification and Review and New Work on a Framework for Analyzing Unilateral Conduct*, FTC (May. 12, 2017), https://www. ftc. gov/news-events/news/press-releases/2017/05/international-competition-network-adopts-recommended-practices-merger-notification-review-new-work.

〔7〕 See OECD, *Executive Summary of the Roundtable on Non-Price Effects of Mergers*, June 6, 2018, https://one. oecd. org/document/DAF/COMP/M(2018)1/ANN1/FINAL/en/pdf.

论深度仍然有限。反垄断执法中如何对多样性相关竞争损害展开评估,我国在这方面的理论研究目前整体也处于空白状态。国内反垄断执法实践鲜有实质性涉及,少量相关案件也未形成清晰思路。本节拟聚焦经营者集中反垄断审查,梳理国内外进展,厘清商品多样性的内涵以及对之进行评估的价值,并就集中交易在多样性评估方面面临的主要挑战、评估前提以及评估思路作一探讨。

二、多样性在国内外反垄断法中的角色

(一)域外发展概况

世界主要反垄断辖区均关注多样性在反垄断法中的作用,不仅在各国规则中有所体现,少量案件对多样性相关竞争问题也予以考量。就经营者集中而言,主要反垄断辖区的指南对商品多样性相关内容均有涉及,对多样性在内的非价格效应的关注度逐渐提高。需要指出的是,不同国家的指南在措辞上存在一定差异,部分国家的指南从“选择”(choice)的角度表达对多样性问题的关注,一些国家则直接使用“多样性”来进行讨论。比如英国 2021 年《合并评估指南》在讨论效率抗辩时提及相关客户利益,较低价格、较高质量、更多的商品或服务选择,以及更高创新水平是合并交易可能带给客户的利益。[1] 美国 2010 年《横向合并指南》在单边效应方面设置“创新与商品种类多样性”部分,指出合并导致的商品多样性减少可能是反竞争的。如果合并后的企业将停止供应某商品,而大量客户非常偏好该商品而不是仍将供应的商品,这种行为本身将对客户产生损害,甚至超过对给定商品的价格或质量的影响。[2] 巴西 2016 年《横向合并指南》则指出,合并产生的消极影响可能是:客户价格上涨;在特定价格下,商品或服务的多样性下降;与交易前的水平相比,创新速度更慢。[3] 类似地,德国、英国、新加坡均在经营者集中指南中不同程度地介绍了多样性与经营者的市场力量、经营者集中的影响,以及相关客户利益之间的关系。

就执法而言,各国执法部门已认识到非价格效应在经营者集中交易中的重

[1] See CMA, *Merger Assessment Guidelines*, 2021.

[2] 参见韩伟主编:《美欧反垄断新规选编》,法律出版社 2016 年版,第 192 ~ 193 页。

[3] See CADE, *Guide for Horizontal Merger Review*, 2016.

要性，同时也意识到对这些影响的分析可能给反垄断执法部门带来一些实际挑战，比如确定在合并审查中应当给予非价格效应以大量关注的市场类型具有挑战；价格和非价格效应的相互作用难以精确捕捉；关注非价格效应时，如何将其纳入合并审查过程也具有挑战。[1] 尽管如此，近年域外主要反垄断辖区实际执法活动对多样性在内的非价格效应的关注度逐渐提高。从传统领域来看，2011 年的 AT&T 收购 T-Mobile 案[2]，涉及移动无线电信服务市场，两家公司的合并引发 DOJ 的竞争关注。DOJ 表示合并后的企业投资激励将减少，客户在未来移动无线电信服务方面可能面临更高的价格、更少的商品与服务多样性和创新，以及更差的服务质量。该交易由于 DOJ 的阻止最终被放弃。2014 年的 Emmelibri-Effe 2005 Gruppo Feltrinelli 收购 Newco 案[3]，该交易因 AGCM 的竞争关注最终被附条件通过。执法部门认为交易导致的图书多样性降低的潜在负面影响，最终在零售层面会损害消费者利益。2023 年的 Vivendi 收购 Lagardère 案[4]同样引发了执法机构的竞争关注。欧盟委员会表示该交易将集中三家著名杂志，并可能在相关市场上创造一家强势企业。合并后实体的市场地位得到加强，出版商营销和发行其图书的关键服务能力将受到限制，因而交易可能会降低法语图书的质量、多样性，并给读者带来价格上的负担。最终经审查，欧盟委员会同意 Vivendi 进行资产剥离以附条件通过合并，并表示需要通过这些救济措施以确保图书出版和发行市场保持竞争力和多样性，以培养思想和观点的多元化。在数字经济领域，2020 年 FTC 及多个州对 Facebook 早期收购 Instagram 和 WhatsApp 的行为提起诉讼，其中一项指控便是，这些交易使消费者无法选择“更符合他们偏好的个人社交网络提供商”，包括“关于数据

---

〔1〕 See OECD, *Executive Summary of the Roundtable on Non-Price Effects of Mergers*, June 6, 2018, https://one.oecd.org/document/DAF/COMP/M(2018)1/ANN1/FINAL/en/pdf.

〔2〕 See DOJ, Complaint: United States v. AT&T Inc., Case: 1:11 - cv - 01560, DOJ Antitrust Division (Aug. 31, 2011), https://www.justice.gov/d9/atr/case-documents/attachments/2011/08/31/274613.pdf.

〔3〕 See AGCM, Merger case n. C11957 Emmelibri-Effe 2005 Gruppo Feltrinelli / Newco, AGCM (Oct. 27, 2014), https://www.agcm.it/dotcmsDOC/bollettini/41 - 14.pdf.

〔4〕 See European Commission, *Mergers: Commission Clears Acquisition of Lagardère by Vivendi, Subject to Conditions*, European Commission (Jun. 9, 2023), https://ec.europa.eu/commission/presscorner/detail/en/ip_23_3136.

保护隐私服务的多样性、可用性和质量”。[1] 由于零价商业模式的盛行，数据成为多边市场的焦点。理论界与实务界前几年强调“大数据”概念，随着数字经济的发展，当前很多语境下的数据都是大数据意义上的数据，各界已不再刻意强调大数据的提法。早期讨论大数据时，其特点往往从不同角度进行概括，比如“3V”[2]，即多样性、高速（velocity）、海量（volume）；或者“4V”[3]，即多样性、高速、海量和价值（value）。无论大数据的特点是“3V”还是“4V”，一些执法部门和从业者都认为多样性是大数据最重要的特征。[4] 有执法部门已开始关注数据的多样性在反垄断案件中扮演的角色。在 2018 年的 Apple 收购 Shazam 案[5]中，欧盟委员会便对数据的多样性进行了分析。欧盟委员会发现，对于数字音乐流媒体应用程序所需的设备数据、行为数据和用户数据等各类数据，Shazam 作为用户数据的提供者，可以改善数字音乐流媒体应用程序的现有功能或提供更多的功能，但其并没有为苹果公司提供显著的“数据优势”，因此在数字音乐流媒体服务方面不太可能导致严重的竞争障碍。尽管该案并非聚焦多样性直接相关的反竞争效果，但该案通过考察数据的多样性去评估合并后实体实施特定反竞争行为的能力，从另一个角度体现了多样性在数字市场的竞争评估中发挥着日益重要的作用。

（二）中国现状梳理

从中国的情况来看，尽管在《反垄断法》中并未涉及“多样性”一词，但在配套规则中有所提及，或使用相关词语表达对商品多样性的关注。目前配套规则主要涉及“多样性”、“多样化”、“选择”和“商品种类”等措辞，部分文件中相关词汇还同时出现。整体来看，国内理论界与实务界对多样性在反垄断法上的定

---

〔1〕 See FTC, *First Amended Complaint for Injunctive and Other Equitable Relief*, *Case No.*: 1:20 - *cv* - 03590 - *JEB*, FTC (Aug. 19, 2021), https://www.ftc.gov/system/files/documents/cases/ecf_75-1_ftc_v_facebook_public_redacted_fac.pdf.

〔2〕 Networked European Software and Services Initiative (NESSI) White Paper, *Big Data: A New World of Opportunities*, December 2012, https://nessi.eu/wp-content/uploads/2020/09/NESSI_WhitePaper_BigData.pdf.

〔3〕 Maurice E. Stucke & Allen P. Grunes, *Big Data and Competition Policy*, Oxford University Press, 2016, p. 25 - 28.

〔4〕 See Information Commissioner's Office (ICO), *Big Data and Data Protection*, ICO (Dec. 23, 2014), https://ico.org.uk/media/for-organisations/documents/1541/big-data-and-data-protection.pdf.

〔5〕 See European Commission, Case M. 8788 - Apple/Shazam, Commission Decision of 6. 2. 2018.

性认识不够清晰,不同文件用语出现一定程度的混乱。在评估经营者集中的相关规则中,商品多样性成为分析经营者集中对消费者影响的一个重要方面。2021 年国务院反垄断委员会印发的《关于平台经济领域的反垄断指南》第 20 条第 6 项规定:在分析经营者集中对消费者的影响时,可以考虑集中后经营者是否有能力和动机以提高商品价格、降低商品质量、减少商品多样性、损害消费者选择能力和范围、区别对待不同消费者群体、不恰当使用消费者数据等方式损害消费者利益。2023 年国家市场监督管理总局公布的《经营者集中审查规定》第 35 条第 1 款规定:执法部门评估经营者集中对消费者的影响时,可以考虑经营者集中对产品或者服务的数量、价格、质量、多样化等方面的影响。多样性在垄断协议和滥用市场支配地位相关规则中也有一定体现。[1] 此外,最高人民法院在 2022 年发布的《关于审理垄断民事纠纷案件适用法律若干问题的规定(公开征求意见稿)》也体现了对多样性这个非价格竞争维度的关注,意见稿规定:"经营者之间的竞争主要表现为质量、多样性、创新等非价格竞争的,可以选择质量下降、成本上升等假定垄断者测试方法。"[2]

实际执法中,我国已在一些案件中不同程度地考虑到交易对商品多样性的影响以及相应的竞争损害,如恩智浦收购飞思卡尔案[3]、惠普收购三星案[4]、

---

[1] 2023 年国家市场监督管理总局发布的《禁止垄断协议规定》指出,消费者因协议的达成、实施从而在商品种类方面获得利益可以作为认定消费者分享协议产生利益的因素之一,并相应可以考虑适用垄断协议豁免。2020 年国务院反垄断委员会发布的《关于汽车业的反垄断指南》列举了 3 种能够限制竞争、导致高价并减少消费者选择的垄断协议模式,并将其排除在豁免适用外。同时该指南第三章"滥用市场支配地位"中指出,若汽车售后市场的维修商市场地位受挤压,导致的其中一个后果将是消费者选择受限。

[2] 2022 年最高人民法院《关于审理垄断民事纠纷案件适用法律若干问题的规定(公开征求意见稿)》第 17 条规定:人民法院界定相关商品市场和相关地域市场,可以采用假定垄断者测试的分析方法,一般选择使用价格上涨的假定垄断者测试方法;经营者之间的竞争主要表现为质量、多样性、创新等非价格竞争的,可以选择质量下降、成本上升等假定垄断者测试方法。

[3] 参见商务部公告 2015 年第 64 号:《关于附加限制性条件批准恩智浦收购飞思卡尔全部股权案经营者集中反垄断审查决定的公告》,载原商务部反垄断局网 2015 年 11 月 27 日,http://fldj.mofcom.gov.cn/article/ztxx/201511/20151101196182.shtml。

[4] 参见商务部公告 2017 年第 58 号:《关于附加限制性条件批准惠普公司收购三星电子有限公司部分业务案经营者集中反垄断审查决定的公告》,载原商务部反垄断局网 2017 年 10 月 5 日,http://fldj.mofcom.gov.cn/article/ztxx/201710/20171002654063.shtml。

虎牙合并斗鱼案[1]、依视路合并陆逊梯卡案[2]等,涉及眼镜批发零售业、半导体行业以及互联网行业。需要指出的是,截至2023年6月底,中国经营者集中的禁止和附条件决定文书中没有使用过“多样性”一词,而是通过描述相关利益者的损害去表达对商品多样性的关注,即从客户端或消费者端出发使用“选择”一词进行表述。通过系统梳理已经公布的经营者集中执法文书,我们发现相关交易评估中使用“选择”的两种情况分别为“概括损害”和“具体损害”。[3]第一种情况,“概括损害”是仅概括、笼统地描述竞争受损机理的损害类型,通过整体性、概括性地分析交易对相关市场中的市场份额、市场集中度、市场控制力等因素的影响,从而得出对整个市场产生的限制、排除竞争作用。如在丹纳赫/通用电气案[4]中,执法部门发现交易双方是全球中试/生产规模常规低压液相层析系统市场上最主要的参与者,并构成紧密竞争关系。通过收购目标业务,丹纳赫公司将消除紧密竞争者,进一步增强市场力量,减少下游制药企业的选择。在默克收购安智电子材料案[5]中,执法部门发现合并后企业在达到扩大市场份额、增强市场控制力、排挤同行竞争者的目的后,下游客户选择供应商的空间减小,合并后企业可能通过捆绑销售、交叉补贴的方式损害相关市场。第二种情况,“具体损害”则是在概括整体损害机理上,更为具体地针对特定竞争损害维度(如价格、质量、多样性、创新等)进行的损害分析,多样性竞争损害就属于反竞争效果中的具体损害。当前的执法文书虽然没有对多样性竞争损害进行具体分析,但一些案件涉及分析客户和消费者利益时,已经考虑到由于

---

[1] 参见市场监管总局:《关于禁止虎牙公司与斗鱼国际控股有限公司合并案反垄断审查决定的公告》,载国家市场监督管理总局反垄断执法一司网2021年7月10日,https://www.samr.gov.cn/cms_files/filemanager/samr/www/samrnew/fldys/tzgg/ftj/202204/t20220424_342157.html。

[2] 参见市场监管总局:《关于附加限制性条件批准依视路国际与陆逊梯卡集团合并案反垄断审查决定的公告》,载国家市场监督管理总局反垄断执法一司网2018年7月25日,https://www.samr.gov.cn/cms_files/filemanager/samr/www/samrnew/fldys/tzgg/ftj/202204/t20220424_342127.html。

[3] 参见韩伟:《经营者集中对创新影响的反垄断审查》,载《清华法学》2022年第4期。

[4] 参见市场监管总局:《关于附加限制性条件批准丹纳赫公司收购通用电气医疗生命科学生物制药业务案反垄断审查决定的公告》,载国家市场监督管理总局反垄断执法一司网2020年2月28日,https://www.samr.gov.cn/cms_files/filemanager/samr/www/samrnew/fldys/tzgg/ftj/202204/t20220424_342143.html。

[5] 参见商务部公告2014年第30号:《关于附加限制性条件批准默克公司收购安智电子材料公司案经营者集中反垄断审查决定的公告》,载原商务部反垄断局网2014年4月30日,http://fldj.mofcom.gov.cn/article/ztxx/201404/20140400569060.shtml。

上游非价格竞争导致的商品种类变化带来的多样性影响,从而对相关利益者产生损害。如在惠普收购三星案[1]中,执法部门发现消费者会根据需要选择不同的打印耗材,合并后企业如果通过固件升级等方式迫使消费者购买指定商品,将直接减少消费者的选择,这种本质上的市场封锁将对消费者利益造成损害。尽管该案带有"具体损害"评估模式的痕迹,但从固件升级的集中后企业行为直接跳转到减少消费者选择,对商品多样性方面的非价格竞争维度因交易造成损失的具体分析,实际上可以进一步展开。

整体而言,目前我国针对商品多样性的反垄断规则仅是原则性表述且用词并未统一,缺乏对实际执法的具体指导,有限的案例也未形成清晰的思路,国内学界对该问题也缺乏必要的关注,具体包括以下几点。首先,用词方面整体来看存在一定的混乱。配套规则和执法文书并没有统一的表述方式,配套规则主要使用"多样性",执法文书则使用"选择",并没有很好地表达出我国反垄断执法部门对于多样性内涵的理解。其次,实际执法中缺乏统一、清晰的分析思路。在已公布的执法文书中,如惠普收购三星案,执法机构关注集中后惠普有能力和动机进行耗材搭售,指出这本质上形成了市场封锁,将直接减少消费者选择。[2] 在虎牙合并斗鱼案中,在分析集中将强化腾讯在中国境内游戏直播市场上的支配地位,具有排除、限制竞争效果时,指出集中可能对消费者造成不利影响。交易将彻底消除市场上两家最大游戏直播平台之间的竞争,进一步减少消费者的选择权。集中后实体有可能利用其市场力量,降低产品质量,提高服务价格或者降低用户体验感受,损害消费者权益。此外,执法机构还指出集中可能损害游戏直播从业者利益。交易将完全消除虎牙和斗鱼之间的竞争,进一步减少主播平台的选择权,降低主播和游戏主播工会议价能力,损害从业者权

---

〔1〕 参见商务部公告 2017 年第 58 号:《关于附加限制性条件批准惠普公司收购三星电子有限公司部分业务案经营者集中反垄断审查决定的公告》,载原商务部反垄断局网 2017 年 10 月 5 日,http://fldj.mofcom.gov.cn/article/ztxx/201710/20171002654063.shtml。

〔2〕 参见商务部公告 2017 年第 58 号:《关于附加限制性条件批准惠普公司收购三星电子有限公司部分业务案经营者集中反垄断审查决定的公告》,载原商务部反垄断局网 2017 年 10 月 5 日,http://fldj.mofcom.gov.cn/article/ztxx/201710/20171002654063.shtml。

利。[1] 从目前执法实践来看,哪些案件需要针对商品多样性进行评估、如何评估交易对商品多样性的影响,以及评估中如何协调商品多样性与价格效应或其他非价格效应的关系,这些问题尚不明确。目前相关案例对多样性的关注主要体现在对消费者利益的分析,并没有从竞争损害的角度去单独关注经营者集中所带来的多样性竞争损害。最后,国内这方面的理论研究匮乏。目前国内反垄断理论界对于非价格竞争维度相关损害理论的研究仍处于起步阶段,多样性的研究更是少有人关注,仅有少量文献讨论多样性相关问题的重要性,[2] 且主要从垄断协议豁免的角度讨论多样性,从竞争损害的角度讨论多样性的研究非常罕见。

三、反垄断语境下多样性的内涵厘清

就反垄断分析中的多样性而言,各国并没有一个明确且统一的定义。在部分经济学文献中,学者通过实证研究分析商品种类的变化时通常将商品多样性定义为"分类的深度"(the depth of assortment),即在每个商品类别中销售的库存单位(SKU)的数量。[3] 部分学者和实务部门则将"选择"与"多样性"互换使用,描述选择的"集"的属性。[4] 在我国,基于对国外反垄断相关文献中"variety"一词的不同译法,存在"多样性""种类""品种"等提法。

---

〔1〕 参见市场监管总局:《关于禁止虎牙公司与斗鱼国际控股有限公司合并案反垄断审查决定的公告》,载国家市场监督管理总局反垄断执法一司网 2021 年 7 月 10 日,https://www.samr.gov.cn/cms_files/filemanager/samr/www/samrnew/fldys/tzgg/ftj/202204/t20220424_342157.html。

〔2〕 参见李剑:《出版物多样性保护与反垄断法的转售价格维持规制》,载《中外法学》2013 年第 2 期;焦海涛:《文化多样性保护与反垄断法文化豁免制度》,载《法学》2017 年第 12 期。

〔3〕 See Charlotte R. Ren, Ye Hu & Jerry Hausman, *Managing Product Variety and Collocation in a Competitive Environment: An Empirical Investigation of Consumer Electronics Retailing*, 57 Management Science 1009 (2011); Elena Argentesi, Paolo Buccirossi et al., *Price or Variety? An Evaluation of Mergers Effects in Grocery Retailing*, CES ifo Working Paper Series No. 7035, 2018, p. 6; Elena Argentesi, Tomaso Duso et al., *The Effect of Mergers on Variety in Grocery Retailing*, CES ifo Working Paper No. 9137, 2021, p. 5.

〔4〕 See Robert H. Lande & Neil W. Averitt, *Using the "Consumer Choice" Approach to Antitrust Law*, 74 Antitrust Law Journal 175 (2007); Robert H. Lande, *Consumer Choice as the Ultimate Goal of Antitrust*, 62 University of Pittsburgh Law Review 503 (2001); DOJ, *Complaint: United States v. Verifone Systems., Inc., Case*: 1:11 - cv - 00887, DOJ Antitrust Division (May. 12, 2011), https://www.justice.gov/atr/case-document/complaint - 238.

(一)多样性的内涵

阅读相关文献,不同学者对于多样性的内涵有不同的观点,有学者认为多样性存在三个角度的理解,包括:(1)选择数量;(2)商品差异化;(3)消费体验。[1] 有学者则从六个层次去考量多样性的含义,体现为:(1)商品规格差异;(2)品牌名称或声誉;(3)服务;(4)体验型商品;(5)体验本身;(6)独立价值。[2] 本节经过梳理,归纳出反垄断视域下多样性最为核心的三种内涵,并主张在经营者集中审查评估中,应当更多从商品的差异化角度去理解多样性。

1. 作为可供选择的数量的多样性

多样性首先可以作为可供选择的数量(the number of choices),即消费者在进行一个特定的购买决定时有多少种选择。理解这种内涵并与其他内涵进行区分的方法是理解同质化商品(homogeneous product)[3]的竞争,比如大米、玉米等。可以想象一类在各方面都完全相同的商品,其所属市场在理想状态下可处于完全竞争的模式。此时可能产生的疑问是,对于完全无差别的商品,是否真正为消费者提供了"选择"?这个问题的答案取决于"选择"所服务的价值或潜在价值。此时,这种同质化商品"选择"的多样性的意义在于以下几个方面。第一,提供同质化商品的企业在市场上竞争,可以减少政府的干预。[4] 在市场经济中通过数个私营企业提供商品,减少了政府对特定商品的控制。相对于政府的统一供应,这种允许消费者选择不同供应商的行为承认了个人的自主权,使得大多数情形下市场在商品供应方面的优势高于政府。第二,完全竞争的、无差别的市场可以限制私营企业的市场势力。足够数量的企业在市场上展开竞争可以确保不存在一个过于强大的经营者,长期稳定的竞争有助于保持低

---

[1] See Jennifer E. Sturiale, *Variety, Mergers, and Consumer Well-Being: Towards a Capability Approach to Merger Law*, 117 West Virginia Law Review 135 (2014).

[2] See Thomas B. Leary, *The Significance of Variety in Antitrust Analysis*, ftc. gov (May. 18, 2000), https://www. ftc. gov/news-events/news/speeches/significance-variety-antitrust-analysis.

[3] 指没有独特特征并以相同方式满足购买者的商品或服务。See Ahmad Nasrudin, *Homogeneous Products: Meaning, Characteristics, Implications*, Penpoin (April. 15, 2022), https://penpoin. com/homogeneous-products/.

[4] See Jennifer E. Sturiale, *Variety, Mergers, and Consumer Well-Being: Towards a Capability Approach to Merger Law*, 117 West Virginia Law Review 135 (2014).

价格,并给消费者提供充足的选择。[1] 第三,通过多个经营者之间的竞争,可以限制私营企业的市场势力,能够最小化政府对市场势力监管的必要性,进而优化政府的资源配置。[2]

对于各级消费者来说,作为选择数量的多样性内涵可能是一个在特定市场上有多少种不同品牌或有多少经营者在市场上竞争的问题。我们会认为拥有20种品牌的大米市场比拥有两种品牌的大米市场消费者拥有的选择更多。如果市场上只有两种品牌的大米,但每种品牌的大米都由不同的经营者控制,相对于20种由同一家经营者控制的大米,我们可能会认为此时消费者会有更多的选择。从这个层面上来讲,品牌认同有时会影响消费者的选择。相较于普通商品,一家享有全国声誉的公司所拥有的品牌商品,或者民族品牌供应商的商品,更能获得消费者的选择。[3] 但这种品牌认同终究属于消费者的偏好,不同品牌认同可能完全出于具有独特理由的消费者偏好,商品本身客观带来的不同选择,在选择这些同质化商品时被考虑的比例估计非常低。而经营者集中导致的多样性损害应当是根据产品本身的客观因素进行评估,过度揣摩消费者对多样性的偏好是否因为特定交易发生了改变似乎不太现实,这也会导致评估标准太过模糊,因此在这一维度下考虑多样性很难操作。

2. 作为消费体验的多样性

除了参考商品的品牌区别去阐述多样性外,我们还可以从消费者感受的角度去理解多样性的内涵,即多样性作为消费体验(consumption experience),这种内涵主要关注消费者可以通过改变他们消费商品的方式去创造多样性。[4] 可以用一个例子去解释何为"创造多样性":消费者可以购买可口可乐,或百事可乐,或两者都购买,以达到相同的目的(如解渴);如果消费者的偏好每天发生变化,可能今天会选择可口可乐,明天会选择百事可乐,虽然每天的消费都在

---

[1] See Robert Pitofsky, *The Political Content of Antitrust*, 127 University of Pennsylvania Law Review 1051 (1979).

[2] See Harlan M. Blake & William K. Jones, *In Defense of Antitrust*, 65 Columbia Law Review 377 (1965).

[3] See Thomas B. Leary, *The Significance of Variety in Antitrust Analysis*, ftc. gov (May. 18, 2000), https://www.ftc.gov/news-events/news/speeches/significance-variety-antitrust-analysis.

[4] See Donald R. Lehmann, *Customer Reactions to Variety: Too Much of a Good Thing?* 26 The Journal of the Academy of Marketing Science 62 (1998).

改变,但决定多样性的仍然是商品,而不是消费体验。相比之下,消费者可以通过改变消费饮料的目的或者方式来为体验注入多样性。比如为了提神,将可乐和咖啡进行混合。再如,即使都是在吃饭的情形下喝可乐,但可以选择将可乐与酒精或果汁进行混合。[1]

在某些情况下,我们可能会把消费者创造的多样性仅仅看作不过是商品存在差异的一种形式,比如添加水的可乐只是"不那么甜的可乐"。[2] 但重要的是,这种多样性与其他多样性的区别在于,是消费者自己创造的多样性——而不是生产者。这种由消费者创造的多样性解释了消费者能力的强大,能够将现有商品"重用"(repurpose)或"升级"(upcycle)至新商品。[3] 一个典型的例子是,消费者开展自己的奇思妙想对"宜家"公司的商品实施"黑客行为",将"宜家"公司的商品作为原材料进行修改和重新利用,进而转化为自己的作品,比如将地毯做成手提包。消费者消费体验的差异在很大程度上取决于基础商品的多功能性。[4] 但从这一维度评估多样性的困难可能在于,消费者的创造性是难以衡量的,商品种类因经营者集中导致的客观减少与消费者的创造性减少之间没有直接关系,也不存在一类工具可以客观地验证某个时刻消费者的创造量是多少。

3. 作为商品差异化的多样性

多样性可能更多的是指商品的差异化(product differentiation),[5] 即将企业的商品或服务与竞争对手区别开来的一种或多种关键特征,取决于消费者对商品或品牌的一种或多种特征的关注,使其成为比同类商品或品牌更好的选择。与作为消费体验的多样性不同,该内涵更多从商品本身的客观特性出发,而消费体验的多样性则从消费者角度去主观描述感受的不同。商品差异化的

---

〔1〕 See Joshua D. Wright, *The Antitrust/Consumer Protection Paradox: Two Policies at War with Each Other*, 121 Yale Law Journal 2216 (2012).

〔2〕 See Jennifer E. Sturiale, *Variety, Mergers, and Consumer Well-Being: Towards a Capability Approach to Merger Law*, 117 West Virginia Law Review 135 (2014).

〔3〕 See Jennifer E. Sturiale, *Variety, Mergers, and Consumer Well-Being: Towards a Capability Approach to Merger Law*, 117 West Virginia Law Review 135 (2014).

〔4〕 See Donald R. Lehmann, *Customer Reactions to Variety: Too Much of a Good Thing?* 26 The Journal of the Academy of Marketing Science 62 (1998).

〔5〕 See Carol M. Kopp, *Product Differentiation: What It Is, How Businesses Do It, and the 3 Main Types*, Investopedia (Jul. 6, 2021), https://www.investopedia.com/terms/p/product_differentiation.asp.

一种形式为“纵向差异化”(vertical differentiation),[1]这种差异性可以体现在商品的物理属性,如颜色、样式、制造材料等。除了物理属性,经营者还可以从其提供的服务水平上去区分商品——全面的售前/售后服务或者不提供相关配套服务。此外,经营者还可以通过不同的广告、包装以及分销渠道去宣传公司和商品,甚至是某类消费者形象,使其供应的商品更具多样性。[2] 以上特征可以将商品按照某种标准客观地进行排名。例如,优劣程度不等的材料可以创造出不同质量的商品,而这种在耐用性方面具有纵向差异化的商品市场可以构成一个谱系。谱系一端的商品以高价向消费者提供高耐用性商品,另一端则以较低的价格提供低耐用性商品,消费者根据自己的需求和支付意愿在谱系中选择一个点。[3]

商品差异化的另一种形式为“横向差异化”(horizontal differentiation),其涉及的商品特征无法进行排序,因其可得性取决于消费者的具体偏好。[4] 如消费者 A 喜欢麦当劳,消费者 B 喜欢肯德基,因此市场上存在越多差异化商品就可能满足越多消费者的需求(如市场上还存在汉堡王等)。同时,与提供同质化商品企业之间的竞争不同,提供差异化商品的经营者之间的竞争还可以满足消费者的异质偏好。[5] 消费者的异质偏好意味着消费者虽然现在喜欢麦当劳,但在一个月后他可能又想吃肯德基或者汉堡王。企业为了应对这种消费者偏好的异质性,会尽可能地将其商品与竞争对手的商品区别开来,以期他们提供的商品比市场上现有的商品更符合至少一部分消费者的偏好。需要强调的是,“横向差异化”与前述“作为消费体验的多样性”的区别在于,横向差异化仍是对商品本身特征进行描述(只是无法准确排序),关注商品的客观属性;消费体验则聚焦于消费者对商品的“再创作”,关注消费者的主观能动性。

---

〔1〕 See OECD, *Considering non-price effects in merger control-Background note by the Secretariat*, June 6, 2018, https://one.oecd.org/document/DAF/COMP(2018)2/en/pdf.

〔2〕 See Richard E. Caves & Peter J. Williamson, *What Is Product Differentiation, Really*? 34 TheJournal of Industrial and Business Economics 113 (1985).

〔3〕 See OECD, *Considering non-price effects in merger control-Background note by the Secretariat*, June 6, 2018, https://one.oecd.org/document/DAF/COMP(2018)2/en/pdf.

〔4〕 See OECD, *Considering non-price effects in merger control-Background note by the Secretariat*, June 6, 2018, https://one.oecd.org/document/DAF/COMP(2018)2/en/pdf.

〔5〕 See Chris Anderson, *The Long Tail: Why the Future of Business Is Selling Less of More*, 12 Wired Magazine 170 (2004).

4. 值得执法部门重点关注的多样性内涵

如上所述，多样性自身的内涵是丰富的，在市场中多样性无论是作为选择数量、消费体验，还是商品差异化都有其意义并相互影响。当多样性作为选择数量和消费体验时，会面临评估标准模糊以及评估难度太大的问题。在评估经营者集中时，本书主张多样性的内涵主要定位于商品的差异化。一方面，相当一部分学术文献都从商品差异化角度关注商品的多样性。有学者认为反垄断法的违法行为可以理解为不合理地限制了本可以进行的所有价格和非价格选择的活动。“非价格选择”直接表明了商品特征的多样性——差异化的商品。“价格选择”则间接表明了这一点，价格区别设置的必要性就在于商品间存在明显不同，即价格的可变性就是差异化商品市场的特征。[1] 理论文献中，有学者针对眼镜零售业的合并交易分析了商品多样性作为眼镜零售中差异化工具的作用，并发现差异化确实是多样性竞争的一个重要因素。[2] 另一方面，域外相关指南也重点关注经营者集中交易对商品差异化的影响。比如美国 2010 年《横向合并指南》指出，“合并可以通过鼓励被合并的公司将其商品重新定位，使其彼此之间有更多的差异，从而增加商品的多样性”[3]，即从选择之间的差异——商品差异化的角度来阐述多样性。需要指出的是，本节关注的多样性内涵不是因集中后企业数量客观减少导致的多样性减少（如两家合并为一家），也不是市场商品供应量的变化（如两家合并前合计供应量为 1000，合并后供应量为 800），而是商品差异化特征的变化（如合并前生产两个商品分别用材料 a 和 b，合并后都用 a），从主体利益角度描述则体现为导致消费者的选择变化。

（二）反垄断规则中多样性的理解与应用

从国内外反垄断规则的措辞看，涉及前述多样性内涵的措辞有多种，其中与“多样性”最容易混淆的是“选择”一词。这两个词语之间的含义区别，以及我们是否应当进行统一的用词选择，是需要探讨的问题。如前所述，我国现行反垄断语境下的措辞主要有以下特点：第一，大多数经营者集中反垄断规则使

---

〔1〕 See Robert H. Lande & Neil W. Averitt, *Using the "Consumer Choice" Approach to Antitrust Law*, 74 Antitrust Law Journal 175 (2007).

〔2〕 See Randal Watson, *Product Variety and Competition in the Retail Market for Eyeglasses*, 57 The Journal of Industrial Economics 217 (2009).

〔3〕 参见韩伟主编：《美欧反垄断新规选编》，法律出版社 2016 年版，第 193 页。

用“多样性”“多样化”的词汇，仅有国务院反垄断委员会《关于平台经济领域的反垄断指南》将“多样性”和“消费者选择能力和范围”并列提及。第二，执法实践中，当前公开的与多样性相关的经营者集中案件的执法文书则皆使用“选择”“消费者选择”“客户选择权”等词汇。[1] 截至2023年6月底，执法文书中并没有使用“多样性”的情况。域外法律文本则按照各国的语言习惯，多单独使用“variety”或“choice”，部分国家在同一部法律规则中也会将两词交替使用，并无固定用法，具体情况见表1。

表1　主要反垄断辖区合并指南的措辞情况

	国家/地区
仅使用 variety	澳大利亚2008年《合并指南》 美国2010年《横向合并指南》 德国2012年《实质性合并控制指南》 巴西2016年《横向合并审查指南》
仅使用 choice	欧盟2004年《横向合并指南》 欧盟2008年《非横向合并指南》 加拿大2011年《合并执行指南》 韩国2017年《企业合并审查指南》 法国2020年《合并控制指南》 英国2021年《合并评估指南》 新西兰2022年《合并和收购指南》
同时使用	新加坡2022年《合并实质评估指南》 菲律宾2023年《非横向合并指南》

从主要反垄断辖区的情况可以看出，域外相关指南对于两个词汇多采用单

[1] 参见商务部公告2015年第64号：《关于附加限制性条件批准恩智浦收购飞思卡尔全部股权案经营者集中反垄断审查决定的公告》，载原商务部反垄断局网2015年11月27日，http://fldj.mofcom.gov.cn/article/ztxx/201511/20151101196182.shtml；商务部公告2017年第58号：《关于附加限制性条件批准惠普公司收购三星电子有限公司部分业务案经营者集中反垄断审查决定的公告》，载原商务部反垄断局网2017年10月5日，http://fldj.mofcom.gov.cn/article/ztxx/201710/20171002654063.shtml；市场监管总局：《关于禁止虎牙公司与斗鱼国际控股有限公司合并案反垄断审查决定的公告》，载国家市场监督管理总局反垄断执法一司网2021年7月10日，https://www.samr.gov.cn/cms_files/filemanager/samr/www/samrnew/fldys/tzgg/ftj/202204/t20220424_342157.html；市场监管总局：《关于附加限制性条件批准依视路国际与陆逊梯卡集团合并案反垄断审查决定的公告》，载国家市场监督管理总局反垄断执法一司网2018年7月25日，https://www.samr.gov.cn/cms_files/filemanager/samr/www/samrnew/fldys/tzgg/ftj/202204/t20220424_342127.html。

一使用的方式,同时使用两词的情况很少,域外相关规则也未对两词的含义进行区分。我国相关学术文献目前尚未涉及该问题,而相关规则对两词的混同使用以及执法文书对“选择”的偏好也反映了国内对这一问题缺乏清晰的认识。

对于“多样性”和“选择”两词的选择,应当首先从词语使用目的上入手。“多样性”或“多样化”多出现在配套规章、规范性文件和指南中,客观地表达诸如商品质量、数量等,在物理层面因商品差异化程度不同所呈现出的商品种类丰富的状态,是从商品自身特性出发的表述。“选择”更多在我国执法决定文书中出现,服务于反竞争效果分析,即特定交易可能导致商品差异化程度降低,商品种类客观下降,消费者能够选择的机会和范围减少,是从消费者感受或体验出发的表述。“多样性”和“选择”二者都体现了因交易导致的商品差异程度的变化结果。“多样性”是从商品或服务属性角度描述的一种非价格竞争维度,“选择”是从多样性这一竞争维度对消费者产生的影响进行表达。“多样性”直接关联于竞争机制,“选择”则是市场中的相关利益主体,因市场竞争环境变化(主要是多样性竞争维度的竞争环境变化)而在选择方面感受到的市场变化。二者表达角度不同,其本质却高度关联。概括而言,在非价格竞争维度下,特定交易可能涉及相关主体利益受损,但不同的非价格竞争维度相对应的主体利益受损的表达方式存在差异:比如,质量维度的竞争受损可以体现为主体受到的隐私保护度降低;创新维度的竞争受损体现为主体享受的技术进步的速度变缓;多样性维度的竞争受损则主要体现为相关主体面临的商品选择减少。

在识别“多样性”和“选择”两词使用目的的强关联性之后,值得讨论的是,相关反垄断规则和文书中,是否有必要将有关多样性的表述进行统一,即在“多样性”和“选择”之间进行二选一。本书主张两个词汇都可以使用,但相关规则及执法文书应根据具体的适用环境分层次使用最合适的词语。如上所述,在描述竞争维度时使用“多样性”一词,在描述竞争受损对相关主体利益带来的影响时使用“选择”一词。我国现行反垄断配套规则中,仅有国务院反垄断委员会《关于平台经济领域的反垄断指南》中使用了“选择”,该条指出评估平台经济领域经营者集中的竞争影响时,可以考虑经营者集中对消费者的影响,包括损害消费者选择能力和范围,该条对“选择”一词的使用,具有合理性。当前国内执法文书使用“选择”描述相关利益者损害,既满足《反垄断法》的规定,即主要基于《反垄断法》规定的审查经营者集中应当考虑的哪几类因素展开分析,也符合行政文书的行文逻辑。

综上,我们应根据不同的层次有区别的使用不同概念。在竞争损害层次,对非价格竞争维度展开具体竞争损害评估时,应从商品自身属性出发使用“多样性”一词。当涉及下游客户以及最终消费者等特定主体利益受损时,则可以从客户端或消费者端出发使用“选择”一词。

四、多样性评估的前提和挑战

针对特定交易,执法部门可以结合相关特性,甄别是否需要在概括受损的基础上,进行更为具体的多样性损害评估,不过这方面面临一定的挑战。

(一)多样性评估的前提

1.行业竞争特征

相关行业在集中交易前是否已经在市场上围绕“多样性”开展竞争?且这方面竞争是否属于该行业所有竞争维度中比较突出的维度?这些竞争特征可以作为初步筛选指标以考量特定案件是否需要进行多样性竞争损害评估。比如在化妆品行业,口红色号更多的品牌经营者比仅有少量口红色号的经营者有更大的可能吸引更多消费者;营养成分含量越多、功效越全面的护肤品越能激励消费者进行购买。在音乐流媒体行业,不同的经营者通过不同音质的歌曲吸引对歌曲有不同品质要求的听众,或者尽可能地获取更多歌曲的版权以获得更多的听众,或者提供各种创作型服务吸引更多艺术家入驻平台。CMA 于 2022 年 11 月发布的《音乐流媒体市场研究:最终报告》指出,音乐流媒体的兴起能够使消费者以固定的月费访问包含各种风格的大量音乐作品的平台。2009 年至 2021 年,个人音乐流媒体的每月订阅价格实际下降了 20% 多,同时消费者获得了更多的音乐和更优质的服务。CMA 发现,当前的音乐行业是较为集中的,三大唱片公司占据了英国 70% 以上的流媒体份额,但对创作者来说利益并没有受损。从 DIY 发行模式[1]、艺术家和唱片公司(A&L)服务,到传统的唱片交易,创作者对交易类型有更多的选择。这些信息体现了多样性在音乐流媒

〔1〕 允许创作者在没有公司支持的情况下发行他们自己的音乐,创作者在没有公司抽成的情况下能够获得更多的收益。See CMA, *Music and Streaming Market Study Final Report: Executive Summary*, CMA (Nov. 29, 2022), https://assets.publishing.service.gov.uk/government/uploads/system/uploads/attachment_data/file/1120603/Music_and_streaming_final_report_executive_summary.pdf.

体行业的重要性。具体案件中，涉案的行业如果具有下列特征，执法部门可以关注交易带来的多样性层面的竞争影响：(1)商品差异化对于企业生存具有高价值；(2)交易前该行业各经营者已经围绕商品差异化水平开展竞争。

2. 商品差异化程度

涉及差异化商品的合并可能导致合并企业及其竞争对手在合并后对其商品进行重新定位(或"品牌重塑")，商品差异化程度也可以成为执法部门判断是否进行多样性评估的标准。若合并前商品差异化程度较大，为了吸引并汇聚更多的消费者类型并获得更多的利润，合并后经营者通常不会停止生产一种或几种商品。[1] 当合并前商品差异化程度较小的时候，合并后经营者很有可能通过减少商品线以降低成本，从而带来多样性的变化，进而可能还会产生提高价格的竞争激励。假设生产某种饮料的 A 公司和 B 公司计划合并。A 公司生产的饮料和 B 公司生产的饮料是差异品，合并前两种商品的差异化程度很低，以至于部分消费者在两种产品之间进行选择时具有随机性。尽管如此，也不可否认两者同时存在让消费者对于这类饮料有更多的选择(此时消费者并不单纯是品牌选择，因为两者是差异品)。如果 A 公司收购了 B 公司，A 公司可能会认为再消耗额外的成本去生产 B 公司的饮料会降低企业利润，即使把 B 公司的饮料直接停产，由于 A 公司的饮料和 B 公司的饮料比较接近，消费者也不会有太大的反应。如果交易后主体实施这种停产行为，会出现商品差异化类型中的"横向差异化"减少的情况。具体案件中，若执法部门发现交易前经营者商品的差异化程度较小，可以适当关注该案可能带来的多样性竞争影响。

3. 消费者的多样性需求

消费者需求方面，通过消费者调查、行业分析等调研后，如果发现消费者对经营者围绕多样性展开的竞争是认可的，该竞争成为影响消费者生活幸福感或作出购买决定的重要因素，甚至反过来影响或激励企业围绕多样性展开竞争，此时对交易进行评估就可以重点关注多样性这一竞争维度。这一特征通常表现在对丰富消费者物质和精神生活、提高消费者生活质量较为重要的图书出版行业、各类日常消费品零售业、医疗行业等，这些行业的商品与消费者的生

---

[1] See OECD, *Considering non-price effects in merger control-Background note by the Secretariat*, June 6, 2018, https://one.oecd.org/document/DAF/COMP(2018)2/en/pdf.

活息息相关。比如 2014 年的 Emmelibri-Effe 2005 Gruppo Feltrinelli 收购 Newco 案[1],该交易因 AGCM 的竞争关注最终被附条件批准。交易双方是两家图书出版集团,执法部门认为这次合并将影响出版行业各级的生产和分销链,合并后实体除了损害小型出版商发行服务的利润外,执法部门还发现了有关图书多样性降低的潜在负面影响,最终会在零售层面上损害消费者利益。2023 年的 Vivendi 收购 Lagardère 案[2]也是如此,引起欧盟委员会对此次交易进行关注的原因之一就是,此次交易可能会降低法语图书的质量、多样性并给读者带来价格上的负担。随着生活水平的提高,消费者越发关注精神世界的丰富,媒体、图书、音乐等行业由于与消费者的精神世界紧密关联并涉及思想多样性,因而这些行业的消费者更容易关注商品多样性。除精神需求外,在医疗行业,特殊病人对医疗器械或医疗检测的强需求也注定了该行业的商品多样性应受到关注。如在美国 Illumina 收购 Grail 案[3]中,Grail 是多癌症早期检测(MCED)的开发者,Illumina 是下一代测序平台(NGS)的生产者。NGS 平台能够对 MCED 测试使用的血液样本的遗传物质进行检测,即 NGS 平台是 MCED 测试的关键原料。对于 NGS 平台,Grail 的竞争对手没有替代品。这次收购将导致 Illumina 有动机实施原料封锁,同时,由于技术限制,Grail 的竞争对手也无法使用除 NGS 平台以外的任何途径去开发一种临床有效以及商业上可行的 MCED 测试。此次收购除了提高竞争对手的经营成本外,还会因 MCED 测试的研发低效,导致消费者对于此类测试的选择的减少。综合其他原因,FTC 最终裁定 Illumina 必须在 180 日内剥离 Grail。

---

〔1〕 See AGCM, Merger case n. C11957 Emmelibri-Effe 2005 Gruppo Feltrinelli / Newco, AGCM (Oct. 27, 2014), https://www.agcm.it/dotcmsDOC/bollettini/41-14.pdf.

〔2〕 See European Commission, *Mergers: Commission Clears Acquisition of Lagardère by Vivendi, Subject to Conditions*, European Commission (Jun. 9, 2023), https://ec.europa.eu/commission/presscorner/detail/en/ip_23_3136.

〔3〕 See FTC, *FTC Orders Illumina to Divest Cancer Detection Test Maker GRAIL to Protect Competition in Life-Saving Technology Market*, ftc.gov (April. 3, 2023), https://www.ftc.gov/news-events/news/press-releases/2023/04/ftc-orders-illumina-divest-cancer-detection-test-maker-grail-protect-competition-life-saving.

(二)多样性评估面临的挑战

1. 经营者集中对商品多样性的影响非常复杂

经营者集中可能会改变现有的差异化商品种类从而对商品多样性带来影响。[1] 但对商品多样性的影响是不明确的,因为集中可能会导致"公司走向困境",[2]无法确定集中后企业是具有明显竞争优势而积极研发商品,还是迫于生存的压力停产。一些关于竞争和多样性之间联系的研究发现了一种非线性关系,在未发生经营者集中的市场自然状态下,相关市场的市场集中度处于较低或较高水平时,都能发现特定市场内商品的多样性较低。[3] 这一发现意味着经营者在激烈的价格竞争和较高的市场力量的情形下,都有可能通过减少品种来降低成本。尽管如此,部分学者通过实证分析后发现实际情况却更为多变,集中后经营者调整多样性的动机还取决于集中前经营者竞争的紧密程度,即经营者进行竞争的相关商品的差异化程度。[4] 如果集中前的经营者商品彼此之间有很大的差异,集中后的经营者一般没有动力停止生产其中一种或几种商品,因为这样将获取更多利润且能够满足更多消费者的需求;如果集中前的经营者商品定位相近,情况则相反,集中后经营者将有动力降低商品种类以避免自我蚕食。[5] 最终还要强调的是,对集中后商品多样性是否变化产生决定性影响的因素还包括各企业的战略布局。经营者可能会为了短期集中获利实施增加商品多样性的战略,也可能为了长期布局而不做调整。以上非线性变化反映出,经营者集中对商品多样性的影响会受到市场集中度、商品差异化程度,以及企业战略布局等多种因素的干扰,执法机构进行评估时会遇到很大困难。

2. 多样性效应评估框架不清晰

如前所述,世界主要反垄断辖区的指南在梳理经营者集中的评估思路时都

---

〔1〕 See OECD, *Considering non-price effects in merger control-Background note by the Secretariat*, June 6, 2018, https://one.oecd.org/document/DAF/COMP(2018)2/en/pdf.

〔2〕 Steven T. Berry & Joel Waldfogel, *Do Mergers Increase Product Variety? Evidence from Radio Broadcasting*, 116 The Quarterly Journal of Economics 1009 (2001).

〔3〕 See Michael Mazzeo, Katja Seim & Mauricio Varela, *The Welfare Consequences of Mergers with Product Choice*, 66 Journal of Industrial Economics 980 (2018).

〔4〕 See Michael Mazzeo, Katja Seim & Mauricio Varela, *The Welfare Consequences of Mergers with Product Choice*, 66 Journal of Industrial Economics 980 (2018).

〔5〕 See OECD, *Considering non-price effects in merger control-Background note by the Secretariat*, June 6, 2018, https://one.oecd.org/document/DAF/COMP(2018)2/en/pdf.

考虑了商品多样性，但各国指南仅指出合并可能对商品多样性产生影响，并没有解释用来评估这种影响的方法或工具，仍是基于传统的价格竞争为核心的损害理论分析框架去解决非价格竞争问题。在 2011 年的 AT&T 收购 T-Mobile 案中，执法部门仅分析了包含 T-Mobile 作为紧密竞争对手的重要性、移动无线电信服务以及企业和政府移动无线电信服务的价格上涨的动机在内的反竞争影响，有关多样性的分析基本只包括 T-Mobile 被收购导致消费者选择减少这一个原因，并无其他分析。首先，这种分析是描述相关利益主体因市场竞争环境变化而导致其在多样性方面感受到的相关变化，并没有从竞争机制的角度进行论述；其次，执法部门仅在分析企业市场势力时关注到影响消费者选择的商品多样性，而非在竞争损害中对多样性进行评估，这种做法容易破坏反垄断的逻辑机理。美国联邦委员会委员曾对这种情况发表评论，对商品多样性问题的简短和缺陷的处理，给人留下了非价格效应远不如价格效应重要的错误印象，目前缺乏一个清晰的框架去分析包括质量、多样性、创新在内的非价格效应。[1] 一些传统的分析工具如 SSNIP 测试，并不能很好地解释涉及商品质量、多样性减少或创新减少的非价格变化。特别是在数字经济环境下，对数据聚合水平和平台大型数据集的价值关注成为核心，对于这类数据的性质、多样性、可替代性水平以及其数量是确定竞争损害的关键考虑因素，但传统的分析方法很难考虑到这些因素。[2] 对一些非价格效应的实证研究的模糊性，以及分析这些影响的定量工具的有限性，也可能限制执法部门评估非价格竞争的深度。[3]

3. 多样性和其他非价格维度的关系协调

多样性评估的挑战还有其他方面，包括和其他非价格维度的关系协调。非价格维度除各自具有独立性外，相互也具有交叉关系，可以各种方式关联，[4]

---

〔1〕 See J. Thomas Rosch, *The Next Challenges for Antitrust Economists*, FTC (Jul. 8, 2010), http://www. ftc. gov/sites/default/files/documents/public_statements/next-challenges-antitrust-economists/100708neraspeech. pdf.

〔2〕 See Thomas Stuart, *Too Little Too Late*? 17 European Competition Journal 407 (2021).

〔3〕 See OECD, *Executive Summary of the Roundtable on Non-Price Effects of Mergers*, June 6, 2018, https://one. oecd. org/document/DAF/COMP/M(2018)1/ANN1/FINAL/en/pdf.

〔4〕 See Greg Gundlach, *Non-Price Effectsof Mergers: A Primer*, AAI (June. 15, 2016), https://www. antitrustinstitute. org/wp-content/uploads/2018/08/Gundlach – 2016 – NON-PRICE-EFFECTS-OF-MERGERS. -A-PRIMER_0 – 1. pdf.

这种交叉和关联带来的协调难题随之而来。围绕非价格效应之间的层次关系和相互影响仍在讨论之中。OECD 在 2018 年"并购非价格效应"论坛的背景报告中将多样性置于质量维度之下,并将商品差异性导致的商品特性不同视为质量要素的不同特征。[1] FTC 则在题为"多样性在反垄断分析中的意义"的公开评论中表示,一些与消费者能够感知的商品或服务相关的因素不能均被描述为质量差异,"质量"一词也不是可以简单客观量化的概念,因而不能把"多样性"放在"质量"中进行评估。[2] 学界对这个问题也没有一个准确的定论。部分学者分析了竞争对特定质量维度的影响并表示与分类的多样性有关。[3] 有的学者表示多样性代表包括质量在内的商品或商品特征的差异,并在价格和质量之外,单独就如何评估合并对多样性的影响提出了疑问并进行了讨论。[4] 但大部分学者并没有对多样性与质量效应的关系进行讨论,而是直接聚焦于经营者集中对多样性可能产生的影响进行研究。[5] 对比域外主要反垄断辖区的相关规则可以看出,几乎所有反垄断辖区的指南都将质量和多样性变化作为经营者集中可能产生的效应,同时在条文表述时将"质量"和"多样性"以平行关系进行列举。我国情况也是如此,反垄断相关配套文件都将多样性和商品质量进行一一举例,并没有诸如"质量维度下的多样性""多样性在内的商品质量"等表述。

多样性竞争和创新竞争之间也存在一些重叠。[6] 当创新导致新商品添加到市场上现有的商品集时,多样性会因商品种类的增加而提高;当新商品的新

---

[1] See OECD, *Considering non-price effects in merger control-Background note by the Secretariat*, June 6, 2018, https://one. oecd. org/document/DAF/COMP(2018)2/en/pdf.

[2] See Thomas B. Leary, *The Significance of Variety in Antitrust Analysis*, ftc. gov (May. 18, 2000), https://www. ftc. gov/news-events/news/speeches/significance-variety-antitrust-analysis.

[3] See David A. Matsa, *Competition and Product Quality in the Supermarket Industry*, 126 The Quarterly Journal of Economics 1539 (2011).

[4] See Jennifer E. Sturiale, *Variety, Mergers, and Consumer Well-Being: Towards a Capability Approach to Merger Law*, 117 West Virginia Law Review 135 (2014).

[5] See Chrysovalantou Milliou&Joel Sandonis, *Manufacturers Mergers and Product Variety in Vertically Related Markets*, CES ifo Working Paper Series No. 4932, 2014, p. 8 - 30; Elena Argentesi, Tomaso Duso et al., *The Effect of Mergers on Variety in Grocery Retailing*, CES ifo Working Paper No. 9137, 2021, p. 15 - 23.

[6] See OECD, *Summary of the Roundtable Discussion on the Non-Price Effects of Mergers*, June 6, 2018, https://one. oecd. org/document/DAF/COMP/M(2018)1/ANN2/FINAL/en/pdf.

颖性蚕食了对原有品种的需求从而导致旧商品停产时,多样性又会因为商品种类的减少而降低。有学者指出,合并可能影响商品多样性的一个重要渠道就是改变公司的创新率。实证研究表明,在美国精酿啤酒行业,集中导致被合并企业的新商品开发速度明显下降,由于本来会在市场上出现的新商品不会出现,将导致零售货架上的多样性损失达54%。[1] 可以看出,多样性与创新之间如何协调的问题也充满挑战。

五、多样性的评估思路

(一)竞争内生评估模式与竞争外生评估模式的选择

经营者集中对非价格效应的评估模式可以归纳为"竞争外生模式"和"竞争内生模式"。[2] 就多样性而言,若采用竞争外生评估模式将多样性作为独立的评估对象会更加突出多样性的重要性,但容易破坏反垄断执法逻辑,随之会不当扩张反垄断法律制度的适用范围。而竞争内生评估模式主要关注经营者集中对相关市场的多样性竞争是否会产生消极影响,即多样性竞争损害被视为竞争损害的一种具体形式。我国目前并没有明确采用了何种评估模式,但多数案件更大程度上体现了竞争外生评估的特点,如在丹弗斯收购伊顿案[3]中,执法部门在分析集中进一步削弱下游用户议价能力的环节,提及集中导致下游用户选择减少。仅有少数案件在一定程度上体现了竞争内生评估的痕迹,如恩智浦收购飞思卡尔案[4],执法部门针对交易对射频功率晶体管市场的影响进行分析,发现射频功率晶体管的主要客户在采购模式上一般均为"飞思卡尔+恩智浦"的双采购模式,交易后由于企业所有权的转移、技术研发的减缓,导致客户的选择范围减少,增加客户的采购风险,最终结合其他分析认定交易可能排

---

[1] See Kyle Wilson & Wesley Blundell, *Acquisitions, Product Variety, and Distribution in the U. S. Craft Beer Industry*, SSRN, 2022, https://papers. ssrn. com/sol3/papers. cfm? abstract_id = 4260552.

[2] 参见韩伟:《经营者集中对创新影响的反垄断审查》,载《清华法学》2022年第4期。

[3] 参见市场监管总局:《关于附加限制性条件批准丹佛斯公司收购伊顿股份有限公司部分业务案反垄断审查决定的公告》,载国家市场监督管理总局网2021年6月7日,https://www. samr. gov. cn/zt/qhfldzf/art/2021/art_b6a9e28a4e92479399bf11b0aabc1b27. html。

[4] 参见商务部公告2015年第64号:《关于附加限制性条件批准恩智浦收购飞思卡尔全部股权案经营者集中反垄断审查决定的公告》,载原商务部反垄断局网2015年11月27日,http://fldj. mofcom. gov. cn/article/ztxx/201511/20151101196182. shtml。

除、限制竞争。结合我国《反垄断法》的核心与直接目的"保护市场公平竞争",在经营者集中案件中若要评估多样性相关竞争的影响,应当采用竞争内生评估模式,避免片面地将竞争与多样性割裂开来从而导致法律功能错位。如本书第二章所述,在竞争内生评估模式下,我们可以适当考虑反事实的评估方法,即将假设涉嫌违法的集中交易发生情形下的市场中多样性变化,与该交易不发生情形下的市场中多样性变化进行比较,评估两种情形下的多样性竞争水平差异,进而判断涉嫌违法的集中交易对竞争的影响。

（二）间接考虑多样性对消费者的影响

确定采用"竞争内生模式"评估交易可能对多样性带来的直接负面影响后,我们还可以间接考虑在多样性降低后消费者面临的相关选择变少意义上的损失。我国《反垄断法》第 33 条指出,审查经营者集中应当考虑其对消费者的影响。值得注意的是,《反垄断法》的核心和直接目的是"保护市场公平竞争","维护消费者利益"属于附属目的。因此,《反垄断法》第 33 条列明的交易对消费者的影响这一考虑因素,应该是建立在交易对竞争的影响的基础上的,是竞争机制受影响带来的间接效果,不能脱离竞争机制而直接、割裂地看待交易对消费者的影响。

（三）评估多样性的证据渠道

评估经营者集中对商品多样性的影响,执法部门取得证据的渠道可包括以下三种。

第一,执法部门在评估交易时对相关市场中的商品开展消费者调查,以及向经营者收集在从事经营活动时为更好制定生产和销售策略,经营者以该商品为目标进行的市场研究调查。这些调查可提供关于非价格效应的相对重要的信息,并可以确定消费者的偏好以及不同偏好的程度,从而确定商品多样性是否是市场竞争的一个重要方面。[1] 具体来说,消费者研究有助于确定商品差异化类型(横向还是纵向),以及是否可以根据消费者的需求偏好对商品进行细分。例如在 Telefonica Deutschland 收购 E-Plus 案[2]中,欧盟委员会通过消

[1] See OECD, *Considering non-price effects in merger control-Background note by the Secretariat*, June 6, 2018, https://one.oecd.org/document/DAF/COMP(2018)2/en/pdf.

[2] See European Commission, Case M.7018 – Telefonica Deutschland/E-Plus, Commission Decision of 2.7.2014.

费者调查发现消费者对于网络覆盖和下载速度存在不同的需求即偏好，而这些需求从商品本身构成了商品多样性存在和竞争评估焦点的必要，欧盟委员会因此关注了交易是否会对网络覆盖和下载速度服务的模式的多样性产生影响。

第二，执法部门向经营者获取交易数据（transaction data），包含交易时有关人员和行为信息的数据。通过该渠道获得的证据可以调查消费者偏好，通过消费者对商品非价格属性维度的关注程度的排名，呈现交易中多样性对购买决策的影响的具体问题，以避免消费者对某类商品由于各种原因可能产生的偏见。[1] 如在 RBCH 收购 Poole 案[2]中，英国执法部门通过分析交易数据得出结论：交易导致的医疗服务的多样性变化将相应导致消费者的消费决策的变化。据此可以建立消费者偏好，并为后续评估交易对多样性将产生何种损害提供证据支撑。

第三，执法部门可结合经营者内部文件，了解商品供应的差异化和可替代的程度，以评估集中后经营者进行商品重新定位的能力和动机，该渠道可以获得判断集中后商品多样性变化的有力证据。美国 2010 年《横向合并指南》指出，正常商业过程中形成的文件比在合并审查过程中作为辩护材料而形成的文件更具证明力。[3] 在 Whole Foods 收购 Wild Oats 案中，FTC 就引用了 Whole Foods 的高管在经营中的观察作为质量竞争的证据之一。该高管表示当 Whole Foods 进入另一个地区或市场时，当地的 Wild Oats 会翻新店铺以提高质量。[4] 虽然该案例涉及的经营者内部文件是涉及质量维度的表述，但是对于同为非价格属性的多样性，当经营者已经在内部文件中表示其重要性时，经营者在集中后一般会有很大的动机对多样性进行战略调整，以稳固并提高自己在市场中的地位。

---

〔1〕 See OECD, *Considering non-price effects in merger control-Background note by the Secretariat*, June 6, 2018, https://one.oecd.org/document/DAF/COMP(2018)2/en/pdf.

〔2〕 See CMA, *Royal Bournemouth and Christchurch Hospitals NHS Foundation Trust / Poole Hospital NHS Foundation Trust Merger Inquiry*, CMA (Oct. 17, 2013), https://www.gov.uk/cma-cases/royal-bournemouth-and-christchurch-hospitals-nhs-foundation-trust-poole-hospital-nhs-foundation-trust-merger-inquiry-cc.

〔3〕 参见韩伟主编：《美欧反垄断新规选编》，法律出版社 2016 年版，第 181 页。

〔4〕 See FTC, *Whole Foods Market, Inc., and Wild Oats Markets, Inc., Case No.* 07-5276, FTC (Jan. 14, 2008), https://www.ftc.gov/system/files/documents/cases/080114 ftcwholefoodsproofbrief.pdf.

六、结语

整体而言，我国反垄断执法部门评估多样性的经验尚不充足，对相关问题的认识仍处于起步阶段，在概念使用、规则与执法完善三个方面均有完善空间。首先，在多样性概念使用方面，国内相关行政文书中所运用的“选择”具有多重内涵，既包括消费者因商品种类、多样性减少导致的选择减少，也包括因商品价格上升、质量下降等各种原因导致的消费者选择减少。[1] 建议我国相关行政文书在未来尽量将针对多样性竞争的“选择”，与针对价格、质量、创新竞争的“选择”进行适度区分。针对价格、质量和创新竞争带来的相关主体利益影响，尽量避免使用“选择”一词，从而将不同竞争维度以及相关主体利益的影响更为明确地区分，让决定文书的评估机理更为清晰和健全。其次，规则完善方面，目前我国《反垄断法》第 33 条将“经营者集中对消费者和其他有关经营者的影响”直接纳入审查经营者集中应当考虑的因素范围，并未突出集中审查应当服务于评估竞争影响的态度，建议日后在细化经营者集中审查规则时，应当有意识地对《反垄断法》第 33 条的内容进行逻辑重整与权重区分。最后，执法完善方面，多样性在经营者集中评估中仍处于辅助角色，仅在特定行业、少量案件中具有重要意义。在那些确定存在多样性相关竞争问题的行政文书中，执法部门则可以适当考虑在概括损害分析的基础上对具体的多样性效应进行更详细的说明，使文书逻辑更清晰，也便于广大经营者和消费者对反垄断法机理的理解。应当注意的是，多样性作为与质量、创新并列的非价格竞争维度之一，处于竞争机制层面，有关损害消费者以及客户的选择的利益体现，则处于另一个层面，对特定主体利益的影响，应该是集中对竞争影响后带来的间接影响，具体案件中不应脱离竞争影响而单独考虑。

---

〔1〕 参见市场监管总局：《关于附加限制性条件批准科天公司收购奥宝科技有限公司股权案反垄断审查决定的公告》，载国家市场监督管理总局竞争政策协调司网 2019 年 2 月 13 日，https://gkml.samr.gov.cn/nsjg/xwxcs/201902/t20190220_290940.html。我国执法机构分析发现集中后实体有能力将工艺控制设备和沉积、蚀刻设备进行捆绑搭售，限制半导体器件制造商和封装企业采购沉积、蚀刻设备的自主选择权，可能会增加其采购设备的成本，导致半导体器件及下游终端应用商品的成本上涨，最终损害消费者福利。

第四节　创新竞争损害

一、问题的提出

创新驱动是经济高质量发展的重要动力，我国2022年政府工作报告便强调“深入实施创新驱动发展战略”“依靠创新提高发展质量”。创新需要良好的法治环境，知识产权法律制度和反垄断法律制度是创新保障法律体系中非常关键的两类，前者通过激励机制鼓励创新，后者则通过压力机制促进创新。创新在反垄断法中的定位大体可从立法宗旨、损害理论以及抗辩理由这几个角度进行梳理。[1] 创新在反垄断领域并非新的话题，域外一些重要的反垄断规则对创新问题早有关注，比如美国1995年《知识产权许可反垄断指南》。就经营者集中反垄断制度而言，美欧等世界主要反垄断辖区的指南均涉及创新相关内容，比如欧盟2004年《横向合并指南》、欧盟2008年《非横向合并指南》、美国2010年《横向合并指南》等，英国2021年《合并评估指南》则体现了这方面规则的国际新发展。国际竞争法学界近年在这方面的讨论也非常活跃，竞争法国际协会（ASCOLA）2022年的年会主题便是“数字市场中的竞争与创新”。OECD竞争委员会则在2023年以“竞争与创新的关系”为主题召开了论坛。[2]

从传统执法角度来看，医药等行业的经营者集中案件对创新问题一直较为关注，比如2009年被FTC禁止的梭拉特收购人工心脏公司案[3]。数字经济领域竞争的主要关注点之一是创新的丧失。[4] 伴随数字经济的快速发展，近年各国反垄断执法部门对创新问题进一步重视并发布了相关报告，比如德国

---

〔1〕 参见韩伟：《创新在反垄断法中的定位分析》，载《中国物价》2019年第8期。

〔2〕 See OECD, *The Relationship between Competition and Innovation*, June 14 and December, 2023, https://www.oecd.org/competition/the-relationship-between-competition-and-innovation.htm.

〔3〕 See FTC Complaint, Thoratec Corp. & HeartWare Int'l, No. 9339, July 30, 2009.

〔4〕 See Inge Graef & Francisco Costa-Cabral, *To Regulate or Not to Regulate Big Tech*, 1 Concurrences 24 (2020).

2017 年《创新:反垄断审查实践的新挑战》调研报告[1]、欧盟 2020 年《数字化及其对创新的影响》调研报告[2]等。2019 年的一份调研报告便指出,“数字时代的竞争以未来观念为标志,未来观念的一个维度是强调对创新的影响,竞争执法部门越来越倾向于保护创新方面的竞争”[3]。欧盟陶氏合并杜邦(Dow/DuPont)案[4]、美国 Sabre 收购 Farelogix 案[5]以及英国 Facebook 收购 Giphy 案[6],都代表着域外相关执法的最新进展。整体来看,当前各国经营者集中反垄断执法对创新问题的重视程度仍待进一步提高。有研究指出,“在许多集中案件中,执法部门主要依赖交易将导致更高价格和更低产出的理论,减少创新只被视为次要影响,或者完全被忽略。在数字市场中,鉴于创新和质量在消费者福利中发挥着极其重要的作用,当前的做法不妥。反竞争创新效应理论至关重要,它应该在经营者集中反垄断案件中发挥核心作用”[7]。

2022 年我国《反垄断法》修订前,《反垄断法》中并未出现“创新”一词,旧版《反垄断法》第 27 条规定经营者集中反垄断审查应当考虑交易对技术进步的影响,该规定是执法考虑创新问题的直接法律基础。旧版《反垄断法》配套规则在解释如何评估交易对技术进步的影响时,则运用了“创新”一词。《关于评估经营者集中竞争影响的暂行规定》(已失效)第 8 条指出,交易可能减弱参与集中的经营者的竞争压力,降低其科技创新的动力和投入。依据《经营者集中审查暂行规定》(已失效)第 27 条第 2 款,执法部门可以考虑经营者集中对

---

[1] See Bundeskartellamt, *Innovations-Challenges for Competition Law Practice*, November 2017, https://www.bundeskartellamt.de/SharedDocs/Publikation/EN/Schriftenreihe_Digitales_II.pdf?__blob=publicationFile&v=3.

[2] See Ariel Ezrachi & Maurice E. Stucke, *Digitalisation and its Impact on Innovation*, European Commission, 2020.

[3] BRICS Competition Law and Policy Centre, *Digital Era in Competition: A BRICS View*, January 11, 2019, https://www.bricscompetition.org/publications/digital-era-in-competition-a-brics-view-report-by-the-brics-competition-law-and-policy-centre.

[4] See European Commission, Case M.7932 – Dow/Dupont, Commission Decision of 27.3.2017.

[5] See United States v. Sabre Corp., No. 1:19 – cv – 01548 – LPS (Delaware District Court).

[6] See CMA, *Completed acquisition by Facebook, Inc (now Meta Platforms, Inc) of Giphy, Inc.: Final report on the case remitted to the CMA by the Competition Appeal Tribunal*, Gov.UK (October. 18, 2022), https://assets.publishing.service.gov.uk/media/635017428fa8f53463 dcb9f2/Final_Report_Meta.GIPHY.pdf.

[7] James Niels Rosenquist, Fiona M. Scott Morton & Samuel N. Weinstein, *Addictive Technology and its Implications for Antitrust Enforcement*, 100 N.C.L. Rev. 431 (2022).

技术创新动力、技术研发投入和利用、技术资源整合等方面的影响。[1] 国务院反垄断委员会《关于平台经济领域的反垄断指南》第20条第5项则进一步指出，执法部门可以考虑现有市场竞争者在技术和商业模式等创新方面的竞争，对经营者创新动机和能力的影响，对初创企业、新兴平台的收购是否会影响创新。就执法而言，我国已在一些案件中不同程度地考虑了交易对创新的影响，比如希捷收购三星案[2]、拜耳收购孟山都案[3]等，主要涉及半导体、医药化工等行业。

值得注意的是，我国《反垄断法》第一次修订过程中涉及的一个重要问题是，如何更好地提升这部法律对创新的重视程度。2022年6月全国人大常委会发布的新《反垄断法》第1条对立法目的进行了扩展，新增了"鼓励创新"一项。对于这一修订思路，国内学界实际上存在不同的认识。[4] 在近年围绕修法的讨论中，创新问题主要在立法目的层面展开，不同类型的反垄断规则如何体现对创新问题的规范，仍缺乏充分的探讨。具体到经营者集中制度，如何就集中交易对创新产生的影响进行评估，目前国内理论界与实务界仍缺乏清晰的认识，[5] 这

〔1〕 国家市场监督管理总局2023年发布的《经营者集中审查规定》替代了暂行规定，新规定第34条指出，评估经营者集中对技术进步的影响，可以考虑经营者集中对技术创新动力和能力、技术研发投入和利用、技术资源整合等方面的影响。

〔2〕 参见商务部公告2011年第90号：《关于附条件批准希捷科技公司收购三星电子有限公司硬盘驱动器业务反垄断审查决定的公告》，载原商务部反垄断局网2011年12月12日，http://fldj.mofcom.gov.cn/article/ztxx/201112/20111207874274.shtml。

〔3〕 参见商务部公告2018年第31号：《关于附加限制性条件批准拜耳股份公司收购孟山都公司股权案经营者集中反垄断审查决定的公告》，载原商务部反垄断局网2018年3月13日，http://fldj.mofcom.gov.cn/article/ztxx/201803/20180302719123.shtml。

〔4〕 参见杨东：《论反垄断法的重构：应对数字经济的挑战》，载《中国法学》2020年第3期；方翔：《论数字经济时代反垄断法的创新价值目标》，载《法学》2021年第12期；王磊：《创新目标在〈反垄断法〉上的定位与实现——兼评〈反垄断法（修正草案）〉第1条》，载《中国政法大学学报》2022年第1期。

〔5〕 国内针对经营者集中对创新的影响展开系统性研究的文献比较有限，比如刘婷婷：《创新竞争与合并政策研究》，载《合作经济与科技》2007年第9期；郭家昊：《创新市场或创新因素：对经营者集中分析进路的推导》，载《经济法学评论》2016年第2期；韩伟：《迈向智能时代的反垄断法演化》，法律出版社2019年版，第199～224页；郭玉新：《欧盟合并控制竞争执法中创新损害问题研究》，载《科技进步与对策》2021年第4期。此外，近年一些涉及数字经济领域经营者集中，特别是针对特定交易类型的文献一定程度涉及创新影响，比如王健、姜厚辰：《互联网平台经营者集中：风险、挑战与应对》，载《江南大学学报（人文社会科学版）》2021年第5期；唐要家、唐春晖：《重构数字经济并购控制政策研究》，载《竞争政策研究》2021年第6期；方翔：《数字市场初创企业并购的竞争隐忧与应对方略》，载《法治研究》2021年第2期；陈弘斐、胡东兰、李勇坚：《平台经济领域的反垄断与平台企业的杀手并购》，载《东北财经大学学报》2021年第1期；王伟：《平台扼杀式并购的反垄断法规制》，载《中外法学》2022年第1期；陈永伟：《扼杀式并购：争议和对策》，载《东北财经大学学报》2022年第1期。

实际上也是各国共同面临的难题。[1] 比如一份研究系统梳理了 2004—2014 年美国反垄断执法部门确认交易对创新造成负面影响的案件，发现这些案件的执法模式并不一致，交易对创新的负面影响也缺乏深入的分析。[2] 整体而言，针对经营者集中对创新的影响的评估，我国《反垄断法》及配套规则的内容过于原则，少量案例也未体现统一、清晰的分析思路。哪些经营者集中案件需要评估、如何评估交易对创新的影响，仍具有很大的不确定性。为进一步提升我国《反垄断法》促进创新功能的能力、更好地回应数字经济发展，对于包括经营者集中在内的不同反竞争行为类型对创新的影响问题，[3] 我们应该给予足够的重视。本节拟基于国内外理论与实践发展，梳理经营者集中对创新影响的不同评估模式，并就集中交易导致的创新竞争损害的定性、评估前提以及评估思路作一探讨。

二、评估经营者集中对创新影响的模式

就创新在反垄断法分析中的角色而言，理论界与实务界存在不同的认识，有观点将创新视为一种值得反垄断法保护的内生正面价值，[4] 另有观点则认

---

〔1〕 域外相关文献可追溯至熊彼特与阿罗的早期研究，晚近代表性文献包括 Aghion P. et al., *Competition and Innovation: An Inverted-U Relationship*, 120 Quarterly Journal of Economics 701 (2005); Katz M. & H. Shclanski, *Mergers and Innovation*, 74 Antitrust Law Journal 1 (2007); Shapiro C., *Competition and Innovation: Did Arrow Hit the Bull's Eye?* in J. Lerner and S. Stern (eds.), The Rate and Direction of Inventive Activity Revisited, University of Chicago Press, 2012; Haucap J. & J. Stiebale, *How Mergers Affect Innovation: Theory and Evidence from the Pharmaceutical Industry*, DICE Discussion Paper 218 (2016); Federico G. et al., *A simple model of mergers and innovation*, 157 Economic Letters 136 (2017); Giulio Federico, Fiona Scott Morton & Carl Shapiro, *Antitrust and Innovation: Welcoming and Protecting Disruption*, 20 Innovation Policy and the Economy (2020); Nicolas Petit & David J. Teece, *Innovating Big Tech firms and competition policy: favoring dynamic over static competition*, 30Industrial and Corporate Change Press 1168(2021)。

〔2〕 See Richard J. Gilbert & Hillary Greene, *Merging Innovation into Antitrust Agency Enforcement of the Clayton Act*, 83 The George Washington Law Review 1919 (2015).

〔3〕 垄断协议与滥用市场支配地位相关问题不属于本书讨论范围。值得注意的是，我国国家市场监督管理总局处理的阿里、美团"二选一"案中，已就滥用市场支配地位行为对创新的影响进行了一定程度的分析。

〔4〕 创新也存在负面价值的可能性，比如掠夺性创新（predatory innovation）理论，参见 Thibault Schrepel, *Predatory Innovation: The Definite Need for Legal Recognition*, 21 SMU Science and Technology Law Review 19(2018)。有研究将创新的效果区分为积极、消极和混合三种类型，参见 Ariel Ezrachi & Maurice E. Stucke, *Digitalisation and its impact on innovation*, European Commission, 2020, p.7。

为创新是一种外生于反垄断法分析的正面价值。[1] 经营者集中对创新影响的反垄断审查存在不同的路径，本节结合反垄断理论与实践，将经营者集中对创新的影响的评估模式归纳为“竞争外生模式”和“竞争内生模式”，[2]第一种模式将创新作为竞争机制的一种外生因素进行独立评估；第二种模式则将创新作为特定竞争维度纳入竞争机制一并分析。

（一）竞争外生模式

竞争外生模式很大程度上突出了创新的特性，体现了创新与竞争的复杂关系。经营者之间的竞争主要通过优化产品的各类属性去吸引客户和消费者。创新的内涵非常抽象，尽管创新活动可以影响产品各类属性的演化，但其又不同于价格、产量、质量、多样性等可以直接体现产品属性的这些普通竞争维度。竞争一般有利于推动价格、产量、质量、多样性等产品属性向有利于客户和消费者的方向发展，比如降价，提升产量、质量和多样性。但竞争对创新的影响更为复杂，理论界的认识仍存在分歧，[3]近年聚焦经营者集中反垄断审查的部分文献也将交易对创新的影响与交易对竞争的影响并列分析。比如 CERRE 2020 年发布的一份报告便将经营者集中对竞争和创新的影响进行了明确区分，[4] 国内一些文献也将特定交易对竞争和创新的影响予以并列。[5] 综上，在竞争外生模式下，将交易对竞争的影响和交易对创新的影响进行区分，竞争损害和

---

〔1〕 参见[比利时]保罗·尼豪尔、彼得·范·克莱恩布吕格尔主编：《创新在竞争法分析中的角色》，韩伟等译，法律出版社 2020 年版，第 3 ~ 11 页。

〔2〕 有研究将欧盟竞争法（不限于经营者集中规则）对创新的影响评估区分为直接模式和间接模式。在直接模式中，执法部门直接将分析重点放在创新方面，可能会绕过排除、限制竞争等评估和证明标准。在间接模式中，执法部门将分析重点放在反竞争和市场封锁方面，这会影响包括创新在内的所有竞争参数，因此对创新的影响在间接模式中只是作为市场竞争变化的结果间接予以考虑。See Ibáñez & Colomo, Pablo, *Restrictions on Innovation in EU Competition Law*, 41European Law Review 201 (2016).

〔3〕 竞争与创新的关系以熊彼特和阿罗的观点为代表，熊彼特认为市场中更少的竞争带来更多创新，阿罗则认为更多的竞争会激励创新。夏皮罗、阿吉翁等学者提出了一些更具协调性的观点，比如具有很大影响的阿吉翁的“倒 U 形”理论，即竞争程度达到一定水平前会促进创新，超过一定水平则阻碍创新。See Aghion P. et al., *Competition and Innovation: An Inverted-U Relationship*, 120 Quarterly Journal of Economics 701 (2005). 不过也有研究对“倒 U 形”理论在经营者集中案件的可适用性提出质疑。See Federico G. et al., *A simple model of mergers and innovation*, 157 Economic Letters 136 (2017).

〔4〕 See Marc Bourreau & Alexandre de Streel, *Big Tech Acquisitions: Competition & Innovation Effects and EU Merger Control*, Centre on Regulation in Europe, 2020.

〔5〕 参见陈弘斐、胡东兰、李勇坚：《平台经济领域的反垄断与平台企业的杀手并购》，载《东北财经大学学报》2021 年第 1 期；陈永伟：《扼杀式并购：争议和对策》，载《东北财经大学学报》2022 年第 1 期。

创新损害被视为交易导致的不同负面影响。

(二)竞争内生模式

竞争内生模式淡化了竞争与创新的复杂关系,强调创新和价格、产量、质量、多样性一样,可以体现市场竞争机制的运行机理;也就是说,创新竞争和价格竞争、质量竞争一样,都是市场中竞争机制发生、发展的重要体现。在这种模式下,创新被视为竞争的具体维度之一,交易对创新的影响则在交易对竞争机制影响的评估过程中一并考虑。竞争内生模式下,将交易对竞争的影响和交易对创新的影响进行融合,执法部门主要关注交易对相关市场中的创新竞争是否会产生负面影响,创新竞争损害被视为交易导致的竞争损害的一种具体形式。在2016年的Halliburton收购Baker Hughes案中,该交易由于DOJ的阻止最终被放弃。该交易双方是全球著名的油田服务公司,双方在推动行业技术创新和服务质量方面展开竞争,具体来说是在可溶压裂桥塞、钻井自动化和重复压裂等领域的新技术研发方面竞争激烈。DOJ确认的反竞争效应便包括单边效应,表现为更高的价格、更低的服务水平以及更少的创新。[1] 从我国执法实践来看,一些案件在竞争分析环节对创新问题进行了重点评估,这在一定程度上体现了竞争内生评估的痕迹。比如在希捷收购三星案[2]和西部数据收购日立存储案[3]中,执法部门针对交易对硬盘行业产品创新的负面影响进行了分析。在恩智浦收购飞思卡尔案[4]中,围绕射频功率晶体管市场,执法部门关注交易将对技术研发和创新造成负面影响。在丹纳赫收购通用电气案[5]中,执法部

---

〔1〕 See DOJ Complaint, U. S. v. Halliburton Co. and Baker Hughes Inc., April 6, 2016, https://www.justice.gov/atr/case/us-v-halliburton-co-and-baker-hughes-inc.

〔2〕 参见商务部公告2011年第90号:《关于附条件批准希捷科技公司收购三星电子有限公司硬盘驱动器业务反垄断审查决定的公告》,载原商务部反垄断局网2011年12月12日,http://fldj.mofcom.gov.cn/article/ztxx/201112/20111207874274.shtml。

〔3〕 参见商务部公告2012年第9号:《关于附加限制性条件批准西部数据收购日立存储经营者集中反垄断审查决定的公告》,载原商务部反垄断局网2012年3月2日,http://fldj.mofcom.gov.cn/article/ztxx/201203/20120307993758.shtml。

〔4〕 参见商务部公告2015年第64号:《关于附加限制性条件批准恩智浦收购飞思卡尔全部股权案经营者集中反垄断审查决定的公告》,载原商务部反垄断局网2015年11月27日,http://fldj.mofcom.gov.cn/article/ztxx/201511/20151101196182.shtml。

〔5〕 参见市场监管总局:《关于附加限制性条件批准丹纳赫公司收购通用电气医疗生命科学生物制药业务案反垄断审查决定的公告》,载国家市场监督管理总局反垄断执法一司网2020年2月28日,https://www.samr.gov.cn/cms_files/filemanager/samr/www/samrnew/fldys/tzgg/ftj/202204/t20220424_342143.html。

门则分析了交易对全球中空纤维切向流过滤器市场技术进步和创新可能产生的反竞争效果。

(三)基于立法目的选择评估模式

特定交易如果涉及创新方面的影响,执法部门则需要在竞争内生评估与竞争外生评估之间进行选择。采用竞争外生评估模式,积极的一面是创新作为独立评估对象而非具体竞争维度之一,在评估过程中扮演的角色可能更为突出;这种模式的缺点是容易破坏反垄断执法逻辑,不当扩张反垄断法律制度的调整范围,模糊其功能定位,执法面临更大的不确定性,降低市场预期。竞争内生评估模式与竞争外生评估模式的取舍,涉及对反垄断立法目的的理解。我国新《反垄断法》第1条维持了多元立法目的,涉及保护市场公平竞争、鼓励创新、提高经济运行效率、维护消费者利益和社会公共利益以及促进社会主义市场经济健康发展等目的。至于这些目的之间是并列关系还是从属关系,可能存在不同的认识。为确保成文法律体系中不同法律部门的合理衔接,基于反垄断规则的底层逻辑是维持市场自由竞争机制的有效运行,我国《反垄断法》的核心目的与直接目的应该是"保护市场公平竞争",[1]其他目的属于附属目的。这些附属目的并非《反垄断法》专属,还涉及大量其他法律部门的功能发挥。因此,尽管《反垄断法》经过修订新增"鼓励创新",其也应该服务于"保护市场公平竞争"。[2] 相应地,为确保《反垄断法》关注竞争的基本属性,在经营者集中等具体制度的落实过程中,如果考虑特定行为对创新的影响,应适用竞争内生评估模式,从而避免法律功能错位。在竞争内生评估模式下,执法部门确认的交易负面影响可以简单区分为两大类:交易对创新竞争的直接负面影响以及对客户、消费者等相关主体利益的间接负面影响;第一类影响是反垄断执法的核心目标,第二类影响依附于竞争损害分析。综上,评估经营者集中对创新的影响,执法部门的核心任务就是在反竞争效果认定环节确认特定交易是否导致创新竞争损害。

---

[1] 《反垄断法》严格意义上保护的是竞争的自由,即反对排除、限制竞争。尽管自由与公平价值的关系复杂,且我国法律与政策用语已形成习惯,但是在理论层面将竞争公平与竞争自由予以区分仍是有价值的。不过考虑到现行法的措辞,我们仍可以使用"公平竞争"的表述,将其作广义理解。

[2] 鼓励创新这一目的很大程度上也体现于《专利法》等知识产权法律之中。

三、创新竞争损害的定性与评估前提

(一)创新竞争损害的定性

各国反垄断执法已形成一套成熟的经营者集中反垄断审查框架,执法部门往往结合交易类型(横向、纵向和混合),基于不同的竞争损害理论去认定交易的反竞争效果。一般而言,横向交易涉及单边效应与协同效应;纵向交易关注原料封锁效应和客户封锁效应;混合交易则可以考虑传导效应。[1] 具体案件评估时,执法部门会重点围绕特定交易对集中后实体实施相关反竞争行为的能力、动机和可能性展开分析,"反事实比对"的思路也会嵌入分析过程。执法部门在认定某项交易的反竞争效果时,可能仅仅评估交易导致的整体性、概括性反竞争效果,也可能进一步聚焦特定、具体维度的反竞争效果。横向单边效应和协同效应,纵向原料封锁效应和客户封锁效应,以及混合传导效应,这些概括性描述竞争受损机理的损害类型,我们可以称为交易可能导致的"概括损害"。特定交易在概括损害基础上,往往会具体表现为对更为特定的竞争维度(价格、质量、创新等)的损害,具体竞争维度的损害可称为交易导致的"具体损害"。综上,交易可能导致的反竞争效果我们可以区分为概括损害和具体损害,前者是整体意义上的竞争受损,后者则具体到特定竞争维度,创新竞争损害便属于反竞争效果中的具体损害。

尽管传统上价格是竞争的主要维度,但是基于经济的不断发展,这种趋势已被淡化。[2] 不同市场的具体竞争维度取决于市场特征,各竞争维度在不同案件中的权重存在差异。比如创新竞争是数字经济中竞争的主要特征,[3] 数字市场中的产品竞争通常是创新竞争。[4] 单边效应、协同效应、封锁效应等概括损害,都可以进一步从价格、质量、创新等具体竞争维度进行细分,成为不同

---

〔1〕 参见[英]Daniel Gore 等:《经济学分析方法在欧盟企业并购反垄断审查中的适用》,黄晋、韩伟等译,法律出版社 2017 年版,第 123～418 页。

〔2〕 See Ioannis Kokkoris, *Innovation Considerations in Merger Control and Unilateral Conduct Enforcement*, 8 Journal of Antitrust Enforcement 56 (2020).

〔3〕 See Global Antitrust Institute, *Report on the Digital Economy*, 2020, https://gaidigitalreport.com/wp-content/uploads/2020/11/The-Global-Antitrust-Institute-Report-on-the-Digital-Economy_Final.pdf.

〔4〕 See World Economic Forum White Paper, *Competition Policy in a Globalized, Digitalized Economy*, 2019, p. 12.

类型的具体损害。[1] 值得注意的是，尽管概括损害可以体现为多种具体损害，但是大部分案件中执法部门并不会、也没有必要分析所有类型的具体损害。英国 2021 年《合并评估指南》便指出，“执法部门在确定特定交易是否实质减少竞争的过程中，无须单独评估交易对每类竞争维度的预期影响”[2]。从实际案例来看，很多案件的最终执法决定往往会体现价格竞争受损，比如适用单边效应的案件会重点评估集中后实体的涨价能力和动机，涉及非价格方面具体损害的案件则相对少见。尽管如此，一方面，基于数字经济的发展，包括创新竞争损害在内的非价格竞争损害有时比价格竞争损害更为重要，作为具体损害的创新竞争损害已引发各国执法部门的关注；另一方面，随着各国对特定交易影响的认识水平加深，部分案件已逐步在具体损害层面展开深入分析，这体现了各国执法水平的不断提升。因此，涉及创新竞争损害的案件趋多。

（二）创新竞争损害的评估前提

如上所述，创新竞争损害是经营者集中可能导致的特定竞争维度的具体损害，只有部分案件需要考虑这种损害类型。伴随数字经济的发展及其对传统经济影响程度的加深，部分国家的反垄断执法部门日益重视交易给市场创新带来的影响，涉及创新问题的案件有增长的趋势。尽管如此，从当前全球反垄断执法的整体情况来看，实际案件中在具体损害层面对创新竞争损害展开评估的案件仍不多见。面对一项交易，执法部门可以结合交易相关特性，甄别是否需要超越概括损害，从具体损害层面展开创新竞争损害的评估。具体而言，执法部门可以重点从相关市场特征、交易方特征和交易特征三个方面进行甄别。

1. 相关市场特征

相关市场所处行业可作为初步筛查指标，不同行业具体竞争维度的侧重点存在差异，比如大部分传统行业价格竞争仍是重心。从各国执法实践来看，医药化工、半导体等技术密集型行业，创新一直都是反垄断执法部门的关注点，我

---

[1] 同一案件涉及的具体损害可能包括：针对同一竞争维度的不同损害（如价格单边效应和价格协同效应）；针对不同竞争维度的相同损害（如价格单边效应和质量单边效应）；针对不同竞争维度的不同损害（如价格单边效应和创新协同效应）。这些具体损害还可能适用于不同的时段，比如价格的短期单边效应以及创新的长期协同效应。需要说明的是，同一案件中如何协调不同类型的损害是一个更为复杂的问题，超出本节的讨论范围，该问题目前全球缺乏共识，有待深入研究。

[2] CMA, *Merger Assessment Guidelines*, 2021, p. 13.

国涉及创新影响评估的案件也主要涉及这些行业。此外，近年域外涉及数字市场创新影响评估的案例也日渐增多。针对涉案的相关市场，结构性特征可以重点关注，高市场集中度以及高市场进入门槛仍是大部分市场中提示反竞争风险的有效指标。比如我国执法部门关注交易对创新影响的贝克顿/巴德案中，交易前中国粗针穿刺活检器械市场已经高度集中，市场集中度指数（HHI）为2508，交易完成后为2778。[1] 在英国Facebook收购Giphy案中，CMA重点关注了Giphy的创新和扩张努力对于市场动态竞争的重要性，他们认为交易使得展示广告供应方面的动态竞争受损。CMA在案件评估过程中从用户、广告商、规模经济以及数据四个方面，强调了展示广告市场存在的进入障碍。比如对数据方面的市场进入障碍，CMA指出，消费者数据对广告商具有重要价值——通过访问质量或者粒度更高的数据（granular data），可以更精确地定位目标客户。高粒度数据与平台用户的类型结合尤其有价值，因为这使得大量的特定用户成为目标客户。Facebook可以访问更丰富、更高质量的数据集，从较之竞争对手所能获得的更大规模和覆盖范围的数据中获益。[2]

2. 交易方特征

交易方的特征也可以作为执法部门决定展开创新竞争损害评估的重要筛查条件，具体可以从交易方的市场力量、交易方的经营行为以及市场绩效等方面切入。首先，市场力量方面，在涉及收购的情形下，可以分别考察收购方和被收购方的特点。就收购方而言，当前各国重点关注的是少数大型平台企业的收购行为，特别是针对那些已构建数字生态系统的大型平台企业实施的收购行为，关注其交易可能导致的创新竞争损害。比如英国执法部门委托调研的《解锁数字竞争》报告便建议，具有“战略性市场地位”（strategic market status）[3]

[1] 参见商务部公告2017年第92号：《关于附加限制性条件批准贝克顿－迪金森公司与美国巴德公司合并案经营者集中反垄断审查决定的公告》，载原商务部反垄断局网2017年12月27日，http://fldj.mofcom.gov.cn/article/ztxx/201712/20171202691390.shtml。

[2] See CMA, *Completed acquisition by Facebook, Inc (now Meta Platforms, Inc) of Giphy, Inc.: Final report on the case remitted to the CMA by the Competition Appeal Tribunal*, Gov. UK (October. 18, 2022), https://assets.publishing.service.gov.uk/media/635017428 fa8f53463dcb9f2/Final_Report_Meta.GIPHY.pdf.

[3] 指在某些战略性瓶颈市场持续拥有市场势力的企业，比如那些能够在数字平台的网关或瓶颈设施上行使市场势力的企业，这些企业控制着其他公司的市场准入。

的数字公司应就其预期的所有收购活动都进行申报。[1] 就被收购方而言，新兴企业、初创企业以及其他类型的创新活跃企业等主体类型，也引起各国的重视。这类企业体现着市场的创新活力，因此涉及这类交易的创新竞争损害也值得重视。具体案件中，执法部门可以关注被收购方的技术水平、研发设备、研发支出、研发路线、在研项目、专利数量、专利引证率以及数据持有情况等因素。在 Sabre 收购 Farelogix 案中，该收购计划在遭遇 DOJ[2] 和 CMA 的反对后宣布放弃。Sabre 是服务航空公司的 GDS 的主要供应商，被收购方 Farelogix 尽管不运营 GDS，但运营一项独立的技术，即 NDC 解决方案，该技术允许航空公司直接连接旅行社进行预订而无须求助 GDS。CMA 认为，Farelogix 能提供有力的潜在竞争约束，该交易导致的反竞争效果体现在针对航空公司的营销解决方案的创新减少。[3] 其次，经营行为方面，执法部门可以重点关注交易方之间在相关市场的经营中是否与对手围绕创新展开了实质竞争。如果交易前创新方面的竞争非常重要，则有必要考虑交易对创新竞争的不利影响。在西部数据收购日立存储案中，我国执法部门发现创新对硬盘行业影响重大，交易双方在交易前围绕创新已展开竞争。[4] 具体案件中，交易方的产品迭代速度、新产品推出频率、新产品类型等因素也可以辅助执法部门进行判断。此外，数字市场中，零价这一特点也值得重视，零价往往涉及多边市场模式，这一特性提醒执法部门关注包括创新在内的非价格竞争维度的重要性。值得注意的是，除了围绕技术创新展开的竞争，商业模式方面的创新竞争也应适当重视。[5] 最后，就市场绩效而言，可以了解交易方的利润来源与技术研发、创新活动的关联程度，比

---

[1] See Jason Furman et al., *Unlocking Digital Competition: Report of the Digital Competition Expert Panel*, 2019, p.95.

[2] 尽管 DOJ 反对该交易，美国法院却驳回了 DOJ 的起诉。美国法院认为，Sabre 与 Farelogix 并非竞争对手，DOJ 的认定不符合美国最高法院在运通案中有关双边市场的判决思路。See United States v. Sabre Corp., No. 1:19 - cv - 01548 - LPS (Delaware District Court).

[3] See CMA, *Anticipated acquisition by Sabre Corporation of Farelogix Inc.: Final report*, Gov. UK (April. 9, 2020), https://assets.publishing.service.gov.uk/media/5e8f17e4d3bf7f 4120cb1881/Final_Report_-_Sabre_Farelogix.pdf.

[4] 参见商务部公告 2012 年第 9 号：《关于附加限制性条件批准西部数据收购日立存储经营者集中反垄断审查决定的公告》，载原商务部反垄断局网 2012 年 3 月 2 日，http://fldj.mofcom.gov.cn/article/ztxx/201203/20120307993758.shtml。

[5] 有研究便关注了商业模式创新的重要性，参见 Rachel S. Tennis & Alexander Baier Schwab, *Business Model Innovation and Antitrust Law*, 29 Yale Journal on Regulation 307 (2012)。

如知识产权许可收益所占营收比例、技术或商业模式创新对营收的影响等。如果交易方的营收很大程度上源于创新驱动，执法部门便可以关注交易是否会导致创新竞争损害。

3. 交易特征

交易特征方面，我们可以重点关注交易目的或效果，考察交易是为了扩展市场、整合研发优势、获得特定数据集、扼杀潜在对手，还是为了阻碍新技术、新产品的推出。扼杀性收购、掐尖式并购等提法都是对交易目的或效果的描述，这些交易类型也是近年国内外理论界与实务界的关注热点。[1] 以扼杀性收购为例，执法部门需要关注交易是否消除了重要的竞争约束。被扼杀的竞争约束可能涉及不同竞争维度，包括价格、质量、创新等方面带来的竞争约束。如果要启动创新竞争损害的评估，则有必要先分析被收购方能否带来创新方面的竞争约束。需要指出的是，特定交易的真实意图并不好判断，这往往需要借助交易方的内部文件，有的交易属于被动防御策略，有些交易则属于主动的先发制人策略。此外，市场中的交易往往由各种因素驱动，除了寻求收购方的资源支持、应对破产危机等原因，被他方收购的可能性也是初创企业早期积极创新的重要动力之一。[2] 因此，需要警惕在经营者集中环节政府的过度干预反而产生抑制创新的结果。[3] 目前各国对于数字生态系统的构建非常重视，OECD 相关论坛便强调了数字生态系统的运营企业可以利用其在某个市场的市场势力进入相邻市场，这可能演变为新生的创新型企业的市场进入障碍。[4] 并购是形

〔1〕 扼杀性收购、掐尖式并购这些交易类型的划分无法直接融入传统的反垄断执法框架，这些交易涉及的实质问题应该是交易对传统的分析框架、反竞争效果以及损害理论带来哪些新的影响，应警惕研究过程中过度关注和强调交易的特定属性而脱离反垄断执法逻辑。

〔2〕 被收购的可能性也会带来负面激励，即企业的研发以未来的收购价值最大化而非创新价值最大化为导向。See Marc Bourreau & Alexandre de Streel, *Big Tech Acquisitions: Competition & Innovation Effects and EU Merger Control*, Centre on Regulation in Europe, 2020, p. 10 - 11.

〔3〕 一些潜在问题可以考虑交易完成后处理，比如加大滥用市场支配地位环节的执法力度。与我国《反垄断法》滥用市场支配地位规则不同，美国《谢尔曼法》第 2 条谋求与维持垄断地位的规定也可以规范已完成集中交易，FTC 会针对 Facebook 收购 Instagram(2012)和 WhatsApp(2014)的两起已完成交易提起的诉讼，便主要依据《谢尔曼法》而非《克莱顿法》。不过这种做法也引发质疑，有观点认为，事前经营者集中审查和事后垄断行为查处之间，反事实分析的方法根本不同，仅基于这一原因，法院就应该慎用《谢尔曼法》第2 条来处理经营者集中问题，参见 John M. Yun, *Are We Dropping the Crystal Ball? Understanding Nascent & PotentialCompetition in Antitrust*, 104 Marquette Law Review 613 (2021)。

〔4〕 See OECD, *Executive Summary of the Hearing on Competition Economics of Digital Ecosystems*, 2020.

成数字生态系统的重要途径,AAI 考察后发现,谷歌、微软、苹果、亚马逊以及 Facebook 这 5 家企业都是通过收购实现数字生态系统的构建的。[1] 如何进行反垄断审查,很大程度上取决于我们对数字生态系统正当边界的认识,而数字生态系统构建对创新的影响仍待更为深入的研究。最后需要指出的是,交易额可能是判断交易目的的重要辅助指标,如果被收购方营业额不高甚至亏损但交易额很高,执法部门可以重点关注交易对创新竞争等非价格竞争维度的影响。2020 年 11 月,在 DOJ 对交易提出质疑后,Visa 以 53 亿美元收购 Plaid 的提议被放弃。DOJ 表示,Visa 出于竞争策略而非财务投资原因向 Plaid 出价,交易额超过目标公司年收入的 50 倍,目的是保护 Visa 的借记业务未来不受 Plaid 的威胁。DOJ 认为该交易将消除一家颠覆性、创新性竞争对手,除了导致在线借记交易服务价格上涨外,该交易还会减少创新。[2]

四、创新竞争损害的评估思路

我们可以基于经营者集中交易的不同类型,结合横向交易与纵向交易[3]对创新竞争损害的评估思路进行梳理。此外,不同交易类型的案件中,实际竞争和潜在竞争以及产品创新和行业创新,则是个案评估中可能涉及的不同情形。

(一)横向交易与纵向交易

横向交易中,执法部门可以重点关注单边效应基础上的创新竞争损害评估。[4] 单边效应体现为横向交易可能使得集中后实体无须与竞争对手协调,

---

〔1〕 See Diana Moss, Gregory T. Gundlach & Riley T. Krotz, *Market Power and Digital Business Ecosystems*, American Antitrust Institute Paper, 2021, p.4.

〔2〕 See USA v. Visa Inc. et al., No. 3:20 - cv - 07810 (California Northern Court).

〔3〕 非横向交易包括纵向交易和混合交易,从各国执法实践看,涉及创新问题的非横向交易目前主要体现为纵向交易。针对混合交易的反垄断执法案例很少,具体到创新影响评估的案件更是罕见。我国 2009 年禁止的可口可乐收购汇源案属于混合交易,决定文书对创新影响有简单提及:“集中抑制了国内企业在果汁饮料市场参与竞争和自主创新的能力,给中国果汁饮料市场有效竞争格局造成不良影响,不利于中国果汁行业的持续健康发展”,这段分析非常原则,更接近简单的竞争外生评估。参见商务部公告 2009 年第 22 号:《关于禁止可口可乐公司收购中国汇源公司审查决定的公告》。

〔4〕 横向交易案件中大部分适用单边效应,适用协同效应的案件相对较少。从理论层面看,如果交易改变市场结构进而促使集中后实体与对手更容易合谋,则合谋内容可能涉及暂缓某类技术的改进等降低创新水平的垄断协议。

可以自行降低创新竞争水平且有利可图。在一些横向交易中，交易可能减弱集中后实体的竞争压力，降低其创新的动力，损害创新竞争。创新竞争水平的降低可以表现在降低现有产品研发的努力程度、停止既有研发项目、减少技术研发投入、减少开发新产品等方面。此外，数字市场中的特定交易类型带来了一些新的损害表现形式，比如扼杀性收购产生的“杀伤区”（kill zone）效应，即科技巨头的扼杀性收购使得市场进入率降低，减少了在目标产品市场运营的初创企业可获得的风险投资的供应。〔1〕

纵向交易涉及原料封锁和客户封锁，就创新竞争损害的评估而言，主要关注原料封锁对创新竞争的负面影响，〔2〕即在交易方控制创新相关的特定要素的情形下，评估由于交易对集中后实体的能力与动机产生的影响，集中后实体是否可能通过封锁特定要素进而阻碍下游竞争对手的创新活动，降低下游创新竞争的水平。在英特尔收购麦卡菲案中，欧盟委员会担心交易后英特尔有能力和动机阻碍与麦卡菲竞争的终端安全解决方案在英特尔主导的中央处理器（CPU）和芯片组上运行，这种封锁可能阻碍竞争对手在该市场进行创新。〔3〕在我国处理的微软收购诺基亚案中，在分析微软可能会凭借其安卓项目许可排除、限制中国智能手机市场竞争时，执法部门认为微软提高专利使用费将严重影响中国智能手机生产企业的研发投入和可持续发展。〔4〕

基于原料封锁评估创新竞争损害的纵向交易案件中，除了动机分析，执法部门可以重点关注对集中后实体封锁能力的评估，特别是关注集中后实体是否控制对下游市场创新活动有重大影响的特定原料或要素。如果交易方提供的原料在下游市场的创新竞争方面发挥重要作用，则对这类原料的封锁就可能损

---

〔1〕 杀伤区效应的相关实证研究可参见 Sai Krishna Kamepalli, Raghuram Rajan & Luigi Zingales, *Kill Zone*, National Bureau of Economic Research Working Paper No. w27146, 2020; Koski et al., *Killers on the Road of Emerging Start-Ups: Implications for Market Entry andVenture CapitalFinancing*, ETLA Working Paper No. 81, 2020。

〔2〕 从理论层面看，通过客户封锁也可能影响集中后实体的上游竞争对手的创新活动（如由于下游销量受影响导致上游研发投入不足），进而影响上游的创新竞争水平。

〔3〕 See European Commission, Case No. COMP/M. 5984 – Intel / Mcafee, Commission Decision of 26. 1. 2011.

〔4〕 商务部公告 2014 年第 24 号：《关于附加限制性条件批准微软收购诺基亚设备和服务业务案经营者集中反垄断审查决定的公告》，载原商务部反垄断局网 2014 年 4 月 8 日，http://fldj. mofcom. gov. cn/article/ztxx/201404/20140400542415. shtml。

害下游竞争对手的创新竞争力。与创新活动相关的原料，传统市场主要体现为知识产权（特别是专利）；数字市场则可能涉及平台、数据和算法，其原料封锁涉及降低特定平台的互操作性水平、限制特定数据集的获取等方式。在谷歌收购摩托罗拉案中，终端制造商必须依据安卓系统对产品进行设计开发，软件开发商则依据安卓系统进行研发，中国执法部门认为，谷歌如果在此项集中完成后改变安卓系统目前免费、开源的商业模式，将对相关各方产生重大不利影响。[1] 在微软收购领英案中，有投诉方主张，领英的完整数据，包括但不限于通过销售导航器（sales navigator）展示的数据，会成为实现客户关系管理软件解决方案的某些高级功能所需的机器学习的一种重要的原料。投诉方认为交易后微软可能会限制竞争性第三方获得客户关系管理软件解决方案所需的领英的完整数据，从而让客户关系管理软件解决方案的竞争对手更难参与竞争，这也会加大市场创新的难度。欧盟委员会经过分析，认为领英的完整数据或数据子集并不会成为，也不可能在未来 20 ~ 30 年内成为适用于客户关系管理软件解决方案的机器学习所需的一种重要原料，最终认为该交易不会出现原料封锁方面的竞争问题。[2]

（二）实际竞争与潜在竞争

实际竞争与潜在竞争是把握竞争属性的重要角度，创新竞争损害的评估可能涉及实际创新竞争损害和潜在创新竞争损害。数字市场中，在位企业市场力量受到网络效应等市场特征的巩固和维系，使得潜在竞争对在位企业施加的竞争约束成为确保市场有效竞争的关键性力量，因此这类市场中潜在竞争的维系尤其值得重视。需要注意的是，从国内外文献与规则设计来看，对实际竞争与潜在竞争的内涵存在不同理解，因此有必要先就概念的使用和统一问题作一梳理。

美国 1982 年《合并指南》将潜在竞争区分为“可感知潜在竞争”（perceived

---

〔1〕 商务部公告 2012 年第 25 号：《关于附加限制性条件批准谷歌收购摩托罗拉移动经营者集中反垄断审查决定的公告》，载原商务部反垄断局网 2012 年 5 月 19 日，http://fldj.mofcom.gov.cn/article/ztxx/201205/20120508134324.shtml。

〔2〕 韩伟：《数据驱动型并购的反垄断审查——以欧盟微软收购领英案为例》，载《竞争法律与政策评论》2017 年第 00 期。

potential competition)和“实质潜在竞争”(actual potential competition)。[1] 前者指特定的市场进入还未发生,但其带来的竞争约束已被市场中的经营者感知,不过这种竞争约束仍是“潜在的”;后者则指潜在进入者产生的竞争约束还未对市场中经营者的行为造成影响,但预计这种竞争约束未来会带来实质影响。OECD 在 2021 年发布的《潜在竞争的概念》报告中指出,“可感知潜在竞争”应该被视为实际竞争,因为其已经提供了实际的竞争约束;该报告所指的潜在竞争只针对“实质潜在竞争”,即那些对市场内企业的竞争约束尚未出现但未来可能会出现的情形。[2] 英国 2021 年《合并评估指南》所称的潜在竞争损失,指如果交易不发生,交易一方或各方本来可以通过市场进入或进行市场扩张,带来交易方之间新的或增加的竞争;该指南将涉及潜在竞争者的集中对竞争的损害区分为两类,即“动态竞争”(dynamic competition)损害和“未来竞争”(future competition)损害。[3]

目前国内学术文献已出现潜在竞争、动态竞争、未来竞争等概念,但这些概念在中文领域仍未形成清晰的内涵和统一的理解。从国内的法律、政策用语来看,《反垄断法》并不存在潜在竞争这一概念,但《关于评估经营者集中竞争影响的暂行规定》(已失效)等规则已出现“潜在竞争者”的提法,一些执法决定中也出现了“潜在竞争”的措辞。考虑到中文语境下的潜在竞争者一般被理解为尚未进入相关市场,所以 OECD 将“可感知潜在竞争”视为实际竞争的思路对我国而言并不可取,容易造成理解与交流的障碍。结合中文措辞习惯,为更好地衔接当前法律、政策用语,建议在日后反垄断规则的细化过程中,可以将是否已经实际进入相关市场明确作为实际竞争与潜在竞争的区分标准。对于还未进入相关市场的情形,可以考虑进一步区分为“可感知潜在竞争”和“未来潜在竞争”。[4] 相应地,在评估创新竞争损害时,可以区分评估“实际创新竞争损

---

〔1〕 See DOJ & FTC, *Merger Guidelines*, 1982, p. 21.

〔2〕 See OECD, *Concept of Potential Competition*, OECD Competition Committee Discussion Paper, 2021, p. 9.

〔3〕 See CMA, *Merger Assessment Guidelines*, 2021, p. 40 – 45.

〔4〕 这种分类沿用了美国 1982 年《合并指南》的分类方式并参考英国 2021 年《合并评估指南》的措辞,因为“未来潜在竞争”较之“实质潜在竞争”,中文语境下更能体现这类潜在竞争约束的不确定性。

害”和“潜在创新竞争损害”，[1]后者结合个案情形可进一步区分“可感知潜在创新竞争损害”和“未来潜在创新竞争损害”。

基于上述概念梳理，在我国处理的一些横向交易中，执法部门主要关注交易方之间的实际创新竞争。在西部数据收购日立存储案中，我国执法部门调查发现，交易双方都是硬盘市场重要的生产商，且均是相关市场内的重要创新者。该项集中将增强交易双方通过推迟新产品投入市场的时间、延长原有产品生命周期等方式放缓创新速度的可能性。[2] 我国也有部分案件涉及交易双方仍处于潜在创新竞争关系，但主要涉及可感知潜在竞争。在联合技术收购罗克韦尔柯林斯案中，执法部门认为在全球供氧系统市场，该交易将消除潜在竞争，进一步巩固罗克韦尔柯林斯已有的市场支配地位。交易前联合技术正在研发自己的供氧系统产品，该产品与市场现有产品相比具有明显的技术进步特征，该交易直接消除了这一潜在竞争对手，巩固了罗克韦尔柯林斯的市场控制力，可能降低联合技术对其正在研发的创新性同类产品的研发投入和商业化动机，延缓新产品的上市速度，对市场竞争和技术进步产生不利影响。[3] 在禁止虎牙与斗鱼合并案中，执法部门认为交易后腾讯在上下游市场形成闭环，排挤现有竞争对手、扼杀潜在竞争对手，[4]但该案提及的潜在竞争对手的含义则不清晰。

(三)产品创新与行业创新

创新竞争受损还可以区分为特定产品相关的创新竞争受损，以及不涉及特定产品的市场或行业层面的创新竞争受损。在具体案件中，针对特定交易的创

---

[1] 由于我国采取事前强制申报制度(有别于英国等采取自愿申报制度的国家)，正常情况下反垄断执法部门评估特定经营者集中交易时，交易相关的反竞争效果并未发生，因此对交易导致的反竞争效果一般笼统表述为“潜在”反竞争效果。需要注意的是，经营者集中可能导致的“潜在”反竞争效果与特定交易涉及的潜在竞争中的“潜在”具有不同含义，适用于不同语境。也就是说，经营者集中导致的“潜在反竞争效果”，既可能涉及对“实际竞争”的损害，也可能涉及对“潜在竞争”的损害。

[2] 参见商务部公告2012年第9号:《关于附加限制性条件批准西部数据收购日立存储经营者集中反垄断审查决定的公告》，载原商务部反垄断局网2012年3月2日，http://fldj. mofcom. gov. cn/article/ztxx/201203/20120307993758. shtml。

[3] 参见市场监管总局:《关于附加限制性条件批准联合技术公司收购罗克韦尔柯林斯公司股权案反垄断审查决定的公告》，载国家市场监督管理总局反垄断执法一司网2018年11月23日，https://www. samr. gov. cn/cms_files/filemanager/samr/www/samrnew/fldys/tzgg/ftj/202204/t20220424_342131. html。

[4] 参见市场监管总局:《关于禁止虎牙公司与斗鱼国际控股有限公司合并案反垄断审查决定的公告》，载国家市场监督管理总局反垄断执法一司网2021年7月10日，https://www. samr. gov. cn/cms_files/filemanager/samr/www/samrnew/fldys/tzgg/ftj/202204/t20220424_342157. html。

新影响,执法部门可能仅基于传统路径聚焦特定产品相关的创新竞争损害,也可能进一步拓展到不涉及具体产品的市场或行业层面的创新竞争损害。从各国执法部门对创新的关注范围来看,整体而言经历了不断拓展的过程。从传统角度来看,经营者集中反垄断审查针对创新的影响,重点关注的是正在研发的产品(往往处于研发后期)所体现的创新,后来逐渐涉及还未形成的产品;最新的损害理论,关注的则是交易对行业整体研发水平的影响,而不仅局限于特定的产品。在 FTC 2009 年禁止的 Thoratec 收购 Heartware 案中,便涉及一种特定的产品,即左心室辅助装置(LVAD)方面的创新竞争。[1] 在应用材料合并东京电子案中,交易双方是全球最大的两家半导体芯片制造工具供应商,该交易因为 DOJ 的反对最终放弃。DOJ 的调查表明,应用材料和东京电子是最有能力开发和制造用于大批量生产的前沿半导体工具的两家公司。除了双方在具体工具方面存在一定重叠外,执法部门还担心双方重叠的创新能力。由于交易方独特的资产、经验和业绩记录,双方往往是满足领先半导体制造商需求的最优的两个选择。因此,DOJ 认为该交易将消除双方之间的竞争。[2] 欧盟 2012 年禁止的德意志证券交易所与纽约泛欧证券交易所合并案并未强调特定产品的创新,欧盟委员会认为交易将削弱交易双方在技术、工艺和市场设计等"上游水平"(upstream level)的创新动力,导致金融衍生品市场的客户可获得的创新减少。[3] 欧盟附条件批准的陶氏合并杜邦案中,执法部门则提出了交易对行业整体创新水平造成损害的担忧。欧盟委员会认为,该交易会在作物保护领域以及整个行业层面严重损害若干创新空间(innovation spaces)中的创新竞争。[4] 该案也引发了一些争议,包括担心损害理论的不断拓展会动摇欧盟竞争法的确定性。[5]

---

〔1〕 See FTC Complaint, Thoratec Corp. & Heart Ware Int'l, No. 9339, July 30, 2009.

〔2〕 See DOJ, *Applied Materials Inc. and Tokyo Electron Ltd. Abandon Merger Plans After Justice Department Rejected Their Proposed Remedy*, justice. gov (April. 27, 2015), https://www. justice. gov/opa/pr/applied-materials-inc-and-tokyo-electron-ltd-abandon-merger-plans-after-justice-department.

〔3〕 See European Commission, Case No COMP/. 6166 – Deutsche Börse/Nyse Euronext, Commission Decision of 1.2.2012.

〔4〕 See European Commission, Case M.7932 – Dow/Dupont, Commission Decision of 27.3.2017.

〔5〕 See Mario Todino, Geoffroy van de Walle& Lucia Stoican, *EU Merger Control and Harm toInnovation—A Long Walk toFreedom (from the Chainsof Causation)*, 64 The Antitrust Bulletin 11 (2019).

从我国相关案件来看,执法部门比较谨慎,主要考虑了特定产品相关的创新影响。比如希捷收购三星案和西部数据收购日立存储案,执法部门针对创新问题的关注都聚焦于硬盘产品的创新。恩智浦收购飞思卡尔案,执法部门关注的是围绕射频功率晶体管产品的创新减损。贝克顿合并巴德案,执法部门则关注交易给粗针穿刺活检器械的技术进步带来负面影响。值得注意的是,我国处理的拜耳收购孟山都案同时涉及产品层面和行业层面的创新。该案执法部门除了关注交易对玉米、大豆、棉花、油菜性状市场技术进步产生的负面影响外,还分析了全球数字农业市场的相关问题,认为交易可能对数字农业创新带来不利影响。执法部门认为,交易前双方分别为数字农业市场重要的创新力量,研发投入大、创新能力强,交易后,拜耳可能减少创新投入,从而对技术进步产生不利影响,同时,交易也可能增加拜耳通过提高技术门槛阻碍市场创新的风险。执法部门就该交易对数字农业市场创新的分析不涉及具体产品层面的创新,更接近从行业层面去考虑交易对创新水平的损害。

(四)损害评估中的不确定性

创新竞争损害的评估可能面临较为明显的不确定性问题。这在很大程度上源于创新活动在成本、时间、商业上成功的可能性和实现程度方面固有的不确定性,对创新进行衡量和将创新转化为某种福利标准面临的困难,以及交易方与执法部门之间的信息不对称性。[1] 具体而言,一方面,涉及创新竞争的反事实比对面临更大不确定性;另一方面,涉及潜在竞争以及行业创新的案件,其评估难度使得不确定性也会大大提升。CMA 委托的回溯分析项目"数字市场合并控制执法事后评估"的最终报告便指出:"确定一项交易的反事实假设非常复杂,当交易一方是处于发展初期的年轻公司时尤其如此。执法部门需要去接受反事实假设中更多的不确定性。即使加强可用工具之后,对于评估交易所选择的反事实假设,也总会存在一定程度的不确定性。未来计划,无论多么谨慎地制订,总会受到不可预见的市场事件的影响。"[2] 针对谷歌收购威兹(Google 收购 Waze)、Facebook 收购 Instagram 等被无条件批准的交易,该项研

---

〔1〕 See Ariel Ezrachi & Maurice E. Stucke, *Digitalisation and its Impact on Innovation*, European Commission,2020.

〔2〕 韩伟、高雅洁:《英国 2019 年〈数字市场合并控制执法事后评估〉报告》,载《竞争政策研究》2019 年第 3 期。

究最终也承认无法判断这些交易如果被禁止,市场会如何发展。

针对经营者集中创新影响的反垄断审查,尽管有部分学者担忧执法部门过度依赖不成熟的理论,且对证据的要求过度放松[1],但从国际趋势看,近年反垄断执法部门对于这方面不确定性的容忍度似乎有所提升,这很大程度上是因为近年多国对数字经济环境下反垄断执法不足的担忧。比如欧盟2019年的《数字时代竞争政策报告》指出,数字市场的一些特征改变了错误成本与实施成本之间的平衡,因此可能需要对已确立的测试方法进行修改。[2] 英国2021年《合并评估指南》针对创新相关的动态竞争损害,便设定了较低的认定标准,该指南规定:“在交易不发生的情形下,投资与创新活动的结果存在不确定性,包括交易方的投资能否最终实现向客户提供产品或服务。然而,动态竞争过程结果的不确定性,并不妨碍执法部门评估交易对该动态过程的影响。动态竞争过程可以增加新的创新或者提供新产品的可能性,这对于当前状态也具有经济价值。”

在这种反垄断执法更为积极的环境下,针对创新竞争损害等非价格竞争效应的评估,各国执法部门对于不确定性的态度可能更为激进。为降低不确定性,执法部门应充分运用各种证据。有学者便主张,反竞争意图方面的证据有助于区分有益收购与反竞争性收购的难题。[3] AAI也建议应重视各种形式证据的证明价值,尤其在涉及收购新兴对手的交易中应关注主观意图证据的作用。[4] 考虑到信息不对称,举证责任方面的规则变化,包括可反驳反竞争效果推定规则的建立,也是值得关注的问题。芝加哥大学的一份研究便指出,数字行业的大型科技公司和反垄断机构之间在技术和市场演化方面的信息不对称程度可能比其他行业更高。在这种情况下,建立可反驳的反竞争效果推定规则

---

〔1〕 See Nicolas Petit, *Innovation Competition*, *Unilateral Effectsand Merger Policy*, 82 Antitrust Law Journal 873 (2019).

〔2〕 参见韩伟、高雅洁:《欧盟2019年〈数字时代竞争政策报告〉》,载《竞争政策研究》2019年第4期。

〔3〕 See C. Scott Hemphill & Tim Wu, *Nascent Competitors*, 168 University of Pennsy lvania Law Review 1879 (2020).

〔4〕 See AAI, *Comments of the Request for Information on Merger Enforcement of DOJ and FTC*, 2022, p. 12.

可以让信息优势方披露信息,从而减少信息不对称。[1]

值得注意的是,不同国家的执法经验、执法资源存在差异,因此对不确定性的容忍度也存在区别。此外,干预不足的风险高低也和不同国家的市场发展现状直接相关。就我国而言,一方面,《反垄断法》及配套规则相对原则,创新竞争损害评估的执法经验有限;另一方面,以腾讯收购中国音乐案和虎牙合并斗鱼案为代表的大量集中交易又提示了干预不足的风险,因此执法部门要合理把握评估中面临的不确定性问题。从避免干预不足的角度来看,在涉及潜在竞争评估的案件中,对于可感知潜在竞争,执法部门可以适当提升不确定性容忍度。从警惕过度干预的角度来看,对于未来潜在竞争,由于其不确定性更为明显,认定这类反竞争效果时执法部门需要非常的慎重。尤其是涉及行业层面创新的未来潜在竞争损害,现阶段我国执法部门应该尽量避免这种高度不确定的损害理论的适用。

五、结语

作为保障市场竞争机制有效运行的基础法,《反垄断法》在促进创新方面可以发挥重要的作用。尽管《反垄断法》修订后在第 1 条增加了"鼓励创新"的表述,[2]但是"保护市场公平竞争"作为该法核心目的的地位也不能动摇。随着数字经济的发展,经营者集中对创新造成的潜在负面影响已引发全球主要反垄断辖区的高度关注。由于《反垄断法》修订并未对旧法第 27 条(新法第 33 条)进行调整,因此我国经营者集中案件考虑创新问题的依据仍是"技术进步"的相关规定。创新的内涵比技术进步更为广泛(创新还涉及商业模式等其他方面),为确保《反垄断法》更好地回应经济发展,特定案件能够更为全面地评估对创新的影响,新《反垄断法》实际上仍有完善的空间,目前只能对新法"技术进步"的规定维持扩张性解释。下一次修订时,立法部门可以考虑将新法第 33 条第 3 项的规定调整为"经营者集中对市场进入、技术进步和创新的影响",即在"技术进步"的基础上增加"创新"这一带有兜底属性的表述。在此基础

---

〔1〕 See Stigler Center of University of Chicago, *Final Report of Stigler Committee on Digital Platforms*, 2019, p. 98.

〔2〕 考虑到《反垄断法》有别于知识产权法律制度对创新发挥作用的机理差异,"促进创新"较"鼓励创新"的表述更为合适。

上,再基于下位规章和配套指南的充实,为创新竞争损害的评估提供更全面的规则支持,这也可以从具体反垄断制度的角度更好地体现立法目的中的“鼓励创新”。

为确保《反垄断法》功能定位的稳定,我国应采用竞争内生模式,将创新作为具体竞争维度之一纳入传统竞争评估框架,关注交易对市场的创新竞争机制是否产生负面影响。特定案件中评估创新竞争损害的目的是确认交易不发生情形下市场本来应该体现的创新竞争水平是否因交易严重受损。并非所有交易都需要评估创新竞争损害,执法部门可以通过交易相关市场、交易方以及交易的特征,来判断是否需要评估交易的创新竞争损害。横向交易中的单边效应与纵向交易中的原料封锁是评估创新竞争损害的主要损害理论基础,实际竞争和潜在竞争以及产品创新和行业创新则是个案可能涉及的不同情形。最后,在确定存在问题的经营者集中执法决定文书中,我国执法部门可以考虑在现行文书模板的“竞争分析”部分,从体例上适当区分概括损害和具体损害这两个层次,将创新竞争损害的分析进行更为详细的说明。

第四章　竞争损害的效率抗辩

经营者集中往往利弊兼具，执法部门在认定特定交易的竞争损害后，需要充分重视交易可能带来的积极影响，尊重交易方的抗辩权利。就经营者集中相关的抗辩理由而言，效率抗辩、破产抗辩[1]与公共利益抗辩是最为重要的几个类型。效率抗辩作为交易方最为重视的抗辩类型，在可操作性方面一直面临诸多挑战，数字经济发展使得效率抗辩（特别是动态效率抗辩）更为复杂，本章针对经营者集中领域的效率抗辩问题作一梳理。

第一节　概　况

一、效率的类型

在反垄断语境下，关注的效率类型包括静态效率与动态效率，此外还存在其他的分类方式。

（一）静态效率

在考虑静态效率时，市场中的企业以及消费者都是在一个特定的时点被观察。生产特定产品的技术也被假定为固定的，即不会发生变化。静态效率可进一步分

---

〔1〕　参见《破产企业抗辩》，袁嘉译，载韩伟主编：《OECD 竞争政策圆桌论坛报告选译》，法律出版社 2015 年版，第 196 页。

为两类:分配效率和生产效率。当市场将社会资源分配给在所有竞争性使用者中能够将资源价值发挥到最大的那些使用者时,我们一般就可以说该市场实现了分配效率。生产效率是指一个企业在特定时点,能够利用必要投入要素组合(如劳动力、资本、原材料)以最小化的生产成本去生产既定数量的产品。此外,一般认为,垄断者不仅在分配效率上是低下的,其生产效率也不高,这是因为垄断者没有面临其他对手的竞争,其管理层缺乏动机去最小化生产成本,即勒伯斯坦(Leibenstein)提出的X无效率(X-inefficiency)。[1]

(二)动态效率

动态效率指企业有能力与动机去开发新产品或生产新工艺(或改进既存产品或工艺),即"去推进生产效率向前发展"。[2] 与静态效率相反,因为动态效率与创新、干中学(learning by doing)、研发行为相关,所以它们要经历一段时间后才能展现其效果。

在多种动态效率中,创新效率是理论界关注的重点。如本书第三章第四节所述,竞争内生评估模式下,执法部门会重点关注是否因为交易方之间的创新竞争减少进而损害市场创新水平。但不可否认的是,有些合并交易同时又可能带来创新方面的增进。因此,考虑到创新与竞争的复杂关系,执法部门在进行创新竞争方面的反竞争效果认定后,还应充分尊重交易方的抗辩,特别是作为动态效率的创新效率抗辩。实践中,一些交易经常会带来创新方面的效率,比如交易可能使得研发活动中整合交易方的互补资产,或以其他方式减少创新的增量成本。美国2010年《横向合并指南》指出,"当评估一项交易对创新的影响时,执法部门会考虑集中后实体更为有效地实施研发的能力。这类效率可能激励创新,但不会影响短期的定价"[3]。创新效率要获得执法部门的认可,往往需要满足可证实、合并特有、能够传递给消费者这几个要件。[4] 由于这些证明标准太高,也有观点认为效率应该与反竞争效果的认定同时进行,而不是在

---

[1] See Leibenstein H., *Allocative Efficiency vs. "X-Efficiency"*, 56 American Economic Review 392 (1996).

[2] Motta M., *Competition Policy: Theory and Practice*, Cambridge University Press, 2004, p. 55.

[3] 韩伟主编:《美欧反垄断新规选编》,法律出版社2016年版,第352页。

[4] 参见韩伟、高雅洁:《〈欧盟合并控制与创新〉竞争政策简报》,载《竞争政策研究》2019年第2期。

确定反竞争效果之后再分析。[1] 从全球执法实践来看,效率在合并反垄断审查中很少起决定性作用,对合并效率的经济分析也远远落后于对反竞争效果的经济分析。[2]

(三)交易效率

除了静态效率(分配效率、生产效率)和动态效率外,有学者还提出了另一种效率,即交易效率。[3] 依据交易成本经济学原理,这些效率让企业降低他们与商业伙伴之间发生的交易成本,从而促进其他类型效率的实现。比如,企业之间的合并以及其他形式的深度合作(如研发和生产企业合营)能够从实现交易效率的角度去解释。有时企业倾向于绕开市场,将不同市场主体间的交易内部化,从而避免复杂的合同,因为这些合同的达成往往需要更高的设计与执行成本。依据这种观点,大部分纵向合并的动机不仅仅是追求更大的分配效率(通过消除双重加价来实现),更多是为了追求交易成本的降低。

二、效率抗辩在反垄断执法中的适用

依据 2012 年 OECD 组织的一次讨论"反垄断执法中的效率主张"的论坛[4]的梳理,尽管效率以及效率主张已经被讨论了数十年,但在反垄断执法中效率因素仍然很少发挥重要的作用。尽管如此,效率在各国竞争法中的地位还是在逐步提升,这体现在不同反垄断辖区的一些合并案件的决定当中,也体现在滥用市场支配地位案件中效率主张越来越多地被提出。

尽管很多反垄断辖区都在合并控制中认可效率主张,但明确效率主张的相关规则仍不多见。即使一些反垄断辖区的法律体系没有明确效率主张,但在基于各国竞争法律的相关规定进行个案分析时,效率考量也扮演着实际角色。比如,德国在部长规制权方面,便存在对效率一定范围的考虑。此外,"严重妨碍有效竞争标准"(SIEC 标准)进一步推进了以反竞争效果为基础的合并评估方

---

〔1〕 See Marc Bourreau & Alexandre de Streel, *Big Tech Acquisitions: Competition & Innovation Effects and EU Merger Control*, Centre on Regulation in Europe, 2020.

〔2〕 See Louis Kaplow, *Efficiencies in Merger Analysis*, 83 Antitrust Law Journal 557 (2021).

〔3〕 See Williamson O. E., *Economies as an Antitrust Defense Revisited*, 125 University of Pennsylvania Law Review 699 (1977).

〔4〕 See OECD, *Policy Roundtables: The Role of Efficiency Claims in Antitrust Proceedings*, 2012.

法,使得更多的效率主张可能发生。

即使在那些效率主张被明确认可的反垄断辖区,也存在一些问题。

第一,程序方面,在分析效率与反竞争效果时可能存在不对称的问题——效率主张应当被视为一种效率抗辩(efficiency defence)还是效率辩驳(efficiency rebuttal)。效率抗辩可能是两阶段程序的组成部分,即当第一阶段发现合并具有反竞争效果时,再进入第二阶段检验是否能够基于效率进行抗辩。也就是说,效率被视为反竞争效果的平衡因素。这就存在一种风险,即如果没有反竞争效果,则效率分析就没有必要。相反,在效率辩驳中,关于效率主张的证据,与其他免责性的要素一起(如市场进入证据),被纳入整体竞争影响分析当中。[1] 有学者指出,二者的区别在于,效率抗辩应用于总剩余(total surplus)标准,而效率辩驳应用于消费者剩余(consumer surplus)标准。[2] 但其他观点指出,其实效率辩驳也应用于总剩余标准下,效率辩驳与效率抗辩的主要区别在于二者应用的程序上。一般而言,效率获得能够转化为合并企业的预期利润(提高生产者剩余),效率抗辩意味着在福利标准中给予了生产者剩余充分的权重。在社会福利净效应转变为负之前,生产者剩余的权重越高意味着消费者剩余下降得越多。[3]

第二,交易方(承担效率的举证责任)可能很难实现举证。这是因为提供有关合并可能产生的效率方面的清晰、量化的证据是非常困难的。

第三,还存在交易产生的固定成本效率的可信度问题。在评估企业的市场支配地位时,一些反垄断辖区会采用包含固定成本要素的长期平均增量成本(LRAIC)或者平均可避免成本(AAC)测试。在经营者集中案件中,则更倾向于评估可变成本。因此,有必要回溯性地检验被批准的合并的固定成本效率。这将有助于探究执法部门为什么不接受长远来看所有成本都是边际成本的看法,以及为什么对固定成本效率与边际成本效率持有不同的态度。

第四,值得关注的问题还包括如何对待动态效率。理论文献提供了一些例

---

〔1〕 See OECD, *Policy Roundtables*: *The Role of Efficiency Claims in Antitrust Proceedings*, 2012.

〔2〕 See De la Mano, *For the Consumer's Sake*: *The Competitive Effects of Efficiencies in European Merger Control*, EC Enterprise Paper No. 11 (2002).

〔3〕 参见余东华、刘晓燕:《横向并购评估审查中效率抗辩研究综述》,载《产业经济评论》2013 年第 2 期。

证去支持这样一种观点,即动态效率比静态效率具有更大的潜力去增进消费者利益。实践中,各个反垄断辖区的执法部门也开始在部分经营者集中案件中考量以创新为代表的动态效率。比如,美国 Genzyme 收购 Novazyme 案[1]便表明,动态效率已经逐渐被纳入考量范围。此外,欧洲地区的执法实践也正朝着这个方向发展。在欧盟 2008 年无条件批准的汤姆汤姆收购奥特拉斯(TomTom 收购 Tele Atlas)案中,创新效率得到了部分认可。该交易发生在导航系统生产商与数字地图开发商之间。交易方认为,交易后从 TomTom 的用户那里获得的信息,可用于改善 Tele Atlas 地图创建的质量和时效性,因此交易会带来显著的创新效率。欧盟委员会承认,这些创新相关效率至少部分属于合并特有,且能给消费者带来利益。[2] 在欧洲卫星公司合并数字播放公司(SES 合并 DPC)案中,尽管德国卡特尔局确定合并后实体的市场支配地位会加强,但最终还是批准了该交易,德国卡特尔局认为,该交易将极大地改善付费电视终端客户市场的竞争条件。交易后技术平台的开放,将使得替代性付费电视产品进入市场,这可以提升产品创新的激励与可能性。[3] 我国《经营者集中审查暂行规定》(已失效)第 27 条第 2 项也指出,评估经营者集中对技术进步的影响还要考虑技术资源整合等方面的影响。[4] 在日月光收购矽品案[5]中,中国执法部门认定,半导体封测行业技术受创新驱动明显,该交易将进一步整合日月光和矽品的研发优势,未来在新技术产品的研发、推广和开拓市场方面,

---

[1] See FTC, *FTC Closes its Investigation of Genzyme Corporation's* 2001 *Acquisition of Novazyme Pharmaceuticals, Inc.*, ftc. gov (January. 13, 2004), https://www. ftc. gov/news-events/news/press-releases/2004/01/ftc-closes-its-investigation-genzyme-corporations-2001-acquisition-novazyme-pharmaceuticals-inc.

[2] See European Commission, Case No COMP/M. 4854 – TomTom/Tele Atlas., Commission Decision of 14.5.2008.

[3] See Bundeskartellamt, *Innovations-Challenges for Competition Law Practice*, November 2017, https://www. bundeskartellamt. de/SharedDocs/Publikation/EN/Schriftenreihe_Digitales_II. pdf? __blob = publicationFile&v = 3.

[4] 国家市场监督管理总局 2023 年发布的《经营者集中审查规定》替代了暂行规定,新规定第 34 条指出,评估经营者集中对技术进步的影响,可以考虑经营者集中对技术创新动力和能力、技术研发投入和利用、技术资源整合等方面的影响。

[5] 参见商务部公告 2017 年第 81 号:《关于附加限制性条件批准日月光半导体制造股份有限公司收购矽品精密工业股份有限公司股权案经营者集中反垄断审查决定的公告》,载原商务部反垄断局网 2017 年 11 月 24 日,http://fldj. mofcom. gov. cn/article/ztxx/201711/20171102675701. shtml。

口月光可能凭借双方合力进一步扩大与其他竞争者的差距。[1]

第五,还有涉及经营者集中特有性相关的问题。从理论上来看,交易方之间可以通过合同的方式来整合资源,进行合作。一些反垄断辖区(如澳大利亚)的竞争执法部门不去考虑特定交易是否会实现可能的净公共利益,而是考虑如果拟议交易不发生,可预期的未来是否可能出现拟议交易的其他替代方式。因此,如果因为缺乏市场动机或其他原因使得假定的行为不可能发生,或者与假定情形相比涉案行为将产生效率,则交易可能会被准许。

第六,效率会在不同的执法程序中被考虑。在英国,经营者集中相关的效率主张,可能会在竞争效应分析阶段或者在合并救济阶段,以相关消费者利益的形式被考虑。在很多案件中,当效率非常明确时,它们作为救济方案的一部分会被重点考虑。

第七,在一些案件中,基于效率考量或者其他客观的正当性抗辩,使得一些导致企业获得垄断地位或类似垄断地位的合并交易被批准。比如,哥伦比亚竞争执法部门同意了 6 家企业的一项合并,尽管该项决定使交易后企业的市场份额将达到 85.7%。该决定便是基于企业提议的运营模式,并考虑到产品价格受到一家公共机构的规制,此外还考虑了国家的经济利益。[2] 新西兰竞争执法部门也批准了一起形成垄断力量的合并,该决定主要基于生产效率以及与规模经济和成本节省相关的效率。[3]

第二节 动态效率及适用挑战

在数字经济背景下,相较于静态效率抗辩,动态效率抗辩会变得越来越重要,本节就经营者集中反垄断审查中的动态效率抗辩问题以及其面临的主要挑

---

〔1〕 执法决定的这段描述实际是在说明集中后实体市场力量会进一步提升,但这段分析同时也体现了交易可能带来的创新方面的效率改进。

〔2〕 See OECD, *Policy Roundtables: The Role of Efficiency Claims in Antitrust Proceedings*, 2012, p. 293.

〔3〕 See Cavalier Wool Holdings Ltd and New Zealand Wool Services International Ltd (Commerce Commission Decision No. 725, 28 September 2011).

战作一梳理。

一、动态效率的类型

(一)整合互补性分销或营销资产

一些纵向集中可能会通过某种方式将互补性资产聚合在一起,使得消费者能够更快地获取其产品。比如凭借整合后企业更大的地理覆盖区域,改进产品的分销渠道,或者将一个拥有优秀研发项目的企业与一个营销方面做得很出色的企业进行整合而产生利益。

(二)消除重复的研发

如果两家集中企业正在对同一研究进行投资,则经营者集中明显会带来潜在的成本节省。如果集中后的企业利用那些节省下来的资金去资助其他创新项目,动态效率就可能会发生。但这种主张存在一些问题。首先,尽管两家企业可能试图去达到相同的结果,但他们的研究方法与思路可能不同。因为一家的思路与方法可能优于另一家,所以确保两个项目分别进行,以及同时资助两个项目进行而不是冒险消除错误的项目,是具有一定价值的。因此,重要的是去核实两个被称为重复的研发项目是否真正重复,不仅仅是目标上的重复,还有方法上的重复。其次,经营者集中可能导致的是两家企业研发努力背后的驱动因素的丧失,这也可能导致竞争损害。如果是这样,集中后的企业可能丧失继续研发的部分或全部动力,或者选择不那么积极地进行研发。

(三)研发的规模经济与范围经济

当两家企业的研发项目被整合后,如果项目仍然各自保留,那么他们的研发资产的利用率可能会更高。比如,一个项目可能能够使用另一企业实验室的部分设备,但是这些设备第一家企业可能认为太过昂贵而不会单独购买。此外,当两个项目都可以利用某一新设备,但每家企业单独肯定认为不值得购买该工具时,经营者集中将为购买这一工具提供正当性。还有一种可能性(也许是最为常见的),即两家企业拥有互补性研发资产时,可以通过合并降低交易成本。

(四)增加用于研发的财务资源

当企业的财务资源整合时,基于各种原因,企业可能会承担更多的研究项目。作为一个更大的实体,集中后的企业可能有更多的机会进入资本市场,或者能够以更低的利率借贷。由于资金成本较低,企业总体上可以负担得起更多的研究项目。如果是这样,企业可能会在研究设备、设施和人员上投入更多的资金,也可能愿意为预期回报略低的项目提供资金。此外,如果经营者集中涉及一个手头有大量现金的大企业和一个没有多少资金的小型研究型企业,那么经营者集中的重要意义可能是为小企业的研发工作提供资金——特别是当大企业能够充分理解并评估小企业的想法的潜在价值时。

当然,这种影响并不适用于所有情况,而应当采取基于事实、具体情况具体分析的方法,去评估这种影响发生的可能性,因为目前尚不清楚,企业规模越大就会带来越多创新的观点是否正确。有一些研究表明,研发活动确实与企业规模成正比,但只是在一定程度上。另有一些研究则表明,企业规模仅与研发相关,而不是因果关系,其他因素才是研发活动的真正驱动因素。[1] 还有一些研究表明,在创造专利方面,大企业并不比小企业更有生产力,而专利是衡量创新的一种标准。事实上,基于每个员工的平均专利产出和每笔研发的平均支出,小企业实际上比大企业产生了更多的创新。[2] 与财务资源相关的另一种观点是,一些合并实际上造成了现金流紧缩,最终减少了研发投资。例如,在高杠杆收购中就可能会发生这种情况。[3]

(五)干中学

干中学是指企业对于正在进行的事情,因为经验积累而可以做得更好。随着时间的流逝,企业可能学会新的方法去降低其成本或者对其产品进行改进。

(六)共同利用知识产权

一般情况下,知识产权的充分利用可以通过许可协议实现。但是,在有些情况下,经营者集中可能是说服一家企业将其知识产权与其他企业进行分享的

[1] See Richard Levin, Wesley Cohen & David Mowery, *R &D Appropriability, Opportunity, and Market Structure: New Evidence on Some Schumpeterian Hypotheses*, 75 American Economic Review Proceedings 20 (1985); Wesley Cohen & Richard Levin, *Empirical Studies of Innovation and Market Structure*, in Richard Schmalensee and Robert Willig eds., 2 Handbook of Industrial Organization 1059 (1989).

[2] See Michael Katz & Howard Shelanski, *Mergers and Innovation*, 74 Antitrust Law Journal 1 (2007) [citing Zoltan Acs & David Audretsch, *R & D, Firm Size and Innovative Activity*, in Acs and Audretsch eds., Innovation and Technological Change: An International Comparison (1991)].

[3] See Bronwyn Hall, *The Impact of Corporate Restructuring on Industrial Research and Development*, NBER Working Paper No. w3216, SSRN (1989), https://ssrn.com/abstract=226712.

唯一方式。例如,知识产权持有人可能认为其知识产权比其他企业拥有的知识产权更有价值,所以其提出的许可费没有企业愿意接受;或者知识产权持有人也可能认为让其他企业利用其知识产权会让其他企业实现进一步创新,最终会替代其许可出去的技术。

(七)标准制定

通过便利或者促进一项行业标准的采纳,一项合并可能会提升该标准的市场信心,使得基于该标准的创新相较于在一个更为分散的市场中更容易获利。这种情况下,随之而来的创新除了由集中后企业实现外,还可能由交易外的其他企业实现。

(八)熊彼特效应

熊彼特效应是指那些显著提升市场集中度的合并相关的普遍性的创新效率,这是熊彼特主张的市场力量激励创新。该效应认为,拥有市场力量的企业较之那些没有市场力量的企业更倾向于去创新,但市场力量是暂时性的,因为创新是一个创造性的毁灭过程。如果这种观点正确,则该效应意味着提升集中度的交易应该自动被认为在一定程度上创造了动态效率。然而,尚不清楚熊彼特效应是否正确。

集中度和创新之间可能存在倒 U 形关系。如果倒 U 形理论是正确的,那么在评估动态效率时,一些经营者集中将产生积极影响,而另一部分经营者集中将产生消极影响。然而,实施这样的政策不仅需要详细了解相关市场的倒 U 形曲线形状,还需要了解市场合并前后在该曲线上的正确位置。也存在倒 U 形理论是错误的可能,或者说它只适用于某一部分行业。至少就目前而言,任何基于市场结构和创新之间的一般关系对效率作出的假设,似乎都不是完全合理的。[1]

二、主要反垄断辖区对动态效率的要求

实践中,一般只有当交易被认为有可能导致反竞争效果时才需要在经营者集中分析中考虑效率问题。当涉及动态效率时,各国执法部门一般会对各种因素进行考虑,以判断其权重。很多反垄断辖区的执法部门发布了经营者集中反

---

〔1〕 See OECD, *Policy Roundtables: Dynamic Efficiencies in Merger Analysis*, 2007, p. 25 – 28.

垄断审查指南，这些指南提供了执法部门如何评估效率的一些线索，有些指南还专门涉及动态效率，下文对这些要求作一梳理。[1]

（一）经营者集中特有

由于对当事人主张的效率的认可会导致那些被认为可能是反竞争的交易被批准，所以交易方必须证明不存在较之交易反竞争效果更弱的方式去实现其主张的效率。如果还存在其他实现同样效率的替代性方式，比如集中一方或双方内部扩张，实施其他反竞争效果更弱的合并，或者交易方之间通过协议而非合并的方式进行合作等，则交易方主张的效率就不是合并特有的，也就不会被考虑。

一个相关的问题是，交易方是否应该证明绝对不存在其他反竞争效果更弱的方式去实现经营者集中带来的效率。目前似乎都认为交易方不需要排除掉所有替代的可能性。美国2010年《横向合并指南》界定的集中特有性是指：执法部门仅认可那些只能通过申报合并产生的效率，这类效率如果不通过申报合并，或者不采取与申报合并具有类似反竞争效果的其他方式，就无法获得。所以，这类效率被称为集中特有效率。[2] 对于可以替代经营者集中的其他方式，执法部门仅考虑那些在合并企业所处的商业环境下具有可操作性的替代性方式，不会考虑虽具有更少反竞争效果，但仅停留于理论层面的替代性方式。

之所以对交易方的证明责任不会太过严苛主要是因为，分析那些所谓的“容易”的替代方案在实践中存在障碍，特别是当交易方是竞争对手时。比如，企业之间的部分合作（如企业合营）很难与两个企业完全整合一样成功。没有企业运营的完全统一，合作各方都可能不情愿分享其技术或者优质雇员。当两家企业不断争论各自是否作出了足够的贡献时，计划的研发项目便可能停止。这类协议安排的可行性方面的最佳证据，可能是类似情况下的行业实践。

经营者的集中特有性在高度创新的市场中很难建立，这类市场中，策略性联盟往往很普遍。此外，一些国家对于评价竞争对手之间的研发类企业合营是

---

〔1〕 合并特有、有利于消费者以及可证实这三个要件，是各国指南针对效率提出的最为核心的几方面要求。

〔2〕 如果某种效率能通过降低竞争关注的可操作性替代方式获得，如通过资产剥离或许可协议实现，这种效益就不会被视为合并的特有效率。如果合并带来的影响不是能否产生效率，而是效率何时产生，则时机方面的优势便是合并的特有效率。

否正当的态度较为自由。所有策略性联盟与企业合营都显示出其相较于经营者集中对竞争的负面影响会更小。

无论如何,判断创新相关的效率是否为合并特有的第一步,是要求交易方去解释他们如何预测经营者集中会改进其创新的能力。调查人员可以关注交易方是否能通过一些其他合理的但更少反竞争性的安排(如企业合营或知识产权许可协议)去获得其主张的效率。如果交易方可以,则意味着在不承受一项合并带来的竞争损害的前提下,社会能够获得两家企业合作带来的利益。结果是,交易方主张的效率不会被考虑。[1]

(二)传递给消费者

效率增益可能有利于集中后企业和消费者。执法部门(如欧盟)往往要求生产商至少传递一部分效率增益给消费者。这一要求是利用消费者福利标准去评估效率的结果。在总剩余标准(total surplus standard)下,成本降低是否传递给消费者是不用考虑的。但在大多数处理该问题的反垄断辖区,法院决定以及执法部门的指南中,一般都要求经营者集中带来的成本降低要传递给消费者,并且这些传递的成本降低还应当抵销那些由于交易对市场集中度的影响而预期导致的价格提升。

传递的要求可能会导致分析某些动态效率的艰难困境,这类动态效率可能对消费者非常有利,但对既存产品的价格则没有任何影响。例如,经营者集中可能会导致涨价,但经营者集中对创新的积极影响可能导致推出完全的新产品,这会产生巨大的消费者利益。另一种可能是,动态效率的成本节省可能需要很多年才能实现,到时才会让价格明显降低。在这类案件中,执法部门可能面临一个问题,即如何处理一个预期会立刻导致涨价,但也有机会在数年后导致更大的价格降幅的合并。

(三)可证实性

该标准对于不同的执法部门似乎有着不同的含义。欧盟《横向合并指南》中,是指主张的效率必须可证实,欧盟委员会能够合理地确信效率可能实现,其足以抵消经营者集中对消费者的潜在损害。美国2010年《横向合并指南》的可证实性概念要求交易方提供足够的信息,使执法部门能够通过合理的努力确

---

[1] See OECD, *Policy Roundtables: Dynamic Efficiencies in Merger Analysis*, 2007, p.28-29.

认效率得以实现的时间、方式,以及其可能性与重要性。推测性的、缺乏支持的或模糊的主张不符合这一要求。若不考虑需要证实的效率的范围,一种认识可证实性的有效方式是,可证实性意味着不同的各自独立的主体,基于同样的支持性信息,可以对主张的效率得出同样的结论。

(四)更低的固定成本与更低的可变成本

该问题与传递问题相关,因为该问题涉及判断消费者是否可能从较低的成本当中获益。分析静态效率需要经常关注可变成本是否以及如何降低,因为降低固定成本不会影响利润最大化的价格,至少短期是这样。[1] 因此,为让消费者看到从静态效率中获得的利益,即价格降低,这些效率必须导致可变成本节省。

但是在创新效率环境下,较低的固定成本有利于消费者,因为这类成本节省能够激励企业去承担研发项目,这类项目在交易前被视为过于昂贵或者风险太大。实际上,诸如整合互补性研发要素以及消除重复项目这类动态效率,可以降低固定成本。尽管这类成本降低不一定通过降价形式立刻让消费者受益,但这类成本节省在长期内对于消费者利益可以产生重大影响,体现为新的、改进的,或者更低价格的产品,这是通过创新方面更大的投入来实现的。因此,当涉及创新问题时,固定成本在合并分析中也许不应该被排除。[2]

(五)对其他市场产生的影响

产生动态效率的合并可能在一个市场会导致竞争问题,但同时在其他某个或数个市场中则会产生可信的、实质性的效率。比如,当一项经营者集中预期会促进开发出完全的新产品时,这种情况就可能出现。执法部门需要考虑这类效率吗?欧盟《横向合并指南》对该问题的描述比较含糊。一方面,其第 79 段指出对市场内的效率有偏好,表示效率“原则上应该有利于那些会出现竞争关注的相关市场的消费者”;另一方面,第 81 段又清晰地认识到,消费者可能获益于新产品或服务,其可能得益于研发或创新中获得的效率。美国 2010 年《横向

---

〔1〕 See Michael Katz & Howard Shelanski, *Mergers and Innovation*, 74 Antitrust Law Journal 1 (2007).

〔2〕 See Michael Katz & Howard Shelanski, *Mergers and Innovation*, 74 Antitrust Law Journal 1 (2007). See also US Antitrust Modernization Commission, *Report and Recommendations*, April 2007, p. 58.

合并指南》也涉及其他市场中出现的效率，但没有提供清晰的指引。该指南指出，执法部门也可能会考虑相关市场之外的效率，但提醒到它们很少会成为重要因素。FTC 和 DOJ 在 2006 年联合发布的《横向合并指南述评》提供了一个例证，涉及市场外的效率被考虑，结果是合并没有受到质疑。[1]

(六)量化问题

这属于动态效率抗辩中最难实现的一个条件。比如，如前文所述，美国 2010 年《横向合并指南》要求合并企业的效率主张是可证实的，如果效率主张太过模糊且具有猜测性，或者其他属性，使得其无法通过合理方式被证实，则这类效率主张就不会被考虑。欧盟《横向合并指南》也提及量化问题，但没有严格要求，其第 86 段指出，“当具有合理的可能性时，效率以及相应对消费者的利益应该被量化”。这给予了动态效率抗辩一些灵活性，因为“不合理”的范围难以确定。但是，对于推测性的主张的态度并不算宽松，欧盟《横向合并指南》随即指出，“当必要数据无法获得，使得无法精确进行量化分析时，必须有可能去预测一个清晰可确认的对消费者的积极影响，而非边界性的”。因此，交易方必须提供足够的信息，用于支持其主张的效率对消费者会带来很大的利益，即使这一利益的精确数量无法获知。

(七)实质性规模

不管适用的标准是消费者剩余、总剩余还是整体福利(total welfare)，执法部门都倾向于要求被证明的效率具有实质性规模。实践中，这往往意味着效率的价值必须充分超过(comfortably exceed)执法部门估计的合并反竞争效果。不过目前还不存在“充分超过”的定义。有学者建议使用滑动刻度来表示该参数，这取决于所声称的效率的可推测程度。越高推测性的主张就必须要产生更高的净利益，不过那些很容易以及客观被证实的产生较低净利益的效率也会被考虑。[2]

(八)未来发生的效率及其折扣

欧盟《横向合并指南》指出，效率预计在未来实现得越晚，欧盟委员会对其

---

〔1〕 See DOJ and FTC, *Commentary on the Horizontal Merger Guidelines*, 2006, p. 56 - 57.

〔2〕 See Oliver Williamson, *Economies as an Antitrust Defense: The Welfare Tradeoffs*, 58 American Economic Review 217 (1968).

考虑的权重越低。美国 2010 年《横向合并指南》没有就该问题有明确的指示，但也表示没有短期直接影响的效率将被考虑在内，但将被给予较少的权重。这些规定似乎暗示着，折扣率应该被适用于反应风险与金钱的时间价值。执法部门可能认为交易方主张的效率如果发生的可能性低于 50%，或者其在未来数年不会发生，便完全不会考虑这种效率主张。欧盟《横向合并指南》也指出，为了将效率视为一种抵消性力量，效率必须及时。有学者认为，这些方法可能导致执法部门系统性地低估那些有机会创造巨大消费者利益的潜在的革命性创新。[1]

（九）主张的成本节省不是反竞争性降低的结果

交易方有时指出经营者集中会导致研发开支的节省，但有时这类节省仅是其降低竞争性的创新努力的结果。显然，这类降低不能被视为动态效率或其他效率。

（十）举证责任

不论效率在某个反垄断辖区是否被正式视为一种抗辩，实践中证明其存在的责任一般都在交易方。毕竟，交易方承担该证明责任具有合理性，因为交易方最容易去收集、处理以及解释相关的用于支持其效率主张的信息。[2]

三、考量动态效率面临的主要困难

（一）不确定性

动态效率整体上具有很大的不确定性。首先，导致更多创新的各种因素，很难被完全理解。当不清楚执法部门是否通过正确的方式考虑了正确的因素时，我们很难去判断一项经营者集中是否会带来动态效率。此外，一般很难知晓一项研发投入是否会通过可获利的产品完全被补偿，更不用说交易方主张的动态效率是否会实际去激励更大的研发投资。此外，针对未来创新的“定价”，

---

〔1〕 See Michael Katz & Howard Shelanski, *Mergers and Innovation*, 74 Antitrust Law Journal 1 (2007).

〔2〕 See American Antitrust Institute, *Comments of the American Antitrust Institute Working Group on Merger Enforcement*, July 2005, p. 7.

在合并审查环节是无法知晓的，未来创新的需求一般也无法判断。[1]

(二)时间框架

时间框架问题体现了动态效率的另一种复杂性。动态效率可能需要历经数年才会发生，比如研发投资需要历经很长的时间才能享受回报。折扣率需要被考虑，从而反映金钱的时间价值、通胀率以及效率不会发生的风险。如果不清楚效率发生的可能性、需要多久实现效率、效率会持续多久等情况，就很难将折扣率正确计算出来。

(三)对创新的测量

如何对创新这一抽象的概念进行测量？有人提出可以测量创新的投入，比如研发投入；有人提出可以测量创新的产出，比如获得的专利数量或者创造的新产品的数量。这些建议都有其问题。首先，不是所有研发开支都必定导致创新，即使带来创新，从成功创新的角度来看，一些研发投资较其他研发投资的生产率更高，换句话说，在研发投资与创新结果之间，并不存在稳定、可预期的关系。其次，在动态效率的背景下，研发投资支出是一个特别不稳定的参数。即使假定更大的研发投入等于更大的创新，一项涉及动态效率的经营者集中也可能提升研发行为的效率，以至于抵销研发支出水平的预期减少。总体来说，任何仅仅基于预期的研发投入水平的结论都可能是误导性的。从产出角度来看，也存在问题，即不是所有创新都会带来专利，也不是所有的专利都代表着有用的创新。大部分专利对于其所有者来说并不会带来利润。类似地，不是所有新产品都自动被视为创新，很多新产品被视为是失败的。此外，很多创新不会产生新产品，而只是改进生产工艺或者提升既有产品的质量。简言之，量化创新方面还存在很多问题。[2]

(四)将对创新的测量转化为对福利的测量

即使有很好的方法去测量创新，也需要将测量出的创新转化为消费者福利、社会总剩余或整体福利。这方面的困难是巨大的。首先，用数据来体现需求弹性等概念是困难的。其次，通过研发成本节省来预测动态效率的价值也是

---

〔1〕 See Frédéric Jenny et al., *Substantive Standards for Mergers and the Role of Efficiencies*, in Barry Hawk ed., International Antitrust Law & Policy: Annual Proceedings of the Fordham Corporate Law Institute (2003).

〔2〕 See OECD, *Policy Roundtables: Dynamic Efficiencies in Merger Analysis*, 2007, p. 35.

非常复杂的，因为研发成本与消费者福利之间并不存在一种固定的关系。换句话说，如果成本节省足以促使企业决定对创新进行投资，从而导致很大的消费者剩余，那么研发成本的小幅降低可能导致消费者福利的巨大改进。另一例证是，一项研发项目可能会带来非常成功的新产品的出现。这种情况下，我们不仅需要预测和考虑成本节省，还需要考虑新产品带来的最终消费者剩余，并注意后一种因素可能远高于成本节省。[1]

（五）其他定量问题与评估问题[2]

首先，创新行为不是很容易被预测的。如果一项经营者集中被禁止，交易方可能不会简单地放弃其研发工作，而是可能去寻找新的实现方法。交易方也可能将其精力投入其他完全不同的研发项目。因此，不能仅将交易前的状态与交易后可能的结果进行比较（如果交易被批准）。如果交易被禁止，现状还需要与可能发生的各种结果进行比较，但是，我们不太可能将各种可能的结果进行精确的预测。因此，必须进行一定程度的猜测。其次，很难将产品或服务中归属于创新的那部分分离出来。比如，创新可能关联于多种产品，创新的价格、成本与对消费者的价值难以与其他产品区别开来。再次，在基于一种强调价格效应的福利标准去评估动态效率时，也可能出现类似“苹果对橘子”的比较问题，即将两种很难区分优劣的事物进行比较（本节第四部分详述）。最后，当动态效率通过新产品的方式激励创新时，如果消费者对这些产品的价值存在不同的看法，则很难预测消费者福利。经济学家针对未来新产品对消费者的价值的量化已经做出了一些成果，[3]存在一些特定的方式去预测其价值，但这类方式要求的信息在经营者集中环节往往无法获取，比如新产品是什么、产品实际被开发出来的可能性有多大，新产品被接受的范围有多宽，需要多久才会被开发出来，价格是多少？综上，目前反垄断理论界对于动态效率量化存在一种悲观

[1] See Michael Katz & Howard Shelanski, *Mergers and Innovation*, 74 Antitrust Law Journal 1 (2007).

[2] See Christian Fackelmann, *Dynamic Efficiency Considerations in EC Merger Control: An Intractable Subject of a Promising Chance for Innovation?*, University of Oxford Centre for Competition Law and Policy, Working Paper (L) 09/06, 2006, p. 24 – 28.

[3] See Amil Petrin, *Quantifying the Benefits of New Products: The Case of the Minivan*, 110 Journal of Political Economy 705 (2002).

的态度,有学者直接表示动态效率是最难被量化的效率类型。[1] 计量经济技术越来越复杂,但它们都依赖于数量与数据的可获得性,当数据无法获取或由于其不可靠性被放弃时,计量经济方法也没有多少用武之地。

针对考量动态效率时面临的诸多问题,全球移动通信系统协会(GSMA)2016年的一份报告指出,执法部门与其给交易方施加更高的证明责任(尤其在动态效率主张方面),不如在具体个案中采取一种更为平衡的方式来评估效率。该份报告一并提出了可用于更有效地确认效率的工具,包括技术方面的建议:(1)聘请独立的技术专家来评估效率;(2)以往交易或其他市场有助于验证现行交易能获得类似效率的证据;(3)有助于验证效率的分析性技术,如数据包络分析(DEA)[2]和补偿性边际成本降低法(CMCR)[3];(4)经营者集中的事后效率评估可帮助执法部门改善其评估的能力。也包括思路方面的建议,其认为,源自创新的效率可能难以被证实,但如果执法部门更重视创新可能产生的收益,而非完全忽视它,则执法部门可能会作出更好的决定。[4]

四、各国早期执法中的动态效率抗辩

早在2007年,OECD便召开了一次聚焦经营者集中反垄断审查中的动态效率问题的论坛[5],该论坛梳理了当时全球主要反垄断辖区这方面的整体情况,这次论坛的核心要点体现在以下几个方面。

---

[1] See Joseph Brodley, *Proof of Efficiencies in Mergers and Joint Ventures*, 64 Antitrust Law Journal 575 (1996).

[2] 数据包络分析可以评估合并可能带来的效率收益。数据包络分析通常使用同一行业中企业的成本和产出数据来确定效率边界,以显示不同产出水平可实现的最低成本水平。合并的潜在效率收益可以通过确定交易方的成本将降低多少来估计,同时考虑到规模的增加和合并所创造的最佳实践共享的潜力。这种方法的优点是,效率是基于所观察到的类似企业的业绩来进行评估的。然而,这种方法依赖于重要的行业成本数据,但这些数据可能并不总是可获取的。See GSMA, *Resetting Competition Policy Frameworks for the Digital Ecosystem*, October 2016, p.35.

[3] 补偿性边际成本降低方法可用于评估某一特定水平的效率是否足以抵消合并带来的市场力量的增加。通过使用交易方的合并前信息,可以很容易地计算出以补偿性边际成本降低表示的所需效率水平。事实上,需要的信息只是交易方在合并前的加价率和转移率(mark-ups and diversion ratios)方面的数据。See GSMA, *Resetting Competition Policy Frameworks for the Digital Ecosystem*, October 2016, p.35.

[4] 参见韩伟、徐美玲:《GSMA〈数字生态系统竞争政策框架重整〉调研报告介评》,载韩伟主编:《数字市场竞争政策研究》,法律出版社2017年版,第106页。

[5] See OECD, *Policy Roundtables: Dynamic Efficiencies in Merger Analysis*, 2007.

1. 竞争执法部门与法院对效率日渐认可但也面临挑战

法院与竞争执法部门有段时间将经营者集中效率要么视为与经营者集中反垄断审查不相关,要么将其作为禁止交易的一种支持因素。不论相关主体对交易实际的经济效应作出何种解释,法院与竞争执法部门普遍认为大规模的企业整合可能是有害的。经济学对效率的看法在 20 世纪 70 年代开始发生实质性变化,这种变化在 2007 年年初开始影响越来越多反垄断辖区的竞争政策。竞争执法部门和法院从忽视效率甚至敌视效率,转变为理解它们对于社会的价值。现在,效率一般被视为促进经营者集中被批准的因素,而非禁止交易的因素。

尽管执法部门现在对于效率更为重视,但效率在经营者集中审查分析中扮演重要角色的实际案例仍不多见,特别在法院中更是罕见。其问题不在于法院仍将合并导致的效率提升视为反竞争,而在于效率本身太难被度量。一项合并是否会导致静态效率,以及这些效率与经营者集中预计导致的反竞争效果相比谁更大,要对这些问题作出预测,执法部门面临很大的挑战。动态效率则比静态效率面临的问题更严重,因为动态效率要经历一段时期才会发生,在性质上比静态效率更为抽象。法院的实践已经显示出一种趋势,即尽量避免进行这类判断。当我们试图去评估动态效率时,会面临一些复杂的问题。比如,如果强调价格效应,则“苹果对橘子”的比较问题就会出现。一项合并可能在交易结束后的不久就会出现产品涨价,但该交易长远来看也可能会带来具有积极非价格效应的动态效率(如催生新的、改进的产品而获得利益)。这使得执法人员陷入一种尴尬的境地,因为他们需要基于不同的时间期限去比较不同的概念,可能涉及不同的消费者群体,以及两个或多个不同的市场之间的对比。这导致了一种复杂的定量问题:对于某些客户来说,需要多少质量改进或多少新产品来补偿预期价格上涨对其他客户的负面影响?这些问题可能很难回答,甚至根本无法回答。其他复杂的因素包括植根于创新活动相关的成本、时限、商业成功的可能性与范围的不确定性,对创新本身进行测量的难度,以及交易方与执法部门之间的信息不对称问题。[1]

---

〔1〕 See OECD, *Policy Roundtables*: *Dynamic Efficiencies in Merger Analysis*, 2007, p.9 - 10.

2. 执法部门在合并控制中对动态效率与非价格竞争的关注度不够

在2007年前后,越来越多的人持有这种观点,特别是当年美国反托拉斯现代化委员会提出应更为重视那些促进创新的效率。[1] 这种观点基于一种认识,即创新对于经济的增长与社会福利至关重要。经济学家Joseph Brodley指出,创新效率为工业世界中实际产出的增长提供了最为重要的因素。[2] OECD也得出类似结论,即自工业革命以来,创新对于已经发生的物质生活水平的提升,发挥了核心作用。[3] 这表明动态效率似乎比静态效率具有更大的潜能使消费者受益。因此,在理想的情况下,合并控制中应该更多、更普遍地考虑动态效率。但事实是,没人能够设计出健全的方法去具体实施对效率的考量,因此法院在那些动态相关的案件中尽量避免对动态效率进行分析。[4]

3. 动态效率很少能被量化

几乎所有OECD的反垄断辖区都将合并控制中提供证据证明效率存在及其充分性的举证责任分配给合并交易方。执法部门在评估效率主张时考虑的因素一般包括:经营者集中特有性(效率是经营者集中特有的,并且除了提议的交易外,找不到对竞争损害更小的、更合理的替代方式去实现这种效率);是否至少一部分效率会传导给消费者;是否效率会带来更低的固定成本与可变成本(可变成本的降低更受欢迎)。其他考量因素还包括对其他市场的影响,效率的量化、实质性、及时性的程度。及时性因素在动态效率中非常重要,因为动态效率可能数年才能实现。预期效率发生的时间越遥远,当事人提供令人满意的证据的难度就越大;效率预期实现的时间越长,其可信度就越低。这引出了另一考虑因素,即可证实性。执法部门一般会检验是否有充分的信息,能否通过合理的方式去证实被主张的效率将来发生的可能性与规模。

对于动态效率的定量而言,存在悲观观点;对动态效率的定性方法则可能提供有用的信息,所以一些执法部门强调定性方法。比如加拿大竞争局的《合并控制指南》指出,竞争局一般从定性的角度去检验动态效率。通过研究集中

---

〔1〕 See US Antitrust Modernization Commission, *Report and Recommendations*, April 2007, p.56.

〔2〕 See Joseph Brodley, *Proof of Efficiencies in Mergers and Joint Ventures*, 64 Antitrust Law Journal 575 (1996).

〔3〕 See OECD, *Going for Growth* 2006, 2006, p.56.

〔4〕 See OECD, *Policy Roundtables: Dynamic Efficiencies in Merger Analysis*, 2007, p.10.

企业与以前的合并伙伴之间整合的效果、企业将研发转化为成功的创新的成果的熟练程度，以及集中企业的创新是否有的是源自过去合并带来的协同作用，可以获取很多信息。研究相关产业的特点（特别是特定行业中哪些因素可以促进创新？而合并是否帮助整合后的企业利用这些因素？）也是有帮助的。最后，经营者集中是否会整合替代性或互补性技术也是一项相关考虑因素，因为在互补性技术资产整合时，研发效率会变得更强。因此，促进这些效率实现的一种方式就是对纵向与混合集中保持更为开明的态度。[1]

4. 即使考虑动态效率也只会在少数案件中改变执法结果

基于很多原因，动态效率很大程度上被执法部门与法院忽视，因此它只会对很少的经营者集中带来影响。原因之一是，合并交易方自身也倾向于忽视动态效率。很多反垄断辖区的竞争执法部门指出，它们还没有在案件中碰到合并方试图基于动态效率进行抗辩的情况。一些执法部门的代表指出，即使当事人主张动态效率，其提出的效率增进也很少能够达到足以推翻所认定的竞争减损所需的规模或者可信度。一些实证研究认为不可能大部分的经营者集中都能提升效率。此外，另一些执法部门的代表指出，大部分可能产生实质性动态效率的合并往往一开始也不会导致实质性的竞争关注。特别是大部分反垄断辖区的经营者集中指南中设置的安全港（集中度门槛）对于互补性企业的合并持支持态度，对资产重叠的合并则持反对态度。因此，可以说，实践中可能被执法部门阻止动态效率发生的案件数量非常有限。[2]

第三节 效率抗辩执法新进展

一、概况

整体而言，在效率抗辩方面，从其在各国反垄断执法部门的决定文书中所占篇幅来看，效率分析受到的重视程度仍显不足。从筛选出的涉及效率问题的数字经济领域的经营者集中案件来看，交易方提出的效率主张虽然不尽相同，

---

〔1〕 See OECD, *Policy Roundtables: Dynamic Efficiencies in Merger Analysis*, 2007, p. 10 – 11.

〔2〕 See OECD, *Policy Roundtables: Dynamic Efficiencies in Merger Analysis*, 2007, p. 11.

但都难以得到执法部门的认可。这方面不仅存在效率主张难以量化、证明标准难以达到的问题,执法部门还常在效率的经营者的集中特有性方面提出诸多异议。这方面值得关注的除了下文详细介绍的几个案例外,还包括英国的Facebook(Meta)收购Giphy案以及新加坡的Grab收购Uber案等。

在英国Facebook收购Giphy案[1]中,CMA主要提出了两类竞争关注:第一,交易将消除Meta在展示广告市场的潜在竞争对手,即Giphy;第二,合并后实体可能实施原料封锁,即拒绝或限制其他社交媒体平台对Giphy服务的访问。对此,交易方提出效率主张,认为合并后将加大对额外服务以及整合服务的投资,从而增强用户体验,并且可以增加垂直整合平台之间的竞争。但CMA认为,交易方并没有提供具体证据表明效率主张是合并的结果,而且Meta在展示广告和社交媒体服务方面已经拥有巨大的市场力量,垂直整合平台层面并没有激烈竞争的存在,合并无法增强该市场的竞争。

在新加坡Grab收购Uber案[2]中,新加坡竞争与消费者委员会(CCCS)认为Grab和Uber是新加坡预约专车点对点运输服务(CPPT)双边平台市场最紧密的竞争对手,合并将消除二者之间的竞争。对此,交易方认为合并将实现规模经济,可以更有效地利用司机,缩短乘客和司机的等待时间。同时,合并将促进服务的改进,改善乘客和司机的服务体验及安全。但是,CCCS认为:首先,交易方没有提供证据证明该效率是合并特有的,也没有证明,在没有合并的情况下无法实现类似的效率;其次,交易方的效率主张也没有得到证实或量化;最后,相反地,该交易减少了消费者的选择,并可能导致价格上涨。

下文将具体针对几个典型案例进行介绍,主要涉及欧盟以及英国针对几个全球性头部数字企业的合并案例,在此基础上总结效率抗辩所面临的主要挑战。

---

〔1〕 See CMA, *Completed acquisition by Facebook, Inc (now Meta Platforms, Inc) of Giphy, Inc.: Final report on the case remitted to the CMA by the Competition Appeal Tribunal*, Gov. UK (October. 18, 2022), https://assets.publishing.service.gov.uk/media/635017428 fa8f53463 dcb9f2/Final_Report_Meta.GIPHY.pdf.

〔2〕 See CCCS, Acquisition of Uber's Southeast Asian business by Grab and Uber's acquisition of a 27.5 per cent stake in Grab, Case number: 500/001/18, Infringement Decision of 24.9.2018.

二、英国微软收购 Activision 案[1]

(一)案件基本信息

微软是一家总部位于美国的全球性科技公司,提供广泛的产品和服务。微软拥有一个强大的游戏生态,具体包括至今已经发布了几代的 Xbox 游戏主机,多家游戏开发工作室,以及《我的世界》等流行游戏。此外,微软还拥有一些对游戏很重要的业务领域:第一,Xbox 云游戏,这是微软目前提供的云游戏服务。第二,Azure,这是微软旗下的一个领先的云平台(数据中心和云计算基础设施网络),它为包括游戏在内的多个行业提供广泛的服务。第三,Windows 电脑操作系统,因为大部分人在电脑上玩游戏,而不是在游戏主机上;由于其受欢迎程度,游戏开发者通常会制作针对 Windows 操作系统进行设计和优化的电脑游戏。

Activision 是一家总部位于美国的游戏开发商与发行商,主要活跃的领域包括游戏开发与发行(通过 Activision、Blizzard 以及 King 三个业务部门在全球大多数国家为电脑、游戏主机和移动设备开发并发行游戏)、数字发行,以及广告展示。Activision 开发的最受欢迎的三款游戏——《使命召唤》《魔兽世界》《糖果传奇》,为其创造了大部分收入。尤其是《使命召唤》,它被普遍认为是有史以来最成功的游戏系列之一。十多年来,它一直是游戏主机和电脑上的顶级游戏。

2022 年 1 月,微软与 Activision 达成了一笔价值 687 亿美元的收购交易。2022 年 7 月,CMA 宣布对该交易展开调查。2022 年 9 月结束第一阶段调查后,CMA 认为该交易可能实质性减少游戏主机、多游戏订阅服务以及云游戏服务市场的竞争,并宣布开展第二阶段调查。[2] 经过深入调查,CMA 于 2023 年 4 月 26 日发布最终报告,决定禁止该交易。在最终报告中,CMA 确定交易对

[1] See CMA, *Anticipated acquisition by Microsoft of Activision Blizzard, Inc.: Final report*, Gov. UK (April. 26, 2023), https://assets.publishing.service.gov.uk/media/644939aa529eda000c3b0525/Microsoft_Activision_Final_Report_.pdf.

[2] See CMA, *Microsoft / Activision deal could lead to competition concerns*, Gov. UK (September. 1, 2022), https://www.gov.uk/government/news/microsoft-activision-deal-could-lead-to-competition-concerns.

游戏主机市场不会产生严重反竞争影响，重点分析了该交易对云游戏服务市场的影响并确定了竞争损害。CMA 认为，该交易可能导致原料封锁，即微软有能力与动机限制云游戏服务竞争对手对 Activision 游戏的访问，而 Activision 旗下的《使命召唤》和《魔兽世界》等游戏深受云游戏用户喜爱，对于云游戏服务供应商的成功具有重大影响。基于此，CMA 认为微软的原料封锁行为将导致云游戏服务市场产生实质性竞争损害，微软提供的救济方案也不能解决上述竞争损害，因而应当禁止该交易。

（二）交易方效率主张

在对临时调查结果的回应中，微软提出了与主机游戏供应和云游戏服务供应相关的效率主张。[1]

对于云游戏服务市场，微软提出，其与英伟达达成的协议（英伟达协议）促进了云游戏服务市场增强竞争的效率。微软认为，目前 Activision 的内容没有在任何云游戏服务上提供，根据英伟达协议，交易后 Activision 的内容将在英伟达的云游戏服务平台 GeForce Now 上提供。微软称，这将增强云游戏服务领域的竞争，并带来更多的商品和服务选择。

首先，微软表示，这一效率是及时且可能的。根据英伟达协议，如果交易完成，Activision 的内容将在多个云游戏服务上提供，通过增加客户可获得的游戏的范围和质量，将加强这一新兴领域的竞争。其次，微软认为这一效率所带来的好处将是巨大的。通过将包括《使命召唤》在内的 Activision 内容用于流媒体，用户访问 Activision 高性能游戏的成本将大大降低，因为他们不再需要购买游戏主机或高性能的电脑。微软表示，据估计全球有超过 10 亿电脑玩家目前因为电脑性能低而无法玩《使命召唤》，交易后他们不再面临这方面的问题。再次，微软称这一效率是合并特有的。微软表示，在与英伟达签署协议后，合并将确保 Activision 的内容可以由多个云游戏服务供应商使用，从而加强竞争并为消费者带来重大利益。最后，微软主张这一效率所带来的利益将抵消 CMA 确定的实质性竞争损害。微软表示，由于英国的云游戏市场规模很小，而且预

---

〔1〕 See CMA, *Anticipated acquisition by Microsoft of Activision Blizzard, Inc. Microsoft's Response to The CMA's Provisional Findings*, Gov. UK (March. 2, 2023), https://assets. publishing. service. gov. uk/media/6412d70ad3bf7f79e1938b86/Microsoft_s_response_to_the_provisional_findings. pdf.

计将继续如此,因此任何实质性竞争损害都是有限的,而该效率的好处超过了云游戏市场任何潜在的竞争减损。

(三)执法部门评估

针对微软在游戏主机市场的效率主张,由于 CMA 在前期竞争损害分析过程中认为,合并后实体没有将《使命召唤》变成 Xbox 独家游戏的动机,因而认为合并不会对游戏主机市场产生实质性竞争损害。故而,CMA 没有进一步对微软提出的相应效率主张予以回应。

针对微软在云游戏服务市场的效率主张,由于 CMA 认为交易后实体可能实施原料封锁,故而进一步对交易方提出的效率主张进行了分析。CMA 指出,除交易方效率主张中提及的英伟达协议外,在对初步调查结果作出回应之后,微软还与其他云游戏服务供应商(Boosteroid 和 Ubitus)签订了类似的协议,CMA 在效率分析过程中也将这些协议纳入了考量。

1. 集中特有性

在损害理论分析过程中,通过分析云游戏服务行业的发展趋势以及 Activision 的内部文件,CMA 得出结论:Activision 可能会在未来五年内将其游戏提供给云游戏服务供应商。这并非像微软主张的那样,Activision 只将其内容提供给单一的云游戏服务供应商。在这种情况下,即使没有该交易的存在,英伟达协议等所能够带来的利益也会产生。此外,没有证据表明,交易后实体会比没有交易的 Activision 有更大的动机签订这些协议。相反,CMA 认为,不参与交易的 Activision 在云游戏服务上提供其内容的动机会比交易后实体更大。

因此,诸如英伟达协议等所产生的任何效率都不能被认为是合并特有的,不能构成竞争法所认可的可以防止实质性竞争损害的效率。CMA 还认为,基于其他方面的原因,即使这些效率是合并特有的,它们也不会对实质性竞争损害产生重大的影响。

2. 及时性与可能性

虽然英伟达协议等产生的效率可能得以在 CMA 认可的时间框架内实现,但 CMA 强调,这些效率不符合可能性的要求。这是因为,合同一般都包含一定程度的内在不确定性。例如,随着时间的推移,合同可能会重新谈判或终止,或者合同不会被履行。此外,英伟达协议等的部分条款进一步增加了这种不确定性。[1] 因此,CMA 认为,这些协议是否有可能在合理的时间范围内产生强化竞争的效果,存在相当大的不确定性。

3. 充分性和英国客户的利益

CMA 指出,由于能够将 Activision 的内容带给微软的云游戏服务竞争对手,英伟达协议等所产生的效率至少在原则上能够使英国的一些客户受益。但是,基于前文提及的这些协议的不确定性,以及以下原因,CMA 认为这些协议并不会增强整个市场的竞争。

首先,如前文所述,CMA 所确定的实质性竞争损害主要来源于原料封锁,即微软有能力与动机限制云游戏服务竞争对手对 Activision 游戏的访问。在这样的背景下,CMA 认为,将 Activision 的内容提供给特定的供应商,反而会让特定的市场参与者相较于其他竞争对手占据市场优势。仅靠给予某些市场参与者以竞争优势并不会增强竞争,特别是在新兴市场的背景下——这种市场中的其他参与者采取了不同的商业模式(并不总是涉及 Windows 操作系统),而且这种市场未来的进入与扩张壁垒和竞争格局很可能是会变化的。其次,CMA 强调,分析任何效率的效益,都必须考虑到先前关于微软有能力及动机实施原料封锁的结论。而且,在没有交易的情况下,Activision 也可能会在未来将其内容提供给云游戏服务供应商。因此,在一个新兴且不断增长的市场背景下,此类协议的任何额外好处都将是小而短暂的,并且可能比它带来的危害要小得多。CMA 由此得出结论,交易产生的任何效率都不太可能对消费者产生足够的影响和利益,以防止云游戏服务市场中实质性竞争损害的产生。

三、英国 Sabre 收购 Farelogix 案[2]

(一)案件基本信息

1. 交易方

Sabre 是一家为全球旅游业提供技术和软件服务的美国公司,具体而言,Sabre 为航空公司和旅行社提供技术解决方案。与本案相关的是,Sabre 为航空

---

[1] 因涉及商业机密信息,决定文书中隐去了具体的内容。

[2] See CMA, *Anticipated acquisition by Sabre Corporation of Farelogix Inc.: Final report*, Gov. UK (April. 9, 2020), https://assets. publishing. service. gov. uk/media/5e8f17e4d3bf7f4120 cb1881/Final_Report_ - _Sabre_Farelogix. pdf.

公司提供核心和非核心 PSS 的 IT 模块,并运营一个 GDS——向旅行社分销预订机票用的航空公司服务内容。Farelogix 也是一家为航空公司提供技术解决方案的美国技术和软件供应商,具体包括非核心 PSS 模块和航空公司服务内容分销解决方案。

2. 行业背景

本案所涉及的行业较为复杂,且涉及诸多的专有名词,因而有必要在介绍案件内容前,交代一下相关行业背景。本案主要关注的是,为航空公司提供作为其全球订票系统组成部分的 IT 解决方案所构成的市场。航空公司供应链的主要阶段包括:零售功能,将相关服务内容打包,以便将机票出售给乘客;分销功能,向旅行社和旅客分销航空公司服务的内容;履行功能,完成预定以及履行预订。该交易涉及零售功能(特别是销售解决方案)和航空公司服务内容(航空公司通过旅行社向乘客提供的票价、可用性、时间表和其他方面的信息)的分销功能。

航空公司在订票系统 IT 堆栈(PSS)中使用 IT 解决方案。PSS 是一套复杂的系统,用于管理预订过程中的各种任务(如定价或确定航班上座位的可用性)。依据功能的不同,可以将该 IT 系统分为核心 PSS 模块和非核心 PSS 模块。

(1)销售解决方案

销售模块,或称为销售解决方案,是非核心 PSS 模块的一个子集,它允许航空公司为乘客提供额外行李限额、升级座位、机上购物等辅助服务。对于航空公司来说,要销售机票和辅助服务,核心 PSS 和非核心 PSS 需要相互协作。交易时,Sabre 的销售解决方案只能与 Sabre 的 PSS 一起工作,即它们是"依赖于 PSS 的";而 Farelogix 的销售解决方案可以与任何 PSS 一起工作,即它们是"与 PSS 无关的"。

(2)分销解决方案

航空公司通过呼叫中心或自己的网站直接向乘客分销服务内容(称为直接渠道),或者通过旅行社间接向乘客分销服务内容(称为间接渠道)。交易方在间接渠道的分销解决方案方面存在重叠。在这个渠道中,航空公司可以通过 GDS 向旅行社分销服务内容,或者使用其他技术解决方案绕过 GDS(如下所述),大约 90% 的间接渠道机票预订是通过 GDS 完成的。

（3）GDS

GDS 是为航空公司和旅行社提供服务的双边平台。GDS 从航空公司的 PSS 以及第三方接收票价和时间表等服务内容，然后汇总各航空公司的服务内容，并将其分销给旅行社。报价创建是指对航行的路线、座位类型、时间表、可用性和价格等信息进行打包，以便将机票出售给乘客。在间接渠道中，当通过 GDS 提供报价时，GDS（而不是航空公司）负责创建报价。在 GDS 创建报价的情况下，航空公司对提供给乘客的报价的可见性有限。

（4）直接连接、GDS 旁路和 GDS 直通

虽然旅行社的大部分预订都是通过 GDS 完成的，但并非毫无例外。航空公司可以通过不同的方式将服务内容分销给 GDS 之外的旅行社。例如，他们可以使用应用程序编程接口（API）[1]建立“直接连接”，即航空公司和旅行社之间的一对一连接。这些类型的连接又被称为“GDS 旁路”，它们可以让航空公司更好地控制报价创建的过程。除了使用 API 外，航空公司还可以通过 GDS 分销服务内容，但不需要 GDS 创建报价，这被称为“GDS 直通”。截至交易时，GDS 直通的使用会受到限制。一些航空公司通过内部构建和管理 API，而其他航空公司则使用 Farelogix 等第三方提供的解决方案。

（5）NDC 及行业未来发展

航空业正在经历一个漫长而复杂的技术变革时期。如今，GDS 仍然使用几十年前的消息传递标准来分销大部分服务内容，并且在处理丰富的数字化服务内容的能力方面存在很大限制。

2012 年，国际航空运输协会（IATA）推出了一种新的计算机消息传递标准——NDC 标准，以解决该行业目前的局限性，Farelogix 等公司在其发展过程中发挥了重要作用。与 NDC 标准兼容的销售和分销解决方案（NDC 解决方案）允许航空公司创建动态、个性化的报价，并允许旅行社实时传输和访问这些丰富的内容。航空公司的商业策略表明，他们希望对自己的报价有更大的控制权。通过调研，CMA 了解到，航空公司希望提供差异化的服务，以回应乘客对更多选择的需求，并与其他航空公司竞争。NDC 解决方案为航空公司提供

---

〔1〕 API 即 Application Programming Interface 的简称，指应用程序接口，用于实现软件程序之间的交互。

了实现这一目标的手段,大多数航空公司表示,他们拥有采用 NDC 标准和 NDC 解决方案的策略,其中销售解决方案被认为是特别重要的。

3. 案件基本概况

2018 年 11 月,Sabre 宣布计划以 3.6 亿美元收购 Farelogix。2019 年 6 月,CMA 宣布对该交易展开调查,并于 2019 年 8 月公布其意见,CMA 认为 Farelogix 虽然规模较小,但对 Sabre 来说是一个重要的竞争威胁,并被公认为是具有颠覆性商业模式的重要创新者。Farelogix 通过使用新的创新技术来分销更复杂的航空公司产品,已经在该行业产生了重大影响,如果没有合并,预计未来将进一步发展和增加其技术的应用。CMA 担心,如果交易完成,Sabre 将不会面临来自其他供应商的充分竞争,这将导致价格上涨或服务质量降低,以及整个行业创新的减少。[1] 经过第二阶段的深入调查,CMA 最终于 2020 年 4 月宣布禁止该交易,其进一步认为,Farelogix 的持续独立可能有助于激励 Sabre 进一步创新,为航空公司提供更多选择。[2]

在针对 CMA 启动第二阶段调查的决定提交的初步意见当中,交易方简要地提出了效率抗辩,认为该交易能够将 Farelogix 的销售与 NDC 和 Sabre 的规模与分销专业能力结合起来,从而加速航空公司和旅行社迫切需要的端到端 NDC,并使 Sabre 能够与该市场的领导者 Amadeus 及其他竞争对手展开竞争。[3]

(二)交易方效率主张

在最终意见当中,交易方提出的效率主张主要包括两个方面:第一,交易将允许 Sabre 快速将一种具有竞争力的与 PSS 无关的销售模块市场化,从而抓住更多市场机会;第二,交易将推动整个航空业大规模采用完全集成的端到端 NDC 解决方案。

首先,交易方提出,通过收购一个与 PSS 无关的销售解决方案,Sabre 将能

---

〔1〕 See CMA, *Sabre's takeover of Farelogix raises competition concerns*, Gov. UK (August. 16, 2019), https://www.gov.uk/government/news/sabre-s-takeover-of-farelogix-raises-competition-concerns.

〔2〕 See CMA, *CMA blocks airline booking merger*, Gov. UK (April. 9, 2020), https://www.gov.uk/government/news/cma-blocks-airline-booking-merger.

〔3〕 See CMA, *Sabre / Farelogix merger inquiry*, *Initial Phase 2 Submission*, Gov. UK (September. 19, 2019), https://assets.publishing.service.gov.uk/media/5da8380940f0b659825a48bc/sabre_farelogix_initial_submission.pdf.

够更好地为航空公司提供服务,因此将加强与 Amadeus 等其他公司的竞争。交易方称,收购 FLX M(Farelogix 提供的一种允许航空公司跨多个渠道创建辅助报价的解决方案)将导致 NDC 零售业更加激烈的竞争,因为交易将改善 Sabre 和 Farelogix 的产品。例如,交易将提高 Sabre 对增强互操作性进行投资的动机,因为交易后实体将能够通过提供更好的产品整合服务以获取足够的增量销售收益。此外,交易将使得 Sabre 的全球基础设施能够与 Farelogix 的产品相结合,使交易后实体能够更好地与 Amadeus 等公司竞争 NDC 销售机会。

其次,在另一层面,交易将促进通过 GDS 传输 NDC 内容,增加 Sabre、Amadeus 和 Travelport 之间的竞争,并促进价格透明和航空公司之间的品牌竞争。交易方认为,通过将 Farelogix 的 NDC 技术和工程能力与 Sabre 的基础设施相结合,交易将使航空公司能够在全球范围内使用 NDC 标准分销、预订和履行更复杂的报价,同时充分整合 Sabre 的 GDS 的功能和支撑,并且比没有交易的情况下更有效、更快速地做到这一点。

对于效率主张的及时性、可能性、充分性以及集中特有性等要素,交易方给予了肯定性回答。[1] 同时,交易方指出,交易将带来以下强化竞争效果:第一,加强整个航空旅行和预订行业的竞争,因为交易后实体将拥有更强大的产品组合,能够更好地与 Amadeus 等供应商竞争;第二,加强 PSS 套件的竞争,因为交易后实体将提供将最优销售模块与其 PSS 技术堆栈相结合的选择;第三,使 Sabre 能够使用 NDC 标准提供 GDS 直通,并加快其采用 NDC 标准的速度,从而缩小与其他 GDS 供应商(Amadeus 和 Travelport)在 NDC 解决方案方面的差距,并在端到端 NDC 解决方案方面挑战 Amadeus。

(三)执法部门评估

CMA 评估交易方为支持其效率主张而提供的证据后,认为交易方未能证明所声称效率的及时性、可能性、充分性(足以防止实质性竞争损害产生)以及集中特有性。CMA 针对交易方提出的两类效率主张分别展开了具体分析。

1. Sabre 收购 Farelogix 的与 PSS 无关的销售解决方案

CMA 考虑了交易后实体是否会因为交易而变得更有可能与 Amadeus 和其他销售解决方案供应商展开竞争,以及这种竞争的增加是否及时、可能且足

---

〔1〕 因涉及商业机密信息,交易方在该部分提出的诸多论据被隐去了具体内容。

以抵消已经确定的实质性竞争损害。具体来说,CMA考虑了竞争是否会因为以下结果而增强:第一,Sabre通过收购与PSS无关的销售模块而变得更具竞争力;第二,由于只有通过交易才能实现改进,交易后实体在销售方面比Farelogix更具竞争力。

针对第一点效率主张,在反事实评估过程中,CMA经过分析认为,如果没有交易,Sabre将为航空公司开发并提供可靠的与PSS无关且与NDC兼容的销售解决方案。首先,在没有交易的情况下,Sabre在未来三到五年内将有强大的商业动机和能力开发这样的产品,因此交易并不是Sabre能够向航空公司提供与PSS无关的销售模块的唯一手段。因此,该效率主张不符合集中特有性的要求。其次,即使认为交易能够使得Sabre加速提供此类产品,也应当注意到,航空公司已经可以选择采购FLX M,而不管他们的核心PSS是由谁提供的。最后,即使认为Sabre收购FLX M会提高竞争效率,例如,通过将Sabre的全球基础设施、销售队伍和运营支持与Farelogix的销售产品相结合,这也只会带来暂时的好处,因为在没有合并的情况下,客户本就能够采购Sabre自己的NDC销售解决方案。因此,CMA得出结论认为,没有足够的证据表明任何此类效率将是及时的、可能的且足以防止实质性竞争损害的产生。

针对交易方第二点关于产品改进的效率主张,CMA指出:首先,Sabre向美国执法部门提交的材料表明,其打算单独提供Farelogix的产品。因此,尚不清楚交易后是否以及何时会有重大改进。其次,虽然交易方称Sabre的核心PSS/GDS专业知识将用于改进FLX M,并且Sabre的全球基础设施将使合并后实体能够更好地在销售中竞争。但交易方仅以非常一般的语言描述这些效率,而没有提供具体细节或支撑性证据,以说明对FLX M进行的产品改进的类型、时间、成功的可能性、预期收益的重要性,或它们在多大程度上增强了竞争并防止了实质性竞争损害的产生。最后,CMA认为,即使没有交易,Farelogix也能够通过其他方式获得类似的提升。例如,通过与其他核心PSS供应商合作。

基于上述原因,CMA得出结论:交易方并没有提供证据说明,与没有交易的情况相比,交易将如何在NDC零售或PSS套件领域实现额外的创新和竞争的增强,也即没有证明此类效率是合并特有的。

2. 推动端到端NDC

针对交易方提出的这一效率主张,CMA指出:首先,在英国2010年《合并评估指南》中,加速部署一种产品或服务(这种产品或服务本将在没有交易的情况下在稍后的日期部署)并没有被描述为一种效率。CMA 认为,实际上,这种效率从表面上看似乎并不是合并特有的。

其次,在反事实的评估中,CMA 认为,无论交易与否,Sabre 都有可能开发自己在 NDC 解决方案方面的能力。因此,CMA 认为交易方在整合端到端 NDC 解决方案方面所声称的效率并不是合并特有的。再者,目前尚不清楚与反事实的评估相比,交易在多大程度上可以加速 Sabre 提供端到端 NDC 解决方案的能力。交易方也并未提供有关此类效率的进一步、更具体的细节。

最后,交易方还就推动 NDC 的采用带来的客户利益提交了许多意见。其认为,交易有利于竞争,因为这将"促进价格透明和航空公司之间的竞争,有利于旅行社和终端客户"。然而,交易方关于此类效率的表述仅限于提供"无缝且完全集成的端到端 NDC 解决方案"的一般性陈述,而没有提出只有通过交易才能实现的具体改进。

3. 小结

综上所述,CMA 认为,交易方提交的证据不足以证明,与反事实相比,其主张的效率将强化竞争,或者潜在的效率是合并特有的、及时的、可能的且足以防止已确定的实质性竞争损害的产生。

四、欧盟谷歌收购 Fitbit 案[1]

(一)案件基本信息

谷歌是一家美国跨国技术公司,活跃于广泛的产品与服务领域,包括在线广告技术、互联网搜索、云计算、软件与硬件等。除此之外,谷歌还为智能移动设备、智能手表开发可授权的操作系统,以及提供健康和健身应用程序服务。谷歌的大部分收入来自在线广告,其还为医疗行业提供 IT 和信息服务。Fitbit 也是一家美国技术公司,活跃于健康与健身领域,主要从事可穿戴设备(包括智能手表和健身追踪器)及相关软件和服务的开发、制造和分销。

2019 年 11 月,谷歌与 Fitbit 达成收购协议,将以总价值约 21 亿美元收购

---

〔1〕 See European Commission, Case M. 9660 – Google/Fitbit, Commission Decision of 17. 12. 2020.

Fitbit 的全部股份。Fitbit 内部通过该协议后,交易方于 2020 年 1 月向欧盟委员会进行申报。经过深入调查,欧盟委员会最终于 2020 年 12 月 17 日决定附条件批准该交易。[1]

本案涉及多个相关市场,欧盟委员会在分析过程中同时使用了横向、纵向以及混合效应的分析。欧盟委员会提出的竞争关注也是广泛的,主要包括:第一,在数字广告方面,欧盟委员会担心交易会导致谷歌取得 Fitbit 的用户健康与健身数据库及开发相关数据库的技术,通过将之与谷歌现有的可用于个性化广告的海量数据相结合,将进一步提高数字广告领域的进入与扩张壁垒,最终使得广告商面临更高的价格与更少的选择;第二,在数字医疗市场方面,欧盟委员会担心谷歌可能限制数字医疗市场的竞争者通过 API 访问 Fitbit 的健康与健身数据,从而导致原料封锁,这对该领域的初创企业的影响尤为明显;第三,在腕戴式可穿戴设备方面,欧盟委员会担心谷歌可能会降低腕戴式可穿戴设备竞争对手与安卓设备之间的互操作性,从而使对方处于竞争的不利地位。对此,谷歌分别作出了数据分离、开放 API、保持互操作性等承诺。

(二)交易方效率主张

从决定文书来看,交易方在对欧盟委员会提出的横向损害理论和纵向损害理论的回应中,都提出了效率主张。

首先,针对欧盟委员会在数字广告市场的横向竞争关注,交易方提出,由于交易前谷歌和 Fitbit 不在同一市场上竞争,因此可以排除横向损害理论。损害理论最多可能是一种"效率违法"(efficiency offence),即假设谷歌将使用 Fitbit 用户的数据来改进其在线广告服务,而竞争对手可能无法与谷歌改进后的产品相竞争。交易方还认为,由于欧盟委员会声称交易方将从交易中获得可能具有反竞争影响的效率,因此欧盟委员会有责任量化其声称可能导致封锁的效率,并证明这种效率将被其反竞争影响所抵消。

其次,针对欧盟委员会对数字医疗市场中可能产生的原料封锁的担忧,交易方提出,不应对谷歌在数字医疗领域使用 Fitbit 数据产生任何担忧。具体而

---

[1] See European Commission, *Mergers: Commission clears acquisition of Fitbit by Google, subject to conditions*, ec. europa. eu (Dec. 17, 2020), https://ec. europa. eu/commission/presscorner/detail/en/IP_20_2484.

言,以竞争对手可能无法匹配的方式(获得 Fitbit 的数据集)改进产品或服务,以使消费者受益,这根本不应该被视为竞争问题,而应该被视为该交易所带来的促进竞争的效率。此外,交易方还指出,谷歌的竞争对手也可以访问 Fitbit 竞争对手的类似数据,这些竞争对手也通过 API 提供用户数据。因此,第三方没有依赖 Fitbit 的数据,也不会因为谷歌获取这些数据而受到伤害。交易方将此次收购视为谷歌和 Fitbit 与更成熟的市场参与者(苹果、三星、亚马逊、IBM 等)展开竞争的第一步。

(三)执法部门评估

对于交易方在数字广告市场提出的效率主张,欧盟委员会没有直接回应交易方关于效率举证责任的观点。欧盟委员会认为,如果在横向交易的背景下考虑效率,那么这种效率必须使消费者受益、是合并特有的,并且是可证实的。欧盟委员会进一步指出,虽然交易后谷歌的服务质量可能会因为更好的定向投放广告而在短期内提高,但如前文所述,这将随着进入和扩张壁垒的增加。从长远来看,鉴于这些市场缺乏竞争性,谷歌可能会提高其对广告商和出版商的价格(在中介服务的情况下),并可能减少其创新努力。这将对广告商和出版商产生不利影响,可能会抵销更好的广告定向投放所带来的短期收益。

对于交易方在数字医疗市场提出的效率主张,欧盟委员会并未在决定文书中直接予以回应,只是依据"能力—动机—效果"框架分析了其原料封锁损害理论。欧盟委员会最终分析认为,Fitbit 的竞争对手提供的替代性数据集在重要性上无法与 Fitbit 所提供的相比拟,谷歌有实施原料封锁的能力与动机,若交易后谷歌实施原料封锁,将对数字医疗领域的诸多初创企业带来不利影响。

五、欧盟 Meta (Facebook)收购 Kustomer 案[1]

(一)案件基本信息

Meta(前身为 Facebook)是总部位于美国的一家全球性科技公司,为消费者和企业提供一系列服务,包括社交媒体平台(Facebook)、即时通讯(Messenger、WhatsApp 和 Instagram)、数字广告和一系列商业工具。Kustomer

---

[1] See European Commission, Case M. 10262 - Meta (Formerly Facebook)/Kustomer, Commission Decision of 27.1.2022.

于2015年成立于纽约，提供CRM软件。该软件旨在帮助公司管理其与消费者（B2C）的沟通，Kustomer的CRM软件集成了一系列沟通渠道，包括电话、电子邮件、网页聊天、短信、Messenger、WhatsApp、Instagram和Twitter。

2020年11月，Meta宣布拟收购Kustomer。虽然该交易没有达到欧盟的申报门槛，但依据相关规定，欧盟委员会于2021年5月12日宣布，其已接受多个成员国提交的转介请求，以评估Meta对Kustomer的收购。经过深入调查，欧盟委员会最终于2022年1月27日决定附条件批准该交易。[1] 欧盟委员会的主要竞争关注为原料封锁。具体而言，其发现Meta有能力与动机拒绝Kustomer的竞争对手访问其即时通讯渠道（如WhatsApp、Instagram和Messenger）的API。由于Meta的即时通讯渠道是客户服务与支持CRM软件供应商的关键输入，因此该策略可以排除Kustomer的主要竞争对手和新进入者，从而减少CRM软件供应市场和客户服务与支持CRM软件供应市场的竞争，进而导致更高的价格、更低的质量和更少的创新。欧盟委员会最终同意的条件主要为开放Meta即时通讯渠道公开可用的API。

此外，CMA也对该交易进行了调查，并无条件批准了该交易。两个执法部门在评估过程中，均对交易方提出的效率抗辩进行了回应。欧盟委员会更为简单地从证明标准的角度，否定了交易方的效率主张。CMA则更为详细地展开了分析，认可了交易方提出的效率主张（见后文详述）。

（二）交易方效率主张

如前文所述，欧盟委员会主要提出的损害理论是原料封锁，即Meta可能限制对其即时通讯渠道API的访问。在回应这一竞争关注时，交易方除了否认其实施封锁的能力与动机外，还在否认其竞争损害效果的同时提出了效率主张。交易方认为，该交易将产生以下效率和客户利益：第一，增加B2C沟通中即时通讯的使用；第二，推动B2C即时通讯领域的创新和竞争；第三，推动CRM软件市场的创新和竞争；第四，为企业提供更高质量的广告服务。

（三）执法部门评估

在决定文书中，欧盟委员会主要在纵向效应“能力—动机—效果”分析框

---

[1] See European Commission, *Mergers: Commission clears acquisition of Kustomer by Meta (formerly Facebook)*, *subject to conditions*, ec. europa. eu (Jan. 27, 2022), https://ec.europa.eu/commission/presscorner/detail/en/IP_22_652.

架中的竞争效果部分,对交易方提出的效率抗辩进行了回应。欧盟委员会认为,交易方就该交易将节省成本(对于通过即时通讯为消费者提供服务的企业而言),以及将如何推动相关市场的创新和竞争,仅提交了非常简短和概括性的主张。但是,依据欧盟2004年《横向合并指南》,交易方有责任向欧盟委员会提供所有必要的相关信息,以证明所声称的效率是合并特有的、可能实现的,并且效率将抵消合并可能对竞争产生的任何不利影响,因此使消费者受益。欧盟委员会表示,交易方未能证明以上事项,因此效率主张不能得到支持。

六、英国 Meta (Facebook)收购 Kustomer 案[1]

(一)案件基本信息

如前文所述,本交易于2022年1月得到了欧盟委员会的附条件批准。在此之前,CMA于2021年7月宣布对该交易展开调查,不同于欧盟委员会的是,经过第一阶段的调查,CMA于2021年9月27日宣布无条件批准该交易。

在决定文书中,CMA分析了这样一种损害理论:交易后实体是否会利用产生于采用Kustomer的CRM软件的企业的广告收入,给CRM软件提供交叉补贴,从而提高客户服务与支持CRM软件市场的进入和扩张壁垒。CMA指出,基于其覆盖范围与广泛的用户数据,Meta被许多广告商视为必需品,Meta占据了英国在线展示广告支出的一半以上。此外,Meta预计采用Kustomer的CRM软件的企业将增加Meta的广告收入。增加的广告收入可能会让Meta有能力和动机为Kustomer的软件提供交叉补贴,比如免费提供。在这种损害理论下的担忧是:这样的策略可能会增加相关市场的进入和扩张壁垒,因为其他供应商无法获得和Meta一样的额外广告收入。

(二)交易方效率主张

在回应CMA关于交叉补贴的损害理论时,交易方提出,上述策略应代表与Meta边际成本降低相关的价格降低,而不是交叉补贴,并且它将对购买CRM软件的企业非常有利。

---

〔1〕 See CMA, *Anticipated acquisition by Facebook, Inc. of Kustomer, Inc. Decision on relevant merger situation and substantial lessening of competition*, Gov. UK (September. 27, 2021), https://assets.publishing.service.gov.uk/media/618a6328d3bf7f56059042d5/Facebook.Kustomer_-_Phase_1_Decision_.pdf.

（三）执法部门评估

CMA对交易方的上述主张表示同意，其认为，源于交易的效率，交易后实体有动机免费或以特别低的价格提供Kustomer的软件，至少在短期内，企业将从中受益。然而，CMA还认为，当交易的一方已经拥有相当大的市场力量时，交易特有的巨大效率的存在可能会导致长期竞争损害，从而远超过短期客户利益。因此，CMA进一步分析了本次交易是否存在这种情况发生的现实前景。

CMA进一步考量了交易后实体实施交叉补贴的动机，以及其竞争影响。CMA认为，Meta将有动机对Kustomer实施交叉补贴，因为提供CRM软件方面的损失将通过在线展示广告带来的更高收入得到补偿，从长远来看，还将从为企业提供的进一步服务中获取收入。但是，CMA通过分析发现，这种交叉补贴策略对竞争的影响并不够显著，其对相关市场的价格、质量和创新的长期影响，并没有超过因Kustomer的软件更低的价格所带来的短期客户利益。首先，CMA认为，当交易涉及的是现有市场力量很大的大型供应商，或在市场上没有老牌大型供应商情况下的小型企业时，交易效率产生长期反竞争影响的可能性才更大。在本案中，Kustomer目前是一个非常小的客户服务与支持CRM软件供应商，该市场存在大型且成熟的竞争对手，如Salesforce、SAP和Oracle。在这种情况下，影响Kustomer的CRM软件价格的合并效率，会增加大型供应商的竞争压力。其次，虽然有CRM软件供应商提出，并非所有CRM软件供应商都能复制合并后实体的策略。例如，Meta可能引入一种商业模式，即从Meta购买更多广告的客户，将会得到免费的Kustomer的服务作为回报，这将不会是一个公平的竞争环境，因为其他CRM软件供应商没有广告产品来补贴他们的CRM软件解决方案。如果Meta对Kustomer的服务采取免费或免费增值模式，部分供应商将难以与之竞争。然而，CMA指出，应当考虑交易对市场竞争的影响，而不是对单个竞争对手的影响。CMA认为，即使一些竞争对手难以应对这种策略，也会存在足够的竞争约束。例如，最大的供应商可能会采用免费增值模式，或者针对小型企业开发基本的低价CRM产品，并期望随着企业需求变得更加复杂，其CRM收入的增加。最重要的是，其他客户服务与支持CRM软件供应商没有必要为了保持竞争力而复制交易后实体的策略。虽然价格无疑是竞争的一个重要方面，但CRM软件供应商也可以在其他几个方面与交易后实体展开竞争。交易方提出，企业选择CRM软件有许多因素，包括人工智能能力和技术支持。类似地，也有其他 CRM 软件供应商提出，受制于不断变化的技术、客户需求以及新产品和服务地频繁推出，CRM 软件解决方案市场正在迅速发展。在这种情况下，大型供应商和更小众的供应商都可以通过技术创新保持竞争力。CMA 最终认为，这种交叉补贴策略不会导致相关市场实质性竞争损害的发生。

七、总结

综合前述数字经济领域近几年最新的案例，不难发现，动态效率主张在数字经济领域的经营者集中案件中更为普遍。例如，前述案件中交易方提出的动态效率主张包括，收购互补性新业务以提升竞争力、推动创新产品的采用、推动产品改进以及形成规模经济等。当然，本章第二节中所提及的效率主张面临的各种问题挑战，目前仍然存在。只有英国 Meta 收购 Kustomer 案认可了交易方提出的边际成本降低的效率主张，在前文提及的其他案件中，执法部门或是否定效率的集中特有性，或是认为交易方未能提供具体证据进行证明，均否认了交易方提出的效率主张。此外，从这些数字经济领域的案件中还可以发现，交易方提出了诸多非价格的效率主张，如推动创新产品的采用、推动产品改进、提高服务质量等，但交易方似乎很难对其进行量化，因而执法部门常以未提供具体证据为由否定此类效率主张。

整体而言，企业提出的效率主张所面临的挑战主要涉及证明标准，执法部门经常以交易方未提供具体证据为由驳回其效率主张。值得注意的是，部分案件仅以此对交易方的效率主张作简单回应（如欧盟 Meta 收购 Kustomer 案），而不展开具体分析，这并不利于企业充分利用效率抗辩制度；部分案件中，执法部门对交易方效率主张作出了详细回应（如英国 Sabre 收购 Farelogix 案以及 Meta 收购 Kustomer 案）。这些有限的案例一定程度上可以为企业以及其他反垄断辖区的执法实践提供参考。

具体而言，企业效率抗辩在证明标准方面遇到的主要挑战可以归纳为以下几点。

第一，难以提出具体的效率主张。部分案件中，执法部门认为交易方提出的效率主张仅仅是模糊的、一般性的表述，而没有对效率的具体方面进行证明。例如，在前文的 Sabre 收购 Farelogix 案中，CMA 指出：“交易方仅以非常一般的语言描述这些效率,而没有提供具体细节或支撑性证据,以说明……产品改进的类型、时间、成功的可能性、预期收益的重要性,或它们在多大程度上增强了竞争并将防止实质性竞争损害的产生。”欧盟委员会也在 Meta 收购 Kustomer 案中指出,交易方“仅提交了非常简短和概括性的主张”。

第二,难以证明效率的集中特有性。效率的集中特有性是执法部门关注的重中之重,也是其驳回交易方效率主张的主要论据。在上述英国的大部分案件中,CMA 都对效率主张的集中特有性进行了详细回应,其通常以反事实评估为依据,否定交易方效率主张的集中特有性。具体而言,CMA 认为,如果在反事实当中,交易方所主张的效率能够以其他形式得到实现,则该效率主张不应当得到支持。例如,在 Sabre 收购 Farelogix 案中,CMA 对交易方的两点效率主张的回应均提到,如果没有交易,Sabre 将在未来三到五年为航空公司开发并提供可靠的相关服务,并整合创新的技术,因此合并并不是实现此类效率的唯一手段。基于此,该类效率主张不符合集中特有性的要求。又如,在微软收购 Activision 案的反事实评估中,通过分析云游戏服务行业的发展趋势以及 Activision 的内部文件,CMA 得出结论:Activision 可能会在未来五年内将其游戏提供给云游戏服务。换言之,即使没有交易的存在,交易方主张的效率也能够实现。而且,CMA 认为,没有该交易的 Activision 在云游戏服务上提供其内容的动机会比合并后实体更大。由此,CMA 否认了微软的效率主张。

第三,难以证明效率的充分性。执法部门在评估效率主张时的另外一个重要问题是,交易的效率是否足以抵消交易可能带来的竞争损害。在分析该问题时,执法部门似乎将相关市场的竞争状况以及交易方在相关市场的市场力量作为重要的分析要素,这一点可以从欧盟谷歌收购 Fitbit 案和英国 Meta 收购 Kustomer 案的不同分析结论中略见一斑。在欧盟谷歌收购 Fitbit 案中,欧盟委员会认为,虽然交易后谷歌的服务质量可能会因为更好的定向投放广告而在短期内提高,但这将伴随着相关市场进入和扩张壁垒的增加。从长远来看,鉴于这些市场缺乏竞争性,谷歌可能会提高商品或服务的价格,并可能减少其创新努力,这将抵销该效率所带来的短期收益。与之不同的是,在英国调查的 Meta 收购 Kustomer 案中,CMA 经过分析认为长期竞争损害并未超过效率提升,因而支持了交易方的效率主张。CMA 认为,当交易的一方已经拥有相当大的市场力量时,交易的效率可能会导致长期竞争损害,从而远超过短期客户利益。

但经过分析,CMA 认为,Kustomer 目前是相关市场上一个非常小的供应商,该市场存在大型且成熟的竞争对手,这些成熟的竞争对手有能力应对交易后实体的交叉补贴策略,且可能促进他们进行商业模式以及技术的创新。因而,CMA 认可了交易方提出的边际成本降低的效率主张。

第四节　中国效率抗辩的完善

一、效率抗辩的整体定位

企业合并反垄断审查的规制机理可归纳为反竞争效果的认定、抗辩与救济,[1]效率抗辩便是最为重要的一种抗辩机制。我国《反垄断法》第 33 条、第 34 条有关经营者集中审查考量因素与审查标准的规定,为交易方实施效率抗辩提供了法律基础。下位配套规则中也有少量规定,比如国家市场监督管理总局 2023 年发布的《经营者集中审查规定》第 36 条规定,"评估经营者集中对国民经济发展的影响,可以考虑经营者集中对经济效率、经营规模及其对相关行业发展等方面的影响"。商务部早期发布的《关于评估经营者集中竞争影响的暂行规定》(已失效)第 12 条则指出,评估经营者集中时,除考虑上述因素外,还需综合考虑集中对公共利益的影响、集中对经济效率的影响、参与集中的经营者是否为濒临破产的企业、是否存在抵消性买方力量等因素。由于国内相关规则过于原则,效率抗辩在反垄断规则体系中的定位并不清晰,比如似乎可以将其理解为竞争分析的一个组成部分,而非针对竞争分析所确认的反竞争效果的一种独立的对抗机制。笔者建议,我国完善企业合并反垄断审查规则时,可以考虑将竞争分析与抗辩机制明确区别开来,即不将效率抗辩作为竞争评估的一部分,而是作为一种独立的对抗机制。竞争分析主要关注反竞争效果的认定,由执法部门负责,效率抗辩的责任主体则为交易方。交易方提出效率抗辩(或其他抗辩理由)时,执法部门基于其认定的反竞争效果,结合抗辩理由进行整体权衡。值得注意的是,我国执法部门也可以考虑将抗辩因素与市场进入、买方力量等反竞争效果认定中的否定性因素明确区别开来。从理论上看,买方

---

[1] 参见韩伟:《经营者集中附条件法律问题研究》,法律出版社 2013 年版,第 10 页。

力量等因素会影响反竞争效果是否发生，以及效果的程度大小，它们的存在类似一种能对反竞争效果发生作用的对冲力量。以效率抗辩为代表的抗辩机制则是一种权衡机制，抗辩因素并不会影响反竞争效果是否发生，以及效果的程度大小。具体案件中如果抗辩成立，则体现着执法部门代表社会公众对特定交易导致的反竞争效果的一种“容忍”，实质是竞争政策与其他国家政策的协调与平衡。[1]

二、效率抗辩规则建构的重点问题

以下几方面的问题需要在我国的效率抗辩规则建构中重点关注：第一，权衡标准问题。效率抗辩能否成功，植根于一国反垄断法的福利标准，不同福利标准的选择，直接决定特定案件中效率与反竞争效果进行权衡时，抗辩能否成功。从美国、欧盟、加拿大等反垄断司法辖区的经验来看，“总剩余标准”“消费者福利标准”“平衡权重标准”是最为重要的几类标准。我国如果要细化效率抗辩规则，如何结合我国《反垄断法》的规定，在福利标准上进行取舍，是需要解决的实质性问题之一。第二，效率的量化问题。效率抗辩涉及效率的可认知问题，效率难以认知、难以量化一直是制约效率抗辩规则在个案中适用的一个主要问题。我国在完善效率抗辩规则时，具体案件中对效率的量化如何要求，如何处理定性效率抗辩与定量效率抗辩的关系，这也是需要考虑的重要问题。该问题也关联于效率抗辩的权衡规则中，是否要求对反竞争效果进行量化。整体而言，考虑到我国执法经验与资源有限，短期内定性分析在我国合并反垄断审查中估计仍占主体地位，但应积极推动定量分析在具备条件的个案中的适用。第三，效率类型的区分问题。效率抗辩中的效率，一般需要具备合并特有、可认知、及时性等特点。在建构效率抗辩规则时，是否有必要区分不同类型的效率，适用不同的抗辩规则？是否有必要明确特定类型的效率不予考虑，特定类型的效率需要重点考虑？这些问题也需要引起我们的重视。整体而言，针对数字经济领域的交易，动态效率应引起足够的重视。

---

[1] 参见种明钊主编：《竞争法学》（第2版），高等教育出版社2012年版，第305页。

三、效率抗辩规则建构的实现路径

结合我国立法与执法现状，就我国的效率抗辩规则建构而言，笔者建议先在执法中逐步推动，在积累经验的基础上，通过不同层级的规范性文件，逐步建立效率抗辩规则体系。执法方面，执法部门应充分尊重与重视交易方的抗辩权利，切实保障抗辩权利的落实，提升执法透明度（包括对特定案件抗辩信息的适度披露），鼓励企业适用抗辩权利，为规则的完善积累实践经验。就立法而言，一方面，未来修订规章时，可考虑进一步明确效率抗辩的定位，提升效率抗辩在合并反垄断审查规则体系中的地位；另一方面，在执法经验积累到一定程度的基础上，逐步通过指导意见、暂行规定、办法、指南等文件形式，明确效率抗辩的基本程序、分析方法、主要考量因素等内容，逐渐向市场提供效率抗辩的明细化指引。

第五章　竞争损害的救济措施

针对特定并购交易在附加限制性条件的基础上予以批准，是反垄断法中的一项重要制度，国际理论与实务界称为“合并救济”（merger remedies）。[1] 通过合并救济，执法部门可在促进企业自由发展与维护市场有效竞争之间获得平衡。[2] 本章重点讨论数字经济领域合并救济面临的主要问题以及解决思路和我国在这一领域如何进行规则细化与执法完善。

第一节　概　况

近年来随着全球数字经济的迅猛发展，反垄断法在新环境下的有效适用面临系列挑战，其中便包括合并救济规则的适用，相关问题也引发了国际学界的关注。[3] 从域外执法实践来看，针对数字经济领域的一些重大并

---

〔1〕 为行文便利，本章主要采用合并救济的提法，与我国《反垄断法》意义上的经营者集中附加限制性条件具有同等含义，不作严格区分。

〔2〕 参见韩伟：《经营者集中附条件法律问题研究》，法律出版社2013年版，第1页。

〔3〕 目前一些讨论数字经济中反垄断救济问题的国际文献，并不局限于经营者集中环节的救济问题，参见 Michal S. Gal & Nicolas Petit, *Radical Restorative Remedies for Digital Markets*, 37 Berkeley Technology Law Journal (2021)。

购交易(如 Bazaarvoice 收购 Power-Reviews、谷歌收购 ITA、谷歌收购 Fitbit、微软收购领英、Grab 与 Uber 合并、高通收购恩智浦、Sabre 收购 Farelogix、Facebook 收购 Giphy 等),部分反垄断辖区对这些交易附加了限制性条件甚至予以禁止。

就国内而言,合并救济相关研究整体仍聚焦于传统领域,深入数字经济领域的合并救济问题的研究非常有限。2013 年笔者对该问题曾有简单论述,认为以云计算、大数据等为代表的技术革新对垄断行为反竞争效果的认定、抗辩与救济几大环节都会产生重大影响。结构性因素与方法在反竞争效果认定过程中的重要性可能会不断降低,动态效率可能成为重要的抗辩理由,而行为救济则可能会在更多的环境下发挥作用。[1] 后续出现了少量涉及国内互联网及数字经济领域合并救济问题的研究成果,但整体而言这方面的研究仍有很大的拓展空间。[2] 随着这两年国内数字经济领域反垄断执法力度的加大,执法部门查处了大量涉互联网平台的应报未报案,包括针对腾讯控股收购中国音乐集团股权的行政处罚案(涉及恢复相关市场竞争状态的系列措施),[3] 以及禁止虎牙公司与斗鱼国际控股有限公司合并案[4],这些案件都与数字经济领域的合并救济问题直接相关。数字经济领域的合并救济,是当前我国反垄断领域亟待展开深入探讨的重要命题,这方面理论研究的深入推进有助于我国反垄断实践的发展,这也是反垄断制度在保障我国数字经济高质量发展中不可忽视的重要一环。就域外进展而言,近年主要反垄断辖区合并救济规则的新发展,值得关注的是美国相关规则的变化。

---

[1] 参见韩伟:《技术革新与可持续竞争》,载《中国物价》2013 年第 8 期。

[2] 相关研究可参见袁日新:《互联网产业经营者集中救济的适用》,载《河北法学》2014 年第 1 期;孙晋:《谦抑理念下互联网服务行业经营者集中救济调适》,载《中国法学》2018 年第 6 期;仲春:《我国数字经济领域经营者集中审查制度的检视与完善》,载《法学评论》2021 年第 4 期;王磊:《数据驱动型并购中竞争损害的新面向及救济理念革新》,载《上海财经大学学报》2021 年第 6 期;唐要家、唐春晖:《重构数字经济并购控制政策研究》,载《竞争政策研究》2021 年第 6 期;Wei Han & Yajie Gao, *Challenges and Prospects for Merger Control in China in the Digital Economy*, CPI Antitrust Chronicle, March 2019;Wei Han & Yajie Gao, *Merger control in China's digital economy: challenges and prospects*, in David Bosco and Michal S. Gal, (eds.), Challenges to Assumptions in Competition Law, Edward Elgar, 2021。

[3] 参见国家市场监督管理总局行政处罚决定书(国市监处〔2021〕67 号)。

[4] 参见市场监管总局:《关于禁止虎牙公司与斗鱼国际控股有限公司合并案反垄断审查决定的公告》,载国家市场监督管理总局反垄断执法一司网 2021 年 7 月 10 日,https://www.samr.gov.cn/cms_files/filemanager/samr/www/samrnew/fldys/tzgg/ftj/202204/t20220424_342157.html。

一、美国合并救济规则新发展

(一)DOJ撤销2011年《合并救济指南》

2018年9月,DOJ当时负责反垄断局的助理总检察长Makan Delrahim在华盛顿举行的一次研讨会上,作了“合并审查程序现代化”的主题演讲。在这次演讲中,Makan Delrahim宣布DOJ将撤销2011年发布的《合并救济指南》,[1]在重新发布新的合并救济政策文件前,DOJ将重新适用2004年版的《合并救济指南》。

就合并救济而言,DOJ与FTC并未发布统一的指南(尽管针对横向合并和纵向合并[2]发布了联合指南,但联合指南不涉及合并救济问题),FTC现行有关合并救济的核心文件是2012年版的《合并救济商谈申明》。

2011年6月,DOJ发布新版《合并救济指南》,替代了2004年版的指南。2011年版指南在整体结构以及具体内容上均对2004年版指南进行了较大幅度的修改。此外,2011年版指南还体现了DOJ在合并救济政策上与FTC进行衔接的努力,也与欧盟委员会2008年的《合并救济指南》趋于一致。2011年版指南在结构安排上较2004年版指南发生了一定的变化。2004年版指南分为概述、指导原则、设置救济措施、救济措施的履行、同意令的遵守与执行五大部分。2011年版指南则分为前言、设置有效救济措施、救济措施的类型、选择救济措施时的额外考虑因素、有效救济措施的执行以及承诺的遵守六大部分。

就具体内容而言,2011年版指南较2004年版指南,在针对行为救济(conduct remedies)、买家先行(upfront buyers)[3]以及“皇冠宝石”条款(“crown jewel” provision)[4]等规则的态度上,也存在显著差异。行为救济方面,2004年版指南指出,行为救济导致执法部门持续干预市场,给政府与公众带来沉重负担,因此其只在有些情形下才被适用。2011年版指南对于行为救

---

〔1〕 参见韩伟:《美欧反垄断新规选编》,法律出版社2016年版,第355~380页。

〔2〕 2020年联合发布的《纵向合并指南》,2021年9月被FTC宣布撤销。参见韩伟:《纵向合并指南》,载《竞争政策研究》2020年第3期。

〔3〕 参见韩伟:《经营者集中附条件批准下的买家先行与定资先行》,载《现代经济探讨》2013年第4期。

〔4〕 参见韩伟:《美国、欧盟反垄断法中的皇冠宝石规则及启示》,载《经济纵横》2012年第11期。

济的态度则发生了明显变化。依据 2011 年版指南,行为救济是一种处理纵向合并竞争问题的有效方法,其有时也可用于处理横向合并中的竞争问题。行为救济在有效阻止竞争问题的同时,还能维系合并带来的利益。买家先行方面,对于合并完成后再出售资产的案件,可能涉及买家先行规则。对买家先行的开放态度也是 2011 年版指南的显著变化之一,2004 年版指南对于买家先行规则并没有直接认可,而依据 2011 年版指南,有些案件中当事人可能提议将被确定的待剥离资产出售给特定的买家。如果执法部门认为提议的资产剥离方案能有效维持合并后相关市场的竞争,则会签署同意令去认可这类买家。通过买家先行规则,参与合并的企业能缩短资产剥离期限,执法部门也能避免更长的调查期限,节约执法成本。"皇冠宝石"条款方面,对"皇冠宝石"条款的态度也是 2011 年版指南的显著变化之一。2004 年版指南明确指出非常不欢迎适用"皇冠宝石"条款。2011 年版指南则指出,如果不适用买家先行规则,执法部门就必须确保待剥离资产足以吸引一个能运用这些资产去有效维持竞争的买家。当待剥离资产的有效性存在不确定性时,执法部门可能要求设置"皇冠宝石"条款。这种条款一般明确表明,如果不能发现可接受的买家,当事人将附加高价值资产("皇冠宝石"资产)用于剥离,从而增加适当买家出现的可能性。"皇冠宝石"条款通过将资产剥离失败的风险转移给合并企业,从而为合并救济的成功提供了一定的保证。

关于 DOJ 撤销 2011 年版《合并救济指南》的原因,从 Makan Delrahim 的发言内容看,其似乎认为现行政策导致并购反垄断审查中,执法部门与交易方之间围绕救济措施的谈判耗费了太多时间,使得 DOJ 无法实现缩短并购审查期限的整体政策目标。此外,据报道,Makan Delrahim 曾在不同场合表达过不赞同 DOJ 目前适用的合并救济政策,针对拟附加限制性条件的案件,其更倾向于采用资产(业务)剥离类结构救济措施。

由于 2004 年版指南与 2011 年版指南在行为救济、买家先行以及"皇冠宝石"等具体规则的态度方面存在差异,且 2004 年版指南内容与 FTC 以及欧盟合并救济政策在近年的发展方向存在区别,与 ICN 2016 年发布的推荐性《合并救济指南》[1]的思路也存在差异,因此值得我们关注的是,DOJ 在未来执法中是否会严格遵循 2004 年版指南而排斥 2011 年版指南在一些具体问题上的不

---

〔1〕 参见韩伟主编:《国际竞争网络(ICN)调研报告选介》,法律出版社 2018 年版,第 384～411 页。

同思路,特别是针对行为救济的态度会如何发展,与 FTC、欧盟委员会以及我国的合并救济政策是否会出现实质性冲突(包括针对同一交易跨反垄断辖区执法协调时可能带来的挑战)。

(二)DOJ 发布 2020 年《合并救济手册》

2020 年 9 月,DOJ 反垄断局发布《合并救济手册》。如前文所述,2018 年 9 月,DOJ 宣部撤销 2011 年版《合并救济指南》,恢复适用 2004 年版指南。新手册对 2004 年版指南内容进行了完善,尽管没有法律约束力,但其体现了 DOJ 针对合并救济的最新态度。相较于 2004 年版指南,2011 年版指南对行为救济更为认可。此次发布的新手册整体遵循了 2004 年版指南的态度,进一步表明 DOJ 对结构救济的偏好。一直以来,DOJ 与 FTC 针对合并救济的态度存在一定差异(2011 年版指南被认为体现了当年 DOJ 在合并救济政策上与 FTC 进行衔接的努力),两机构日后是否会联合发布合并救济指南,仍值得期待。

结构救济与行为救济的取舍与选择是合并救济领域最关键的问题,全球各反垄断辖区执法部门的态度也存在一定的差异。新手册整体强调了对结构救济的认可,其中涉及行为救济适用的内容值得关注(较 2011 年版指南相关内容更为简单),下面简要梳理新手册相关部分(III. B 部分)的内容。

新手册指出,结构救济对横向合并与纵向合并而言均为适当的救济措施。在横向合并与纵向合并案件中,结构救济是首选,因为这些措施清晰、明确、有效,并且避免了政府对市场的持续干预。对竞争的维系而言,精心设置的剥离令"简单、相对容易管理且确定性强"。绝大部分案件中的合并救济措施都是结构性的。但是,在有些情形下,行为救济也可能是适当的,比如以下两种情形。

1. 辅助结构救济实现的行为救济

某些情形下,基于个案情形设置的行为救济可能有助于结构救济的有效性。比如,进行结构救济时,可能需要确立临时供应协议。如果买方在有限的过渡期内无法生产产品(例如,受工厂重组、产品结构变化、许可证的申请或转让或者新供应协议的谈判等因素的影响),临时供应协议则可以帮助被剥离资产的买家避免市场损失。反垄断局将审查这类临时性供应协议,确保协议不会导致当事方之间竞争性敏感信息的交流。

资产(业务)剥离通常涉及人员调动,可能需要临时限制合并后企业对相关员工的重新雇用。既有的在职员工通常对被剥离资产的生产运营至关重要，特别是资产剥离后的那段时期。比如，他们可能拥有特定制造设备的独特技术知识，或者可能是基础软件的开发者。尽管知识通常随时间流逝可转移或可复制，但特定雇员的迅速流失仍可能从一开始就大大降低通过资产剥离去维系竞争的预期。为防止这种可能性发生，反垄断局可能会在一定时期内禁止合并后的企业重新雇用这些员工。

反垄断局不赞同限制合并后企业在最终产品市场上竞争或与被剥离资产买家竞争的权利，即使作为过渡性措施也不认可。这种限制措施直接制约了短期竞争，由此可能产生的任何长期利益本质上都具有很大不确定性。因此，反垄断局不太可能将这类措施作为合并救济方案的一部分。如果没有这种限制，被剥离资产买家将无法生存或无法与合并后企业有效竞争，那么针对交易反垄断局可能会寻求全面禁令。

防火墙条款旨在防止企业内部传播可能便利反竞争行为（如竞争对手之间的合作）的信息。防火墙条款很少使用，这是因为，不论如何精细设计防火墙条款，不当信息交流的风险仍然很高。不过，在有些情形下，比如为了促进结构救济的实现，或者如果合并不发生或仅通过结构救济无法实现显著效率改进，则反垄断局仍会考虑适用防火墙条款。

在考虑是否适用防火墙条款时，反垄断局将谨慎地确保该防火墙条款能够充分防止目标信息的传播。反垄断局将重点识别可能存在问题的信息，并考虑如何有效地封锁该信息。还需要进行有效监督，以确保防火墙条款得到有效执行。适用防火墙条款非常重要的一个方面是要确立一套有效的执行机制，且对于违反条款实施的行为要确定严苛的不利后果。

2. 独立的行为救济

仅当交易方能同时证明以下几点时，独立的行为救济才是适当的：(1)只有通过合并，交易才能产生显著的效率；(2)结构救济不具有可行性；(3)行为救济将完全解决竞争关注；(4)救济措施能有效执行。

并购交易具有创造效率或者让消费者受益的潜力。在可认知的效率非常明显但合并又具有反竞争性的情况下，如果要求通过结构性剥离去处理潜在竞争问题，则可能会不必要地牺牲交易本可以带来的显著效率。在这种情况下，可以考虑适用独立的行为救济措施。但是，要基于交易可能带来的效率来证明接受行为救济具有正当性,效率必须具有可认知性(而不仅仅是主张效率会产生),它们必须能够降低合并对相关市场中的消费者造成损害的可能性,且必须是通过结构性资产剥离无法实现的。

合并也可能导致这样一种情形出现,即任何可能消除竞争损害的结构救济措施,都会导致交易方原有内部效率(合并前交易方已实现而非归因于交易的那部分效率)的丧失。比如,为了使成本最小化,企业可能将同一分销系统用于其生产的小部件和小配件。如果确定的救济措施涉及将整合的分销系统分解为小工具分销系统与小部件分销系统并进行相应剥离,这就可能消除合并方已经产生的效率。如果这类方案能完全处理拟议合并的潜在反竞争损害,且能有效执行,那么反垄断局会考虑那些能保留既有效率的行为救济方案。

在确定一种行为救济措施是否适当时,反垄断局还会考虑监督与执行该救济措施的成本。在那些存在行业监管的市场中,监督与执行行为救济措施可能会更加容易。因为在这类市场中,合并后企业的行为数据可以被定期收集并进行审核。尽管行业监管机构与反垄断局的动机与目标通常存在差异,但行业监管机构所要求的市场行为的更大透明度,可以降低反垄断局和法院对救济措施的监督与执行成本。

二、OECD 针对合并救济的讨论

针对合并救济这个老问题,近年 OECD 组织的一些论坛也有涉及,这些论坛有助于我们了解全球这方面的整体发展情况,以及相关问题在各界的共识和分歧。

(一)“合并控制中的禁止决定与附条件决定”论坛[1]

2016 年 11 月,OECD 竞争委员会组织召开了一次圆桌论坛,就“合并控制中的禁止决定与附条件决定”问题展开讨论。综合与会代表的书面意见、专家小组成员的现场陈述以及秘书处的背景报告,本次会议涉及以下要点。

一方面,当可以通过特定措施有效处理预期的竞争损害并维系市场的竞争性条件时,竞争执法部门将会附条件批准一项交易。针对救济措施的全面性、

〔1〕 See OECD, *Executive Summary of the roundtable on Agency Decision-Making in Merger Cases: From a Prohibition Decision to a Conditional Clearance*, 2016.

充分性以及成功的可能性，各反垄断辖区竞争执法部门的评估日益谨慎，且对救济措施的有效性以及可执行性提出了很高的确定性要求。竞争执法部门会接受那些旨在使得一项交易被批准的救济措施，如果这些措施的确能够有效处理预期的竞争损害的话。要确定提议的救济措施能否为附条件决定提供正当性，取决于竞争执法部门对救济措施能否有效、充分处理竞争关注以及维系市场竞争性条件所做的评估。执法部门面临的挑战是，确认并接受那些有充分把握能够成功维系市场竞争的救济措施，且确保这些措施能够被落实并被交易方遵守。接受救济措施的标准一般是救济措施能够完全消除竞争关注。在本次论坛讨论期间，一些与会代表对消除竞争关注的含义进行了澄清，他们称，消除竞争关注是，针对预期的实质性竞争减少，需要将竞争修复到一定的程度，即较合并没有发生的情形，竞争不会实质性减少。因此，如果竞争没有显著减少，则不能禁止一项交易。全球各竞争执法部门评估与接受救济措施的方法，近年发生了很大的变化。执法部门在评估解决方案的过程中，逐渐更为深入地评估救济措施的细节，测试提议的救济措施是否会产生期望的结果。本次会议的讨论表明，救济方案的设计与执行已得到改进，针对何种救济措施能匹配被认定的反竞争关注从而让竞争执法部门满意，进而可以附条件批准一项交易的标准，也日益清晰。本次论坛讨论的近年发生的少量案件中，当没有发现能够维系竞争的合适救济措施或者当提议的救济措施无法被确定能够有效执行时，竞争执法部门便作出了禁止的决定。专家小组成员注意到了各反垄断辖区所取得的进展并指出，竞争执法部门充分证实其竞争关注，公开、直接、及时地向交易方提出其要求，对于清晰确定的竞争问题只采取必要、对交易方而言负担最轻的救济措施，这些是非常重要的。一些代表强调了对救济措施进行市场测试的重要性，通过市场测试可以确保救济措施清晰、易理解且可能有效，而且通过市场测试可以确保救济措施本身不会导致上游或下游市场的竞争关注。当对救济措施方案进行市场测试时，一些代表认为，对第三方主体意见的准确性进行检验是非常必要的，因为第三方主体存在多方面的动机去怂恿执法部门对其他企业特别是竞争对手附加严苛的救济措施。部分专家也指出，当竞争问题无法被救济，或者只能通过非常严苛的救济措施进行处理时，执法部门应该尽快通知企业，从而让企业决定是否继续投入时间与成本去推进可能最终无法成功完成的交易。一般而言，清晰且可预测对企业而言是非常重要的，特别是当快速完成对交易而言非常关键时，如果交易需要花很长时间才能完成，则交易方可能倾向于选择放弃交易。因此，就执法部门的实践向市场提供规范的指引，可以帮助企业更好地准备以及符合执法部门的要求。OECD 的工商业咨询委员会（BIAC）建议，当执法部门评估提议的救济措施时，应该考虑被救济后的交易可能产生的效率，以及进一步权衡，交易产生的效率是否超出交易可能导致的反竞争效果。证明交易产生的效率的责任在交易方。当救济措施可能产生的效率没有被考虑时，存在一种风险，即整体上促进竞争的合并交易可能无法被批准。与会代表指出，效率应该是明确、合并特有以及能够通过更低价格或更好质量的方式传递给消费者的。

另一方面，与会代表一致认为，结构救济更为清晰，且更容易执行与监督。但是，行为救济在纵向合并或快速变化的市场中可能是适当的，可以被适用。本次论坛的讨论结果显示，在大部分反垄断辖区结构救济是优先被考虑的，因为其给竞争关注提供了一种清晰的解决方案。大家普遍认为，行为救济在有效执行与监督方面会导致不确定性。但是，在快速变化的市场或纵向合并中，行为救济有时是合适的，在这种情形下，批准合并所能获得的效率可能很高，封锁方面的风险可以被行为救济解决。与会代表指出，当业务剥离被提议时，确保特定买家已作好准备且能够购买待剥离资产，从而及时恢复市场的竞争，这方面是面临挑战的。在本次会议讨论的近年发生的若干案件中，执法部门提出了买家先行、定资先行（fix-it-first）以及业务分持（hold separate）[1] 等措施，作为交易被批准的具体辅助条件。一些执法部门指出，如果提议的待剥离业务（资产）包过于复杂，他们可能不愿意接受这类救济措施方案，因为其需要非常复杂的监督，且可能被证明非常难实施或者根本无法实施。一些代表提出一种担忧，在一些小的经济体中，可能无法找到可接受的待剥离资产买家。尽管一项跨国合并可能对特定的较小经济体产生显著的竞争损害，但该经济体可能并非全球交易非常重要的一部分。在这类案件中，竞争执法部门面临选择，即禁止交易或附加严格的救济措施，这类措施可能导致企业从特定市场退出从而损失

〔1〕 长期业务分持是中国合并救济的特色之一，相关分析可参见 Wei Han, Ranran Yin & Xiong Zeng, *Standalone Hold Separate Orders as Remedies in Chinese Merger Control*, in Adrian Emch and Wendy Ng (eds.), Wang XiaoyeLiber Amicorum, Concurrences, 2019。

竞争,或者附加只针对当地市场的行为救济措施。在涉及大型跨境的合并案件中,与会代表与专家都强调了不同执法部门进行合作与协调的价值,从而确保不同反垄断辖区执法决定的一致性,避免不必要的重复,在程序与时间方面实现协调。

此外,执法部门对合并案件的决定与救济措施的事后回溯评估,可以为未来的执法决定提供指引,帮助确认那些更可能导致损害的合并,以及确认能够成功处理反竞争效果或者不可能有效的救济措施。执法部门对合并执法实践的事后回溯评估,可以帮助发现哪些合并在市场中损害了竞争,哪些救济措施成功或没有带来预期的结果。这类事后评估,可以改变执法部门未来实施合并审查与救济的方法,让执法部门能够更精准的发现有问题的交易,确定风险,并就那些更可能成功的救济措施达成一致意见。比如,欧盟委员会2005年实施了一项研究,研究了20世纪90年代末的40个附条件合并案件,发现57%的案件是成功的,且第一阶段救济整体上更为有效。这一项目的研究结果,在欧盟委员会2008年修订的《合并救济通告》中有所体现,该通告明确了可接受的救济措施的基本原则。为了避免过去的教训,帮助改进救济措施的设计与实施,该通告指出,执法部门更偏好独立业务单位的剥离,且要确保过渡期内待剥离业务价值的维系,对于切割性剥离(carve-out)的适用则设置了严格的条件。

(二)“面向消费者的救济措施”论坛[1]

2018年6月,OECD竞争委员会组织了一次圆桌论坛,讨论竞争法中的“面向消费者的救济措施”问题。综合CMA准备的背景报告、与会代表提交的材料以及专家小组成员、代表的现场讨论情况,本次会议涉及以下要点。

一方面,虽然竞争执法部门经常集中精力确保市场供给侧运行具备竞争性,但需求侧也可能出现重大问题。需求侧的问题主要体现在消费者获取、评估产品信息或者基于这些信息采取行动的能力受到限制。对消费者获取、评估产品信息以及基于这些信息采取行动的能力的限制,主要体现在三个方面。首先,消费者进行选择时可能面临(或至少认为他们将面临)特定的成本——搜索成本和转换成本。搜索成本包括获取产品信息以及比较不同选项所需耗费的时间、精力与资金。如果搜索成本高于所涉产品的预期价值,就会抑制消费

[1] See OECD, *Designing and Testing Effective Consumer-facing Remedies-Background Note*, 2018.

者基于比较进行购物。转换成本也可能引发问题,尤其是那些大部分消费者被锁定,且消费者转换供应商之后获取折扣优惠的可能性将下降的市场,更是如此。其次,消费者的决策可能受到一系列行为性偏见或引发需求侧关注的环境因素的影响。这些行为偏见包括:偏好当前回报和对于不同选择的展现方式的敏感度。由于损失厌恶(loss aversion)与选择超载(choice overload),消费者可能更愿意维持现状,即使他们可以从其他选择中获益。因此,转换决策的成本与复杂性可能意味着消费者的理性回应是维持现状,这一点竞争执法部门必须承认,而非认为问题源于消费者的非理性。产品选择所处的具体环境也可能影响消费者的行为,那些涉及情绪困扰(如将老年父母安置在养老院)或者相关成本、收益均面临重大不确定性的决定,也可能导致市场需求侧出现问题。最后,在某些情形下,供应商可能加剧市场中潜在的需求侧问题并从中获利。他们可能通过让消费者获得的信息更为复杂、限制与竞争对手的可比性或者提升消费者转换供应商的成本,来提升消费者的搜索与转换成本。还有一个风险在于,供应商意识到消费者的行为偏见或环境因素,并借此削弱竞争。

另一方面,竞争执法部门已经实施了若干不同类型的面向消费者的救济措施,以解决需求侧的市场问题。这些救济措施包括要求供应商改进信息披露这类相对简单的措施,也包括促进消费者转换的更宽泛的措施。披露类救济措施(disclosure remedies)是最常见的面向消费者的救济措施类型,其旨在解决信息不对称问题、提升消费者意识并协助其比较产品。这类救济措施中的一些措施,比如英国实施的透支短信提醒,已被证明是有效的,但其他这类救济措施的效果则更为有限。这就需要监督供应商对这类救济措施的实施情况,并且需要对披露的形式和内容确立明确的规则。在不同类型的救济措施中作出选择,旨在通过开放相关信息来帮助消费者在不同供应商之间作出选择,并为消费者考虑转换供应商提供条件。例如,披露类救济措施便有利于私人开发的数字比对工具的发展。相较于竞争执法部门自己开发工具,更为有效的方法是激励商业实体自身去帮助消费者进行选择。但是,一些反垄断辖区也指出,通过提供消费模拟器(consumption simulators)等消费者工具来比较不同供应商的报价,这类措施也取得了不错的效果。考虑这些救济措施的执法部门应该注意,并非所有消费者都会使用这些工具,且需要对这些工具进行适当的规范以防止被操纵,同时还要确保消费者可以访问其用户数据以获得个性化的结果。转换类救济措施(switching remedies)可以通过消除合同限制或者便利转换的过程,来降低转换成本。尽管消费者意识才是关键,但经验表明,降低转换所面临的困难的效果尤为显著,其可以防止供应商阻碍消费者转换。最后,结果控制类救济措施(outcome control remedies)是相对传统的救济措施类型,其旨在限制产品的销售方式、产品特性以及价格结构。这类救济措施会产生混合型结果,鉴于其对市场可能产生的重大影响,采用这类救济措施应非常的慎重。救济措施的设计应尽量减轻消费者的负担,充分利用现有技术解决方案,并考虑供给侧对所采取措施的可能反应。有些情形下可能需要实施多次救济,因此竞争执法部门不应低估解决需求侧问题的难度。还应考虑是采用特定救济措施来激励竞争,还是由消费者保护当局或者行业管制部门介入更为合适。在设计面向消费者的救济措施时,通过与其他监管部门展开合作,竞争执法部门可以实现协同增效。

此外,面向消费者的救济措施在实施前应进行仔细的测试,因为消费者的实际反应可能不同于预期。测试面向消费者的救济措施,对于确认其设计是否充分考虑了消费者的行为(比如,作为限制转换的因素之一的消费者惯性的强度)至关重要,正如一些反垄断辖区指出其实施面向消费者的救济措施的功效不如预期。对可选择不同救济措施的测试结果进行比较,也能带来帮助。测试方法包括定性研究、调查、实验(包括实验室测试)以及现场试验(也称为随机对照试验)。每种方法都体现了所需时间、资源以及结果精确性之间的不同权衡。还可以测试供应侧救济措施,以确定需求侧的可能反应。比如,本次论坛某代表举例说明,一项合并救济措施的有效性被一个市场中的消费者惯性所削弱。因此,可能需要设置面向消费者的救济措施,作为供给侧救济措施的补充。

第二节　救济措施的主要挑战

一、整体情况

数字经济领域的反垄断救济问题,日渐引发各国的重视。新加坡 2017 年发布的《东盟电子商务与竞争手册》指出,在评估多边在线市场的并购交易时,应考虑网络效应的存在及程度。竞争执法部门应评估并购后是否更有可能出现市场倾覆点(tipping point)。此类评估应考虑消费者的多归属程度及转换成本、竞争性平台之间的互操作性以及小企业面临的市场进入和扩张障碍。如果需要采取救济措施,应重点关注如何维持或改善这些市场特征。[1] 依据OECD 2018年召开的“并购非价格效应”圆桌论坛的讨论情况,在确定能够充分解决潜在非价格损害的救济措施方面,反垄断执法面临重大挑战。这是因为,关注某个竞争维度的救济措施,可能给其他竞争维度带来超出预期的影响。此外,行为救济能否解决非价格竞争不同方面的问题(如创新动机),也是不确定的。[2] 德国2019年发布的《数字经济新竞争框架》调研报告则指出,在快速发展的市场环境中,无法恢复违法行为不发生情形下的市场状况(严格意义上的恢复原状),更可能的是恢复竞争机会。然而,根据不同市场主体各自的市场条件,这也可能是非常复杂和困难的。竞争执法部门在数字市场中应该更多地使用灵活、有针对性的救济措施。[3] 实际上,2017年相关学术文献已指出,在为市场竞争(competition for the market)的情形下,竞争执法部门可能需要弱化救济措施方面的既有标准,探索并接受不断演变以及更为灵活的救济措施。[4] 美国乔治梅森大学2020年发布的一份报告则强调,针对数字经济领域产生的各种新问题(如设备成瘾),相关案件可能需要设计一些新的救济措施类型。[5]

就数字经济发展对合并救济带来的挑战而言,从当前国际竞争法理论与实务界的讨论情况来看,主要聚焦新环境下结构救济与行为救济的取舍问题。此外,数据、算法、创新相关救济措施(可进一步区分为结构救济和行为救济)以及已完成交易的恢复性拆分(一种特殊的结构救济)等问题也是讨论热点。

---

〔1〕 See CCS, *Handbook on E-Commerce and Competition in ASEAN*, 2017.

〔2〕 See OECD, *Considering non-price effects in merger control-Background note by the Secretariat*, June 6, 2018, https://one.oecd.org/document/DAF/COMP(2018)2/en/pdf.

〔3〕 See Germany Federal Ministry for Economic Affairs and Energy, *A new Competition Framework for the Digital Economy*, 2019.

〔4〕 See Laurence Bary & Frédéric de Bure, *Disruptive Innovationand Merger Remedies: How to Predict the Unpredictable?* September 2017, Concurrences N° 3 - 2017, Art. N° 84407, www.concurrences.com.

〔5〕 See Global Antitrust Institute, *Report on the Digital Economy*, 2020, p. 732.

二、结构救济与行为救济的取舍

（一）结构救济挑战

尽管在传统领域，美欧等发达反垄断辖区整体更青睐结构救济，数字经济领域的结构救济也面临系列问题。考虑到数字经济的动态特性、竞争执法部门评估创新的局限性，结构救济可能产生更多损害而非益处。[1] 在市场演变难以预测的情况下，实施结构救济可能会打破创新周期，导致不必要的破坏性救济，阻碍合并方与颠覆性创新者进行有效竞争。在无法准确评估特定的被剥离资产对未来的重要性的情况下，剥离资产可能扰乱市场秩序。[2] 尤为重要的是，结构救济可能影响数字经济领域固有的规模经济和范围经济效应的实现。拆分之类的结构救济似乎是一种不可持续的解决方案，因为赢家通吃的特征可能会重建一个集中的市场结构。此外，结构救济也不一定能解决与网络外部性相关的平台间竞争的固有问题，以及由此产生的转换成本和进入壁垒的性质。[3] OECD 相关讨论也指出，结构救济在解决零价市场中的竞争问题时可能并不是特别有效，特别是结构救济存在破坏直接网络外部性的风险，这可能会损害产品的质量。[4]

（二）行为救济挑战

行为救济试图迫使合并后的企业以非利润最大化的方式去运营，有时可能还需要向竞争对手开放特定的资产。因此，行为救济通常需要对合并后企业的行为进行持续监督。[5] 此外，合并后企业可能正是因为认识到执法部门在监督能力方面的局限性，才提出或同意特定救济措施。[6] 有研究基于英国的情

---

[1] 参见韩伟主编：《数字市场竞争政策研究》，法律出版社 2017 年版，第 51 页。

[2] See Laurence Bary & Frédéric de Bure, *Disruptive Innovationand Merger Remedies: How to Predict the Unpredictable?* September 2017, Concurrences N° 3 – 2017, Art. N° 84407, www.concurrences.com.

[3] See Francesco Ducci & Michael Trebilcock, *Structural vs. Behavioral Remedies in Big Tech Sectors*, CPI Antitrust Chronicle, April 2020.

[4] See OECD, *Executive Summary of the discussion on Quality Considerations in the Zero-Price Economy*, 2018, https://one.oecd.org/document/DAF/COMP/M(2018)2/ANN9/FINAL/en/pdf.

[5] 参见韩伟：《企业合并反垄断审查中的行为救济》，载《东方法学》2013 年第 5 期。

[6] See Russell Pittman, *An Economist's Thoughts on Behavioral Remedies in Merger Enforcement*, CPI Antitrust Chronicle, April 2020.

况将行为救济涉及的风险分为四类:(1)精确度风险。行为救济可能无法清晰确定,比如"公平合理"条件的含义。(2)规避风险。合并后实体特定行为受到限制后可能实施其他不当行为,比如价格受限就降低质量。(3)市场扭曲风险。行为救济可能造成市场扭曲,比如禁止签订长期合同可能阻碍新业务的推出。(4)监督和执行风险。监督方与被监督方之间信息严重不对称使得很难有效监督。[1] FCA 2020 年发布的《行为救济研究报告》则依据救济措施实施的速度、救济措施产生的影响不可逆还是仅具有暂时性以及监督执行的难度这三方面的标准,对行为救济与结构救济进行比较。该报告的结论:行为救济的弊端主要体现在监督执行环节过于复杂且耗时,有必要限制行为救济的应用,并购案件尽量适用结构救济。[2]

一些聚焦数字经济的研究也指出,行为救济相较于结构救济而言更为灵活,避免剥离导致的成本,并可以维系规模经济和范围经济,但它们需要持续监督,并且面临监督机构和被监督对象之间的严重信息不对称问题。[3] 在不确定的市场环境中,行为救济可能引发重大问题。尤其是竞争执法部门可能通过行为救济阻止高效的商业模式发展。在不确定的商业环境中,长期的行为承诺还可能带来显著的竞争偏差(competitive bias)。[4]

三、数据相关救济

针对数据引发的竞争问题,数据共享这一救济措施类型在很多情形下可以有效解决并购导致的数据封锁问题。从 OECD 于 2016 年召开的"大数据"竞争政策圆桌论坛的讨论情况看,通过将数据与其他类型的原料同等对待,竞争执法可以处理数据相关的反竞争行为。在并购案件中,竞争执法部门可以关注数据原料封锁的风险,并设计相应的救济措施。不过值得注意的是,要求企业

---

〔1〕 See Daniel Vowden & Patrick Meaney, *Merger Remedies: Key Recent Developments inthe CMA's Practice*, 19 Competition Law Journal 190(2020).

〔2〕 See Autorité de la concurrence, *Behavioural Remedies*, 2020.

〔3〕 See Francesco Ducci & Michael Trebilcock, *Structural vs. Behavioral Remedies in Big Tech Sectors*, CPI Antitrust Chronicle, April 2020.

〔4〕 See Laurence Bary & Frédéric de Bure, *Disruptive Innovationand Merger Remedies: How to Predict the Unpredictable?* September 2017, Concurrences N° 3 - 2017, Art. N° 84407, www.concurrences.com.

将其数据对外分享这类极端救济措施的适用需要仔细权衡,只有不存在更少干预程度的替代救济措施的情况下,才能使用这类措施。[1] 美国律师协会提交给欧盟委员会的一份建议中也主张要谨慎对待数据共享,他们认为除了考虑数据"瓶颈"可能引发的反竞争问题外,还应关注用于解决问题的反垄断救济措施对动态竞争带来的风险。强制性的数据访问、数据共享或数据汇集,涉及很高的管理成本,应该慎用,避免抑制创新。[2]

在相对数据封锁的情形下(有别于绝对数据封锁),有观点认为需要对数据共享进行适当限制,以避免特定数据提供给竞争对手后让对手获得不当的显著竞争优势。因此,这种观点认为,那些主张数据共享的企业还必须满足两项要求:(1)合并后实体与寻求数据共享的企业之间存在数据不对称;(2)存在市场进入壁垒阻碍该企业获得市场竞争所需的相关信息。[3] 北欧竞争执法部门2020年联合发布的一份报告也强调了数据共享救济,建议出台更具体的有关如何在并购中设计数据共享救济措施的指南。[4]

一些国家的并购案件中已经涉及数据类资产导致的竞争问题,比如澳大利亚竞争执法部门在Transurban收购WestConnex的收费公路业务案中,执法部门接受了行为救济,即交易后的企业需要公布特定的交通数据,以保持未来收费公路特许权投标方面的竞争水平。[5] 此外,欧盟附条件批准的微软收购领英案,也是涉及数据问题的典型合并救济案例。[6]

除数据共享这一救济措施外,目前理论与实践中讨论较多的还有数据隔离

---

〔1〕 See OECD, *Big Data: Bringing Competition Policy to the Digital Era: Executive Summary*, 2016.

〔2〕 See ABA, *Comments of the American Bar Association's Section of Antitrust Law on The European Commission's Request for Input on the Evolution of Competition Policy in Light of the Digitization of the Economy*, 2018.

〔3〕 See Jörg Hoffmann & Germán Johannsen, *EU-Merger Control & Big Dataon Data-specific Theories of Harm and Remedies*, Max Planck Institute for Innovation and Competition Research Paper No. 19 - 05, 2019.

〔4〕 See Nordic competition authorities, *Digital Platforms and the Potential Changes to Competition Lawat the European Level*, 2020, p. 13.

〔5〕 See Mark Grime & Dave Poddar, *The Jury is Out: An Assessment of Proposed Reforms to Australia's Merger Control Regime for Addressing Competitive Harm in the (Digital) Economy*, CPI Antitrust Chronicle, May 2020.

〔6〕 参见韩伟:《数据驱动型并购的反垄断审查——以欧盟微软收购领英案为例》,载《竞争法律与政策评论》2017年第00期。

（data separation）救济措施。从经济学角度来看，并购可能聚合两个互补的数据集，从而产生范围经济，创造更多的经济价值。[1] 但是，在市场进入壁垒较高的市场，并购导致的数据聚合可能引发竞争关注。例如，在 2020 年欧盟处理的谷歌收购 Fitbit 案中，欧盟委员会即表达了对数据聚合可能产生的竞争关注。欧盟委员会认为，谷歌在欧洲地区的在线广告领域拥有强大的市场力量，将 Fitbit 在健身与健康等方面的数据纳入谷歌原有的大数据中，将进一步丰富谷歌用户数据的维度，实质性地改善谷歌提供个性化和针对化广告的能力，从而加强谷歌在提供在线搜索和展示广告服务方面的地位。如果谷歌增加可用于个性化服务的数据量，竞争对手将更难匹配谷歌的服务并吸引广告商，这将导致广告商选择的减少和谷歌服务价格的上涨。而谷歌作为具有市场支配地位的企业，几乎没有动力采用一种增加消费者隐私保护的商业模式。换言之，对 Fitbit 的收购，将进一步减少谷歌在非价格方面竞争的竞争压力。最终，为解决上述竞争关注，谷歌作出承诺：（1）不会将从欧洲经济区用户的 Fitbit 设备收集的健康与健身数据用于谷歌广告；（2）对相关 Fitbit 用户数据进行隔离，这些数据将被存储在"数据孤岛"（data silo）中，与谷歌用于广告的任何其他数据分离；（3）将确保欧洲经济区的用户拥有有效的选择权，以允许或拒绝其他谷歌服务（如谷歌搜索、谷歌地图、谷歌助理和 YouTube）使用储存在谷歌服务账户的健康及健身数据。[2]

四、算法相关救济

特定并购交易的反竞争效果如果直接涉及算法，相应救济措施就可能涉及算法的信息披露、干扰算法运行，甚至剥离特定算法。

就算法信息的披露而言，要求企业披露其算法所采用的规则、参数或因素的干预措施，旨在对反竞争行为起到威慑作用，确保违法行为发生时能够被及时发现。但算法信息披露也面临操作性难题，比如很难用非技术化语言精确表达需要披露的信息，算法相关的特定因素对竞争的影响也不一定能充分确定。

---

〔1〕 See Bertin Martens, *Data Access, Consumer Interests and Social Welfare: An Economic Perspective*, SSRN, 2020.

〔2〕 See European Commission, Case M. 9660 – Google/Fitbit, Commission Decision of 17. 12. 2020.

缺乏企业内部的其他文件信息,可能也无法充分理解算法的运作机制。此外,向竞争对手披露算法相关信息,也可能削弱平台继续投资提升算法水平的动机。这些风险在多大程度上可能超过披露带来的好处尚不清楚。[1]

就算法运行的干扰而言,有研究便指出,在处理有意识的平行行为创造市场条件的行为时,不论是事前措施还是事后措施,人们仍不得不面对挑战,即如何确定干预的合理的度。让特定算法去忽视市场价格或者不对市场变化作出反应,这类救济措施很可能会破坏市场竞争。[2]

算法的剥离也面临系列挑战。有学者分析了剥离定价算法面临的挑战,该研究指出,在并购案件中如果考虑剥离合并方的定价算法,应注意数据兼容性以及合谋风险。假定消除特定交易反竞争效果的适当救济措施是从合并一方剥离一套特定产品以及相应的定价算法。如果买家不借助剥离过来的相关产品数据,而是利用自身持有的数据去重新训练这套算法,那么在这种情况下,重新训练过的算法对被剥离产品的价格产生何种影响就不清楚了。此外,如果剥离还涉及熟悉算法的专业人员,假设这些人员还掌握交易方的其他算法相关信息,这又会进一步提升救济措施实际效果的复杂性。[3] 值得注意的是,FTC 在 2021 年处理的一起案件中(非反垄断案件)已经涉及算法的剥离,FTC 指控 Everalbum 在其 Ever 云照片存储应用程序使用面部识别技术,以及保留已注销账户用户的照片和视频等方面欺骗消费者。该案最后达成的和解条件中,便包括 Everalbum 删除通过使用其用户上传的照片及视频开发的模型和算法。[4]

五、创新相关救济

创新日渐成为数字经济领域反垄断执法的一个重要问题,[5]它也加大了

---

[1] See Richard Feasey & Jan Krämer, *Implementing Effective Remedies for Anti-Competitive Intermediation Bias on Vertically Integrated Platforms*, CERRE Report, 2019.

[2] 参见韩伟主编:《数字市场竞争政策研究》,法律出版社 2017 年版,第 363 页。

[3] See Ai Deng & Cristián Hernández, *Algorithmic Pricing in Horizontal Merger Review: An Initial Assessment*, 36 Antitrust 36 (2022).

[4] See FTC, *California Company Settles FTC Allegations It Deceived Consumers about use of Facial Recognition in Photo Storage App*, ftc. gov (January. 11, 2021), https://www. ftc. gov/news-events/press-releases/2021/01/california-company-settles-ftc-allegations-it-deceived-consumers.

[5] 创新与反垄断法的关系,可参见[比利时]保罗·尼豪尔、彼得·范·克莱恩布吕格尔主编:《创新在竞争法分析中的角色》,韩伟等译,法律出版社 2020 年版。

合并救济的难度。涉及动态创新行业时，在救济措施的设计方面，由于竞争执法的发展通常落后于创新的步伐、技术的发展以及动态市场中的结构变化，当竞争执法部门确定的救济措施实施时，市场可能已发生重大变化，导致救济措施无效。[1] 欧盟 2017 年的陶氏与杜邦合并案[2]以及英国 2020 年处理的 Sabre 收购 Farelogix 案[3]，是涉及创新问题的重要案例。

一份 2014 年的研究对美国涉及创新的合并案例进行了梳理，发现最重要的救济措施是资产剥离，此外许可类救济措施也发挥了一定的作用。该研究指出，虽然无法确定所研究案例中的救济措施多大程度上与创新有关，但相当多案件（尤其是制药行业案件）的剥离和许可要求都明确侧重于保护创新竞争。[4]

欧盟这方面相对活跃，依据欧盟 2016 年发布的《合并控制与创新竞争政策简报》，欧盟过去处理的合并案件中，救济措施已经基于保持创新的具体目标进行了设计。虽然针对每种情况会量身定制救济措施，但剥离在研产品通常是横向案件中救济措施的组成部分。特定情形下，针对那些可能妨碍其他市场参与者创新的非横向合并，也可以通过开放救济或者其他非剥离类救济措施来解决竞争关注。[5] 从实际案例看，针对那些活跃于类似在研产品的创新者之间的合并，考虑到这类交易可能消除一股重要的竞争力，欧盟委员会确定的救济措施通常旨在将新的创新性竞争对手引入市场，以施加竞争约束，防止价格上涨并保持创新。即使创新可能不是唯一的考虑因素，但它仍然是对竞争的一个有影响力的额外关注，会对救济措施的设计产生影响。[6]

---

[1] See Ioannis Kokkoris, *Innovation Considerations in Merger Control and Unilateral Conduct Enforcement*, 8 Journal of Antitrust Enforcement 56 (2020).

[2] See European Commission, Case M. 7932 – Dow/Dupont, Commission Decision of 27. 3. 2017. 该案的具体介绍可参见韩伟：《迈向智能时代的反垄断法演化》，法律出版社 2019 年版，第 220 ~ 223 页。

[3] See CMA, *Anticipated acquisition by Sabre Corporation of Farelogix Inc.: Final report*, Gov. UK (April. 9, 2020), https://assets. publishing. service. gov. uk/media/5e8f17e4d3bf7f4120cb1881/Final_Report_ – _Sabre_Farelogix. pdf.

[4] See Wolfgang Kerber & Benjamin R. Kern, *Assessing Innovation Effects in US Merger Policy: Theory, Practice, Recent Discussions, and Perspectives*, SSRN, 2014, https://ssrn. com/abstract = 2983098.

[5] See European Commission, *EU Merger Control and Innovation*, Competition Policy Brief, 2016.

[6] See Ioannis Kokkoris, *Innovation Considerations in Merger Control and Unilateral Conduct Enforcement*, 8 Journal of Antitrust Enforcement 56 (2020).

依据 2019 年发布的《数字经济中的金砖国家:竞争政策实践》报告提供的信息,FAS 已在并购案件中针对创新问题确定了行为救济措施。FAS 认为发展中市场的开放式创新,是减少市场进入壁垒的一项因素。由于数字市场的发展非常迅速,FAS 认为采取旨在保护未来竞争的行动以确保创新的进一步发展,非常重要。[1]

六、恢复拆分救济

近年来多国执法部门针对数字经济领域的并购审查强调“假阴性错误”,即干预不足的问题,对无条件通过的部分交易进行回溯性评估,甚至回溯性执法,比如美国执法部门就 Facebook 对 Instagram 和 WhatsApp 的收购展开的行动。相应地,对这类已经完成的交易(往往涉及“扼杀性收购”),是否有必要通过拆分(Breakups)来恢复交易前的状态,也成为各界讨论的热点。恢复性拆分救济,已成为数字经济领域合并救济的一个重要问题,该问题的争论也非常激烈。

质疑派将恢复性拆分比喻成“炒鸡蛋还原生鸡蛋”(unscramble eggs),认为是不可能完成的任务。依据 OECD 在 2014 年召开的“对已完成且未申报并购交易的调查”圆桌论坛的相关讨论,在已经完成了并购的情况下,交易方已部分整合其业务这一事实,使得结构救济难以适用。因为通过恢复被收购公司的独立竞争者的市场地位去修复市场竞争,这几乎不可能。因此,在这些情况下,可能需要附加额外的行为救济措施。[2] 有学者也认为,一旦两个实体已经实现完全整合,合并后的拆分是否会产生有效恢复竞争(尤其是潜在竞争)的预期结果,这一点并不明确。[3] 如果合并在多年前完成,且双方的资产和业务已完全融合,随着各方继续整合其资产和运营,结构救济措施的可行性通常会下降。在这种情况下,拆分导致的成本较之产生的利益可能更高,通过行为救济

---

〔1〕 See BRICS, *BRICS in the Digital Econimy-Competition Policy on Practice*, Competition Authorities Working Group on Digital Economy, 2019, p. 16.

〔2〕 See OECD, *Executive Summary of The Roundtable on Investigations of Consummated and Non-Notifiable Mergers*, 2014.

〔3〕 See Francesco Ducci & Michael Trebilcock, *Structural vs. Behavioral Remedies in Big Tech Sectors*, CPI Antitrust Chronicle, April 2020.

则可能更为可取。此外,根据合并产生的具体竞争损害,拆分等结构救济可能无法减轻交易导致的竞争损害。如果完全拆分产生的成本超过了利益,则应拒绝完全拆分,但可以考虑部分剥离。[1]

赞成派则强调,私营企业从事拆分活动的频率几乎与它们进行并购的频率相同。过去的经验强调了恢复原状的可行性与价值。当结构是问题的关键时,改变结构应被视为解决方案的一部分。如果恢复原状的拆分界限,随时间推移因整合变得模糊,应通过要求剥离足以重建一家具有相当竞争力的企业的资产(包括知识产权许可)的方式来恢复竞争。这可能需要剥离合并后企业的额外业务,但这是确保创建新的竞争力量所必需。虽然这可能影响合并方,但其目的是将政策风险部分转移给合并后企业。此外,如果参与合并的企业能提供合理期限内合并后企业的结构及运营的相关数据,将有助于恢复原状的推进。[2]

还有学者指出,作为正常公司治理的一部分,很多世界领先企业的高管和股东都定期主动进行拆分。反垄断拆分可能产生非反垄断方面的效率和创新收益,执法部门不能过度担忧拆分在技术上的难度,而限制这类工具的充分使用。较之“炒鸡蛋还原生鸡蛋”的比喻,对恢复性拆分更适当的类比是:“为恢复生机对森林的可控性焚烧”,即通过一定程度的破坏使得生态系统得以再生,变得比以前更富活力。[3]

第三节 救济措施的改进思路

针对数字经济领域合并救济措施面临的系列挑战,从近年国际竞争理论界与实务界的讨论情况看,下述几方面的内容值得关注。

---

〔1〕 See Menesh S. Patel, *Merger Breakups*, 2020 Wisconsin Law Review 975 (2020).

〔2〕 See John Kwoka & Tommaso Valletti, *Unscrambling the eggs: breaking upconsummated mergers and dominant firms*, 30 Industrial and Corporate Change 1286 (2021).

〔3〕 See Rory Van Loo, *In Defense of Breakups: Administering a “Radical” Remedy*, 105 Cornelll. Rev. 1955 (2020).

一、偏行为救济

尽管结构救济与行为救济在数字经济领域的适用中均面临前述的各类问题，但是行为救济在数字经济领域的适用，似乎在近年的各类文献中更为频繁地被强调，这在一定程度上体现了行为救济在数字经济领域可能有更大的发挥其功能的空间。

在数字经济领域中，如果出现竞争问题，比较合适的救济措施可能是对一段代码进行修改或者开放特定资产。考虑到数字经济快速更迭的特性，结构救济可能过于绝对，行为救济可能更为有效。〔1〕有研究便认为，在纵向或者无形资产问题、受益于显著规模经济及网络效应的行业以及那些非常活跃的市场中，行为救济可能更为合适。〔2〕还有研究指出，在进入壁垒、转换成本以及网络外部性直接相关的行业中，平台间竞争的一个重要方面是用户跨平台转换以及实现多归属的能力。因此，平台间竞争可能通过行为救济得到更好的增强，比如设计便于转化以及多归属的可迁移性行为救济措施。〔3〕

依据 OECD 在 2018 年召开的“零价经济中的质量考量”圆桌论坛，行为救济解决零价市场中的竞争问题可能更为合适。比如增加透明度、提升消费者意识、确定最低服务标准或者促进数据可迁移性，这些救济措施在某些案件中便可能是适当的。〔4〕世界经济论坛（WEF）2019 年的一份报告也建议，数字经济中竞争执法部门在执法工具以及救济措施方面应该更具创造性。由于竞争执法通常耗费时间很长，最终执法决定作出时市场可能不再“相关”，或者因竞争的动态性质反竞争损害无法弥补，因此应该改进临时性措施的程序机制，确定救济措施时也需要适当考虑行为救济。〔5〕

---

〔1〕 参见韩伟主编：《数字市场竞争政策研究》，法律出版社 2017 年版，第 5 页。

〔2〕 See Luis Campos, *Behavioural remedies: An overview of EU and national competition case law*, 16 May 2019, e-Competitions Behavioural remedies, Art. N° 90054.

〔3〕 See Francesco Ducci & Michael Trebilcock, *Structural vs. Behavioral Remedies in Big Tech Sectors*, CPI Antitrust Chronicle, April 2020.

〔4〕 See OECD, *Executive Summary of the discussion on Quality Considerations in the Zero-Price Economy*, 2018, https://one. oecd. org/document/DAF/COMP/M(2018)2/ANN9/FINAL/en/pdf.

〔5〕 See World Economic Forum, *Competition Policy in a Globalized*, Digitalized Economy, 2019, p. 16.

实际上,从各国近年来的实践看,行为救济在数字经济领域已经被积极的适用。2021 年的一份研究便指出,数字经济中合并救济出现的重大变化是行为救济日渐普遍。基于一项针对全球合并控制趋势的回顾研究,自 2017 年以来行为救济越来越多地被适用,该研究认为这种趋势一定程度上可能是纵向并购交易数量增加的结果。[1] 依据金砖国家"竞争法与政策研究中心"2019 年发布的《数字时代的竞争》调研报告,较其他行业,对数字市场中合并救济措施的总体评估表明,行为救济措施更为常见。[2]

二、消费侧救济

数字经济领域出现的很多竞争问题,往往对最终消费者的利益会产生重大影响。BEUC 便强调,如果恢复竞争取决于消费者行为的变化,则有必要关注面向消费者的救济措施。[3] 一些反竞争行为导致的损害修复取决于消费者行为的改变,执法部门在设计针对消费者的救济措施时可以引入行为科学方面的专家以提升其有效性。[4]

虽然竞争执法部门经常集中精力确保市场供给侧运行具备竞争性,但需求侧也可能出现重大问题。需求侧的问题主要体现在消费者获取、评估产品信息或者基于这些信息采取行动的能力受到限制。消费侧救济措施包括披露类救济措施和转换类救济措施等;前者旨在解决信息不对称问题、提升消费者意识并协助其比较产品,后者则可以通过消除合同限制或者便利转换的过程来降低转换成本。[5] OECD 相关论坛便指出,零价市场中,消费者能否充分观察质量对市场健康发展非常重要。因此,探索使消费者能够更好地评估质量的救济措

[1] See Thomas Hoehn, *Merger Remedies and Competition Law: An Overview ofRecent EU and US Case Law and Policy Developments*, Concurrences Antitrust Case Laws e-Bulletin, 19 May 2021.

[2] See BRICS Competition Law and Policy Centre, *Digital Era in Competition: A BRICS View*, 2019, https://www. bricscompetition. org/publications/digital-era-in-competition-a-brics-view-report-by-the-brics-competition-law-and-policy-centre.

[3] See BEUC, *The Role of Competition Policy in Protecting Consumers' Well-being in the Digital Era*, 2019.

[4] See BEUC, *Shaping Competition Policy in the Era of Digitalisation: Response to public consultation*, 2018, https://www. beuc. eu/sites/default/files/publications/beuc - x - 2018 - 084 _ beuc _ response_shaping_of_competition_policy. pdf.

[5] See OECD, *Designing and Testing Effective Consumer-facing Remedies-Background Note*, 2018.

施可能非常有益,特别是那些使隐私和数据安全性等质量方面的信息对消费者更为透明的救济措施,可能非常有效。[1]

三、可逆性救济

针对数字经济发展带来的不确定性,有研究提出了一种较为激进的应对方法,即确保并购审查决定以及救济措施的可逆性。比如,如果市场后面的发展表明特定并购交易严重阻碍了竞争,则要求合并方落实在并购申报时向反垄断执法部门提交的保密版剥离计划。这种方案的优点是,依靠合并后的真实市场信息对最初的审查决定进行修正,缺点是监管不确定性大大提升。提出这种方案的理由是,技术和市场发展中的高度不确定性应该影响反垄断相关的审查标准以及举证责任分配。市场不确定性可以通过在并购反垄断审查决定中引入更多的可逆性来解决。[2]

四、附条件救济[3]

有学者提出特定案件中可以设计以特定条件为前提的救济措施,即救济措施仅在特定情况下适用(如某个事件发生)。依据这种主张,在创新型市场中,竞争执法部门在交易时可能无法准确预测市场的演变(如某项技术是否占主导地位或者新的竞争对手是否会成功),因此执法部门可以考虑接受以在特定时间内实现特定事件为条件的合并救济措施。根据市场的演变,交易方将必须履行(或者不履行)商定的承诺。这种机制与资产剥离中交易方最初提供的待剥离资产包如果找不到合适买家时将出售事前确定的"皇冠宝石"资产,机理上并没有太大区别。[4] 这一思路获得了德国马普创新与竞争研究所 2019 年

---

〔1〕 See OECD, *Executive Summary of the discussion on Quality Considerations in the Zero-Price Economy*, 2018, https://one. oecd. org/document/DAF/COMP/M(2018)2/ANN9/FINAL/en/pdf.

〔2〕 See Marc Bourreau& Alexandre de Streel, *Big Tech Acquisitions: Competition &Innovation Effects and EU Merger Control*, Centre on Regulation in Europe, 2020.

〔3〕 由于合并救济在我国反垄断法语境下被称为附加限制性条件,这里介绍的"附条件救济"容易与附加限制性条件混淆,如果使用附加限制性条件的提法,此处则表述为"附条件的附加限制性条件"。

〔4〕 See Laurence Bary & Frédéric de Bure, *Disruptive Innovationand Merger Remedies: How to Predict the Unpredictable?* September 2017, Concurrences N° 3 – 2017, Art. N° 84407.

发布的一份研究报告的认可，该报告指出，解决高市场动态以及数据引发的竞争问题的一项选择是，实施以特定条件为前提的救济措施，这类救济措施可以比作含“日出条款”的救济措施。[1]

五、自动化复审

合并救济中，特别是持续时间较长的行为救济，由于市场发展可能实质影响救济措施发挥作用的环境，往往会设置复审机制，修改救济措施或者提前终止救济措施（也可能延长）。复审条款的实施往往涉及执法部门的评估，这个过程可能比较耗时。有学者建议，针对数字经济领域的合并救济，可以确定自动化复审机制，从而提升合并救济的质量。这种观点认为，可以考虑针对救济措施设置自动审查条款，即如果发生特定事件（事先由竞争执法部门和交易各方明确敲定），则自动解除救济措施的实施义务，而无须竞争主管部门审查。这种机制仅适用于行为救济措施，且前提是交易方和执法部门就触发事件对市场的影响有较为深入的认识。在破坏性商业模式发展的情况下，这一机制可能非常有用，可以确保合并后企业不会被阻止对新形式的竞争行为作出有效反应。值得注意的是，这一机制面临的挑战在于对触发事件进行足够精确的定义，避免解释空间过大。[2]

六、高科技监督

监督方面的难题是行为救济的固有缺陷，这一问题在数字经济领域可能被进一步放大。如果出现涉及数据、算法或者创新的行为救济措施，监管难度可能会大大提升。2019 年芝加哥大学发布的《数字平台调研报告》强调了数字市场中需要持续监督的几种典型的行为救济措施类型，包括数据分享、互操作、非歧视以及取消捆绑。[3] 由于信息不对称，要对合并后企业实施这些救济措施

〔1〕 See Jörg Hoffmann & Germán Johannsen, *EU-Merger Control & Big Dataon Data-specific Theories of Harm and Remedies*, Max Planck Institute for Innovation and Competition Research Paper No. 19 - 05, 2019.

〔2〕 See Laurence Bary & Frédéric de Bure, *Disruptive Innovationand Merger Remedies: How to Predict the Unpredictable*? September 2017, Concurrences N° 3 - 2017, Art. N° 84407.

〔3〕 See Stigler Center of University of Chicago, *Final Report of Stigler Committee on Digital Platforms*, 2019, p. 117.

进行持续监督，这对执法部门以及监督受托人都是艰巨的任务。在这种环境下，执法部门可以关注如何引入监管科技，更好地运用数字技术提升对行为救济的监督力度。以区块链技术为例，依据 2018 年 OECD 召开的“区块链与竞争政策”圆桌论坛，区块链为竞争执法部门提供了创新工作方式的机会，执法部门可能通过区块链对承诺遵守情况进行监督、收集案件数据以及筛查可疑行为模式。[1] 实际上 OECD 针对该论坛提前发布的问题报告中，便强调了区块链技术在反垄断救济中的适用潜力，提及使用区块链上的智能合约要求企业承诺行为救济措施，这可能为竞争执法机构降低显著的持续监督成本。[2]

七、部门间衔接

数字经济发展使得竞争法、数据法与消费者权益保护法日益竞合，这也给合并救济带来了一定的影响，特别是涉及数据的行为救济，需要竞争执法部门与其他部门更好地进行合作。这是因为竞争维持与隐私保护之间可能存在一定的冲突，比如数据共享这类反垄断救济措施便可能造成严重的隐私问题。就隐私保护而言，消费者应该能够选择与哪些公司共享哪些数据，以及这些公司随后可以对这些数据做什么，而数据可迁移性救济措施将迫使共享数据以保护和促进竞争。在这类案件中，要求反垄断执法部门权衡隐私问题和竞争问题。[3] 从 OECD 相关论坛的讨论情况看，通过竞争法采取行为救济的案件中，为了澄清隐私和数据保护法以及消费者保护法中的不明确之处，竞争执法部门应与隐私和数据保护部门以及消费者保护部门展开合作，并协商确定相关救济措施。从整体来看，一项关键挑战是如何去改善竞争、隐私和数据保护以及消费者保护监管机构之间的合作和信息共享。此外，这些监管部门之间还可以开展一些联合倡导活动，比如提升消费者的信息获取或者促进私人行动，从而确保消费者拥有更大的选择空间。[4]

---

[1] See OECD, *Executive Summary of the hearing on Blockchain and Competition Policy*, 2018.

[2] See OECD, *Blockchain Technology and Competition Policy-Issues paper by the Secretariat*, 2018.

[3] See AAI, *Privacy and Antitrust at The Crossroads of Big Tech*, 2021, p. 19.

[4] See OECD, *Executive Summary of the discussion on Quality Considerations in the Zero-Price Economy*, 2018, https://one.oecd.org/document/DAF/COMP/M(2018)2/ANN9/FINAL/en/pdf.

第四节　中国救济措施的完善

我国应对数字经济发展的反垄断规则主要体现在国务院反垄断委员会2021年发布的《关于平台经济领域的反垄断指南》。该指南的合并救济相关内容便直接涉及数据和算法等问题。就数据而言，该指南所列举的结构救济与行为救济均涉及数据，包括剥离数据等无形资产，以及开放数据等基础设施。就算法而言，该指南列举的行为救济措施类型中包括修改算法。从近年我国执法部门处理的腾讯控股收购中国音乐集团股权案，以及虎牙公司与斗鱼国际控股有限公司合并案等执法趋势来看，国际理论界与实务界关注的结构救济与行为救济的取舍，涉及数据、算法、创新相关救济措施的设计以及已完成交易的恢复性拆分问题，这些问题也是我国未来执法中很可能面临的突出问题。基于前面两部分的梳理，下面就我国合并救济的完善提出若干建议。

一、细化救济规则

我国数字经济领域并购交易非常活跃，日后会有越来越多的案件涉及合并救济问题。现行《关于平台经济领域的反垄断指南》的内容仍有待细化，执法部门可以考虑进一步完善该指南，或者出台仅涉及数字经济领域经营者集中问题的更为翔实的指南，梳理出一套数字经济领域并购反垄断审查的规则体系（包括合并救济相关内容）。整体而言，数字经济领域经营者集中反垄断审查仍适用传统领域经营者集中反垄断审查的分析框架与考虑因素，细化规则可以在现行《关于平台经济领域的反垄断指南》的基础上，对影响数字经济发展的平台、数据、算法、隐私、创新、数字生态系统等问题予以重点分析。值得注意的是，国家市场监督管理总局2023年发布的《经营者集中审查规定》，在多个条款体现了对创新、数据、算法等因素的重视，包括合并救济相关条款。《经营者集中审查规定》第14条在对申报文件、资料的要求方面，在交易对相关市场竞争状况影响的说明中，要求应当包括交易对创新的影响。《经营者集中审查规定》第40条明确的限制性条件类型中，结构性条件包括剥离数据等无形资产或者相关权益，行为性条件则涉及开放网络或者平台等基础设施、修改平台规则或者算法、承诺兼容或者不降低互操作性水平等类型。

二、健全行为救济

频繁适用行为救济是我国合并救济实践中最为突出的特色,[1]这一点与美欧更重视结构救济的态度并不一致。如前文所述,数字经济环境下行为救济可以发挥更大的作用,执法部门应结合个案选择最为适宜的救济类型,而非在结构与行为这种大的救济类型上进行机械的区分。考虑到行为救济的一些天然劣势,执法部门应该尽快推进保障机制的落地,比如行为救济执行过程中的快轨仲裁。[2] 在处理数字经济领域经营者集中案件时,可以重点关注下列救济措施类型的可适用性:(1)针对平台问题,可以考虑附加开放网络或平台等基础设施(包括确保平台互操作性);(2)针对数据问题,可以考虑附加开放数据集(接口)、确保特定数据集相互独立、确保数据可迁移性等行为救济措施;(3)针对算法问题,可以考虑附加以特定方式向执法部门披露算法相关信息或算法依赖的相关数据库等措施;(4)针对隐私问题,可以考虑附加隐私保护水平承诺、提升商品价格与质量等信息的透明度、确保更改现有隐私政策之前获取消费者肯定性同意、确保通过敏感信息进行广告投放之前获取消费者的肯定性同意等措施;(5)针对创新问题,可以考虑附加继续提供技术或人员支持、特定期限内继续投资研发、维持特定生产线、反报复、限制再雇佣核心员工等措施。

三、变通救济机制

数字经济发展具有高度不确定性,这使得传统合并救济机制显得有些僵硬,前面介绍的可逆性救济、附条件救济以及自动化复审等思路(这些不同思路间有一定交叉性),很大程度上体现为传统合并救济机制通过变通提升其灵活性以及适用的有效性。以复审条款为例,我国既有附条件批准的案件往往都会设置复审条款,但这类条款满足适用条件后需要执法部门进行评估。从我国

---

〔1〕 See Ariel Ezrachi & Wei Han, *Merger remedies—the Chinese experience*, 3 Journal of Antitrust Enforcement i 69(2015).

〔2〕 参见韩伟:《经营者集中附条件法律问题研究》,法律出版社 2013 年版,第 236 ~237 页。

《反垄断法》针对合并救济的原则性规定来看,变通机制在我国存在一定的适用空间。由于这些变通机制一定程度上会影响执法的稳定性,因此具体适用上应该非常的慎重。这些变通机制只在那些可能产生重大影响的交易中,可以探索性适用。变通救济机制,实际上承认了竞争执法部门在试图预测未来时有可能犯错,通过这种方式一定程度上可以降低不当监管的风险,确保合并救济不会给企业带来不合比例的负担。[1]

四、科技助力监管

鉴于数字经济领域部分案件的救济措施会涉及平台互操作、数据可迁移以及算法、创新等问题,为确保救济措施的有效实施(特别是行为救济),有必要借助数字技术加大监督力度。比如可以要求委托方在监督受托人团队中引入数字经济、计算机等方面的行业与技术专家提供支持。类似 OECD 所关注的区块链等数字技术在行为救济监督环节的潜在作用,我国执法部门也应该持更为开放的态度,鼓励当事方探索。实际上,针对算法合谋等技术发展伴生的新问题,近年部分国家反垄断执法部门已经开始关注技术手段的应用,一定程度上体现了技术问题通过技术解决的思路。比如 FAS 开发了一套系统(Big Digital Cat),用于跟踪市场上出现的算法合谋。我国作为数字经济大国,执法部门有必要充分重视执法过程中数字技术的运用,建立健全智能化违法行为数字监测系统,及时发现和查处违法行为。[2] 我国在这类数字系统的构建过程中,便可以考虑嵌入合并救济执行监督的功能模块。

五、增进部门协调

近年来我国高度重视数字经济领域相关立法,已颁布《网络安全法》《数据安全法》《个人信息保护法》等,网信办、工信部等部门也在陆续出台系列配套规则。在这种环境下,我国数字经济领域的合并救济更需要重视部门之间的协

---

〔1〕 See Laurence Bary & Frédéric de Bure, *Disruptive Innovationand Merger Remedies: How to Predict the Unpredictable*? September 2017, Concurrences N° 3 - 2017, Art. N° 84407, www.concurrences.com.

〔2〕 参见韩伟:《全球平台经济反垄断十大趋势与中国选择》,载《中国外汇》2022 年第 4 期。

调。比如,当具体案件的行为救济[1]涉及消费者个人数据(隐私问题)或者算法时,反垄断执法部门在救济措施设计以及实施阶段都需要考虑其他法律带来的影响(如行业监管部门近年推进的互联互通、数据治理、算法治理相关举措),与消费者保护、数据保护、网络安全等部门进行更好的衔接。数字经济中出现的一些问题,使得管制与竞争的关系在新环境下更为复杂。需要警惕的是,近年国内行业监管部门推行的部分政策措施带有明显的管制色彩,如何协调好这些措施与落实竞争政策基础性地位这一主导目标之间的关系,是反垄断执法部门在合并救济(特别是行为救济)环节需要重视的问题。

六、重视案件跟访

针对数字经济领域的反垄断执法各国仍处于探索状态,为提升执法水平,有必要建立一套成熟的案件跟踪机制。针对已审结的合并救济案件,执法部门可以建立对这些案件的市场反应进行后续跟踪回访与分析总结的制度。案件跟访有利于及时总结执法经验,加快我国执法经验的积累,为制度完善与执法优化提供实证信息。[2] 美国、欧盟等多个反垄断辖区均高度重视合并救济案件的回溯分析,有些国家的分析还非常频繁,如英国。[3] 就我国而言,执法部门对这一问题已经开始重视,下一步可以定期选择特定案件的救济措施,通过与交易方、被剥离资产的买方、剥离阶段的其他潜在买家、竞争对手、上下游客户、监督受托人以及最终消费者等主体进行沟通,去评估救济措施的竞争影响、可操作性以及执行过程中的其他潜在风险。

---

〔1〕 国际上对行为救济持审慎态度的一项理由是,由于行为救济的持续性,这类措施使得反垄断执法部门具备了一定的行业监管部门色彩,这也提升了反垄断执法与行业监管之间的协调难度。

〔2〕 参见韩伟:《美国〈横向合并指南〉的最新修订及启示》,载《现代法学》2011 年第 3 期。

〔3〕 See CMA, *Merger Remedies*, 2018.

第六章　反垄断监管科技

反垄断监管科技是法学与技术的新兴交叉领域，许多问题的解决有待法学理论的深化。考虑到经营者集中反垄断审查与监管科技的不断融合是大势所趋，本章内容也构成数字经济领域经营者集中反垄断审查的关键一环。较反垄断实践对监管科技的需求，国内竞争法学界对反垄断监管科技的关注还处于起始阶段，[1] 理论积累严重不足。[2] 本章拟介绍域外针对反垄断监管科技的主要调研情况，梳理监管科技在各国的应用现状与发展趋势，提炼影响各国发展反垄断监管科技的主要问题，最后就我国反垄断监管科技的发展完善作一简要思考。需要说明的是，尽管本章内容并不聚焦经营者集中领域，但是对监管科技的一些共通问题的梳理，有助于我们更好地思考如何在经营者集中审查制度中嵌入监管科技。

---

〔1〕 国内反垄断法学界针对监管科技的早期讨论出现在2019年"深圳大学首届竞争法国际研讨会"，本书作者在该次会议的第五单元"人工智能、算法与大数据"，以"监管科技在中国反垄断领域的适用"为题，对反垄断执法过程中的监管科技问题进行了初步介绍。

〔2〕 周国和、赵鑫等：《数字经济下的竞争法与竞争政策——深圳大学首届竞争法国际研讨会综述》，载《深圳特区报》2019年12月17日，第C04版。

第一节 概 况

伴随着数字技术的发展以及商业模式的演化,反竞争行为的形式更为复杂、表现更为隐蔽,反垄断执法面临新的挑战,执法部门亟待提升对数字技术的认知、分析与运用能力。监管科技强调借助最新科技手段,提升政府的监管能力。OECD 的一份调研报告便指出,计算科技[1]能够为竞争执法部门提供在有限时间内分析大量数据集的工具。[2] ICN 的一份调研报告也指出,新冠疫情加速了各国竞争执法部门的数字化水平,大量执法机构认识到了人工智能、机器学习技术在反垄断监管中的重要性,制定了本部门的数字化战略目标。[3] 在近年全球掀起的数字经济反垄断浪潮中,积极利用科技赋能执法,实际上已成为各国的重要动向之一。针对算法合谋、数据滥用等技术发展伴生的新问题,部分国家反垄断部门纷纷探索应用新技术强化数字化监管能力。[4] 对反垄断监管科技的关注,不仅涉及美欧等传统发达反垄断辖区,也包括以"金砖国家"为代表的后发国家。一些著名研究机构也开始重视这方面问题的理论探讨,比如美国斯坦福大学 2021 年创建的"计算反垄断"(Computational Antitrust)项目。此外,OECD 等国际组织近年也举行了系列聚焦反垄断监管科技的论坛,[5]比如 OECD 在 2018 年组织召开的"区块链与竞争政策"论坛便提出区块链技术给反垄断执法提供了新的机会。如果执法部门在私有区块链上拥有自己的节点,可能会提升其调查工作的有效性与效率。比如,执法部门

---

[1] 计算科技是指与计算机技术和信息技术相关的领域,涵盖计算机科学、计算机工程和信息技术等学科,计算科技的发展能够推动信息的快速传播、大规模数据的处理和分析、智能系统的开发。计算科技具体应用涉及软件开发、网络技术、数据管理、人工智能、机器学习、物联网、云计算、大数据分析等方面。

[2] See OECD, *Algorithms and collusion: Competition policy in the digital age*, Paris, OECD Publishing, 2017, p.43.

[3] See ICN Agency Effectiveness Working Group, *Digitalisation, Innovation, and Agency Effectiveness*, 2021, p.10.

[4] 参见熊鸿儒、韩伟:《全球数字经济反垄断的新动向及启示》,载《改革》2022 年第 7 期。

[5] See OECD, *Data Screening Tools for Competition Investigations: OECD Competition Policy Roundtable Background Note*, 2022.

可以零边际成本接收市场参与者的实时信息,从而使他们能够克服大多数市场中存在的信息不对称问题。执法部门可能通过区块链对市场结果、承诺遵守情况进行监督,收集案件数据,以及筛查可疑行为。[1]

监管科技在反垄断领域的适用整体仍属于新兴事物,各国都在摸索,近年出现了一些有针对性的调研与研究项目:美国斯坦福大学的"计算反垄断"项目、希腊竞争委员会(HCC)的"计算竞争的法与经济学"调研项目、ICN 的"数字化、创新与机构效能"调研项目以及 OECD 的"竞争调查中的数据筛查工具"论坛,这些项目一定程度上体现了美国、欧洲以及国际组织在这方面的调研现状,尤其值得关注。对这些调研项目的梳理,有助于我们了解当前各国针对反垄断监管科技的认识和发展水平。

一、斯坦福大学"计算反垄断"项目

2021 年 1 月,斯坦福大学法律信息学中心(CodeX 中心[2])启动了"计算反垄断"项目。该项目由 CodeX 中心研究人员 Thibault Schrepel 博士创建,团队成员及顾问汇集了具有反垄断法以及计算科技背景的研究人员。该项目主要探讨法律信息学如何促进反垄断程序的自动化以及反垄断分析技术的改进。截至 2023 年 3 月,全球已有超过 60 个国家(地区)的反垄断执法部门与项目组建立了合作关系,项目团队已发布工作论文、调研报告近 20 份。例如,该项目 2023 年发布的一篇工作论文便探讨了反垄断执法部门如何运用 API 技术开发针对企业的反垄断合规工具。[3]

该项目的启动背景是:各国反垄断执法已将监管重点转移到数字经济领域,尽管针对数字市场中的各类反竞争行为的讨论非常激烈,但鲜有研究深入讨论如何使用技术工具来解决该领域的反垄断问题,这种诊断和治疗之间的脱

〔1〕 See OECD, *Executive Summary of the hearing on Blockchain and Competition Policy*, 2018.

〔2〕 据斯坦福大学官网介绍,CodeX 中心旨在推动法律科技的发展,提升法律系统的运行效率与透明度等。该中心下设多个子研究项目,包括区块链、计算法学等项目,参与者涉及研究人员、律师、企业家以及技术工作者。

〔3〕 See Schrepel T., *The Making of an Antitrust API: Proof of Concept*, 3 Stanford Computational Antitrust 22 (2023).

节日益加剧。[1] 一方面,反垄断执法部门在日益复杂、快速发展的数字市场中努力发现和救济反竞争行为;另一方面,企业也会采取更为多样的方式规避执法部门的反垄断调查。在这种背景下,该项目组认为亟须引入新技术来改善当前的反垄断监管现状。

该项目目前主要聚焦以下几个方面:(1)探索更为先进的卡特尔[2]检测工具。当前各国反垄断执法部门主要依靠被动方法(如当事方提供违法线索以换取宽大处理)来发现合谋行为,但这种方法的有效性正在降低。强大的人工智能系统有助于经营者实施和维持反竞争行为,在这种环境下,执法部门将计算工具作为一种积极的应对措施变得十分必要,例如开发数据筛查工具(data screening tools),通过核查市场数据以发现合谋的证据。[3] (2)合并模拟(merger simulation)[4]工具。反垄断执法部门需要在有限时间内对经营者的集中申报作出决定,相比卡特尔案件,执法部门对此类案件更难作出准确的判断,因为执法部门在经营者集中审查过程中面临更为复杂的信息。该项目团队尝试以计算科技为基础,结合计量经济学等方法,对集中后的情况进行定量预测。[5] (3)机器学习与合并审查申报。探讨机器学习技术降低合并审查制度中所固有的执法不足问题的可能性。(4)其他问题。项目团队还在一些前瞻性领域进行探索,比如区块链技术在反垄断领域的具体运用。[6]

二、HCC"计算竞争的法与经济学"调研

HCC 近年在数字技术运用方面非常积极,开发了一个数据收集平台——"HCC 经济情报平台"(HCC Economic Intelligence Platform),希腊已成为欧盟

---

〔1〕 See Schrepel T., *Computational antitrust: An introduction and research agenda*, 1 Stanford Computational Antitrust 1(2021).

〔2〕 卡特尔即反垄断法学语境下的横向垄断协议,是竞争对手之间签订的排除、限制竞争协议,也被称为横向合谋。

〔3〕 See Jr. J., Imhof D., *Cartel screening and machine learning*, 2 Stanford Computational Antitrust 133(2022).

〔4〕 合并模拟指运用经济学和计量经济学方法,根据合并前的竞争情况预测合并后产生的影响。

〔5〕 See Budzinski O. & Noskova V., *Prospects and limits of merger simulations as a computational antitrust tool*, 2 Stanford Computational Antitrust 56(2022).

〔6〕 See McCaskill J., Elliott E. & Harrington J., *Antitrust policy and blockchain technology: An exploration from the complex systems perspective*, 2 Stanford Computational Antitrust 117(2022).

成员国在反垄断领域运用计算科技的代表性国家之一。2021 年 6 月，HCC 发布了“计算竞争的法与经济学”（Computational Competition Law and Economics）调研报告。[1] 该报告由 HCC 主席 Ioannis Lianos 牵头，内容涉及大数据、人工智能、机器学习、深度学习在竞争执法中的潜在角色，探讨了反垄断执法部门将这些技术纳入执法所面临的挑战。

该调研报告涉及反垄断监管科技的内容具体体现在以下几个方面：(1) 研究了部分反垄断辖区运用计算科技识别反竞争行为的经验（如俄罗斯、南非以及巴西的做法），比较不同国家计算技术的使用情况以及不同工具的优劣，关注反垄断执法部门合作开发新的智能工具的必要性。(2) 鉴于不同国家执法部门的发展水平、规模以及法律体系的差异，该项目还关注了荷兰、英国、法国等反垄断执法部门的情况，以便了解计算技术的使用与执法体制变革之间的联系。研究发现，越来越多的反垄断执法部门开始雇用数据科学家，并设立专门部门以协助进行数据分析、开发先进的取证技术。此外，该报告还指出，随着计算技术的进一步发展，应当重视对启动调查的法律标准以及证据标准的调整。(3) 系统介绍了 HCC 开发反竞争行为（包括卡特尔、过高定价等）新型筛查工具的思路。比如筛查工具的设计特点、所依据的经济学理论、数据要求等。(4) 系统介绍了 HCC 经济情报平台，包括基本功能、使用界面以及操作指南等。该报告指出，不同类型的商业数据积累有助于提升反垄断执法效能，HCC 经济情报平台能够整合以及更新多个外部数据源，并为数据搜索和筛查提供可视化工具。(5) 案例研究。该调研报告介绍了 HCC 在新冠疫情期间，应用筛查工具以及 HCC 经济情报平台的实际案例。比如调查新冠疫情大流行对粮食市场的影响，以了解农产品价格和需求的变化；调查新冠疫情期间医疗和卫生设备的采购情况，以确认公共采购中可能存在的反竞争行为。

三、ICN“数字化、创新与机构效能”调研

2021 年 6 月，ICN 的机构效能工作组（Agency Effectiveness Working Group）发布了一份调研报告，其调研结果基于 2020 年 11 月至 2021 年 2 月对

---

[1] See HCC, *Computational Competition Law and Economics: Issues, Prospects*, 2021, available at https://www.epant.gr/en/enimerosi/computational-competition-law-and-economics.html.

机构效能工作组的成员机构所收集的数据和信息。该报告梳理了 ICN 成员在不同领域的数字化水平,并概述了各机构在利用数字技术以提升效率方面采取的各种策略和方法。[1] 就各机构如何看待其数字化水平而言,调研结果显示,大部分机构认为自己在 IT 取证工作以及经济分析方面的数字化水平最高,其次是开源情报工具(open source intelligence, OSINT)[2] 和卡特尔筛查工具的应用。调研还表明,尽管数字化领域显示出巨大的增长潜力,但当前各机构对自动化、人工智能和机器学习工具的使用率仍然相当低。当涉及机构的内部流程时,调研结果表明,内部沟通、文件和归档管理也是各机构认为数字化相对成熟的领域。预算管理、招聘流程以及知识管理方面似乎数字化水平不高,而项目管理则是机构内部运作过程中数字化程度最低的领域。调研还显示,与公众的一般性互动是各机构认为在数字化方面相对成熟的另一个领域;但从与外部利益相关者的其他类型的互动来看,正在进行的竞争执法相关的外部沟通的数字化程度略低。各竞争执法机构的数据开放与外部举报工具的数字化程度则更低。

基于此次调研,各国执法机构在数字化方面还呈现出一些其他的特点:(1)大多数机构都有具体的数字化战略或目标。调研表明,大多数机构认为数字化进程具有战略重要性,不同机构可以采取不同的形式。大约一半参与此次调研的机构都制定了独立的数字化总体战略或目标,少数机构的数字目标则是依据所在国(地区)的国家(地区)层面电子政务战略制定。一些机构计划将特定工具或流程数字化(尽管不在更宽泛的战略框架内),另一些机构则制定应对数字市场竞争问题的战略,这反过来可能会对所需的数字工具或技能产生影响。(2)用于改进调查功能的数字解决方案投资回报率最高。调研发现,投资于改善机构调查职能的数字解决方案总体上被视为能带来最大的投资回报,因为这种改进可以节省时间,提升机构效率,并降低出错率。许多反馈意见指出,

---

[1] See ICN Agency Effectiveness Working Group, *Digitalisation, Innovation and Agency Effectiveness*, 2021, p.7 –12.

[2] OSINT 是指一种从公开渠道(如互联网、新闻报道、学术研究等)收集、整理和分析信息的工具(计算机程序),其应用领域涵盖安全评估、竞争情报、犯罪调查等。政府机构利用 OSINT 能够补充其情报收集和分析能力,例如获取有关特定事件或主题的信息,以便作出决策、评估风险、揭示潜在威胁等。

IT 取证、OSINT 以及卡特尔筛查是数字时代高效执法的关键。在持续技术变革的背景下，仅投资一种类型的数字调查工具可能不够，更好的解决方案是基于各机构的资源，逐步实现数字化以及优化所有调查领域。数字化可以带动高投资回报的其他领域包括文件和案例管理以及知识管理。运作良好的文件管理系统可以更好地组织和检索案件档案，更容易监控案件进展，以及更好地访问和分发机构内部文件，从而提高透明度。此外，拥有一个连贯的以知识为基础的信息数字存储库，可以促进和简化机构的日常工作，提高调查效率，并有助于有效整合新加入的工作人员。调研结果还显示，与外部利益相关方互动的数字解决方案也值得重视。在竞争文化培育以及为执法工作创造威慑作用方面，数字渠道互动也可以发挥重要作用。(3)自动化、人工智能和机器学习是各机构关注的优先事项。调研结果表明，自动化、人工智能和机器学习工具的重要性与日俱增。尽管目前部署此类工具的机构仍为少数，但很多机构都计划在不久的将来进行部署。此类工具的常见用途包括卡特尔筛查、收集有关市场状况的信息、文件审查和处理以及收集证据(IT 取证)。许多机构认为，这些技术使他们能够更全面、更有效地展开案件分析，从而提高调查能力。然而，一些调查对象也表达了某些风险和挑战，包括人工智能“伦理”、算法准确性、数据隐私和安全、人工智能分析得出的证据的可接受性、获取大型高质量数据集的挑战、解释复杂机器学习模型结果的困难、开发和实施此类工具所需的大量资源以及克服员工最初对使用人工智能技术的不信任等问题。(4)各机构在如何将新的数字技能融入其组织方面存在差异。随着数字工具的发展，各机构普遍认识到工作人员拥有适当数字化专业知识的必要性，但实现这一目标的方式则各不相同。大约 1/3 的调研参与机构已经招聘了具有特定数字技能的工作人员，另有 1/3 的机构有类似计划，其他机构则计划通过培训使现有工作人员获得数字技能。似乎没有“一刀切”的办法，一些机构采用混合方法，聘用新工作人员的同时培训现有工作人员。IT 取证能力是各机构投资的数字专业知识中最常见的领域。此外，约 1/3 的调研参与机构已经招聘或计划创建特定的数字分析或数据科学职位。某些较大规模的执法机构，还创建了与数字化工作相关的其他量身定制的职位。此外，调研还显示，一些机构已经采用了创新的方法来创建专门的数字部门或工作队伍，但这方面的思路还没有普及。

四、OECD"竞争调查中的数据筛查工具"论坛

2022 年 11 月，OECD 竞争委员会组织召开了"竞争调查中的数据筛查工具"论坛，并发布了主题背景报告。此次论坛聚焦卡特尔筛查工具的运用与发展，涉及卡特尔筛查技术、数据质量问题以及典型案例等内容。

数据筛查工具是反垄断执法部门检测违法活动的常用手段，这种方法被执法部门用于检测可疑行为，符合某些标准的行为会被"标记"出来进而展开正式调查。执法部门也可能在接到投诉或举报之后，运用这种方法来确认或验证被指控的行为是否违法。[1] 基于该论坛的梳理，目前各国适用的筛查方式可以分为"结构性筛查"(structural screen)与"行为性筛查"(behavioural screen)两种类型。结构性筛查指根据市场和产品的结构性特征(如市场集中度、产品同质性)，来识别那些有利于合谋形成和维系的市场；行为性筛查的目的是寻找可能表明在特定市场存在合谋行为的痕迹，一些不寻常和无法解释的行为模式可能表明卡特尔协议正在运作。[2]

从论坛反映的各国实践情况来看，随着数字技术的不断进步，一些国家的反垄断执法部门开始研究新的卡特尔筛查技术。伴随着数据的大量获取，机器学习技术可以将各种筛查方法结合起来，提高筛查结果的准确性以及数据筛查工具的可用性。例如西班牙加泰罗尼亚地区竞争执法部门开发了被称为"智能行政采购合谋研究工具"(Smart Administrative Procurement Collusion Research Tool)的卡特尔筛查工具，该工具旨在识别投标操纵行为。[3] 此外，英国、巴西、新加坡、韩国等反垄断辖区也开发了各自的卡特尔筛查工具。需要指出的是，执法部门采用的卡特尔筛查技术的持续进步，离不开相关理论研究的支持。近年来关于筛查方法的理论也在不断拓展，此次论坛还具体讨论了学

---

[1] See OECD, *Data Screening Tools for Competition Investigations: OECD Competition Policy Roundtable Background Note*, 2022, p. 6.

[2] See OECD, *Data Screening Tools for Competition Investigations: OECD Competition Policy Roundtable Background Note*, 2022, p. 8.

[3] See OECD, *Data Screening Tools for Competition Investigations: OECD Competition Policy Roundtable Background Note*, 2022, p. 12.

术文献中提及的一些新的筛查方法，比如结构断裂法（structural break cartel screens）〔1〕、网络法（network methods）〔2〕等。

整体来看，OECD的此次论坛充分肯定了数字时代"计算型"卡特尔筛查技术的价值与前景。论坛还强调了筛查技术未来的发展将得益于各国竞争执法部门的合作，各国应重视技术发展以及技术运用方面的成功与失败经验的分享，积极探索如何进行数据的适度共享等。〔3〕 需要指出的是，从各国情况来看，卡特尔筛查技术发挥的作用仍然有限，目前在大多数反垄断辖区筛查结果都不能作为违法行为认定的直接证据。现阶段反垄断执法部门主要是依靠筛查来评估可疑行为，进而决定是否展开正式调查或者确定案件的优先次序。〔4〕

第二节　监管科技的域外应用现状

就当前全球主要反垄断辖区的监管科技应用而言，各国适用的新兴监管科技都体现了融合计算科技的大趋势。此外，由于各反垄断辖区面临的实际情况不同，反垄断监管科技的侧重点也存在一定差异。值得注意的是，相较于发达国家，部分发展中国家在开发新兴监管科技方面并未落伍，甚至走在了这一领域的前沿。下面就当前在反垄断监管科技应用方面具有代表性的部分国家的情况，作一简要梳理。

一、英国

CMA首席数据和技术官Stefan Hunt曾表示，海量的数据集、复杂的机器

---

〔1〕 结构性断裂是指价格数据生成过程中的突然变化，可能是由卡特尔的产生、结束或中断造成的。结构性断裂法，即评估价格函数中是否存在结构性断裂。也就是说，在特定时期是否存在任何无法解释的价格转变，而这些转变很可能是由卡特尔造成的。

〔2〕 企业之间的互动如果更为频繁，则更可能产生合谋且合谋更易维系。网络法是指执法部门采取机器学习技术，识别在特定招标活动中那些频繁互动的公司群体。

〔3〕 See OECD, *Data Screening Tools for Competition Investigations: OECD Competition Policy Roundtable Background Note*, 2022, p. 33.

〔4〕 See OECD, *Data Screening Tools for Competition Investigations: OECD Competition Policy Roundtable Background Note*, 2022, p. 28.

学习和人工智能算法、用户体验测试以及其他一系列技术的使用,加剧了企业和执法部门之间的信息不对称。[1] 面对这样的变化,竞争执法部门必须更新其技能以应对挑战,同时在此过程中推动执法部门进行数字化转型。CMA于2019年2月内部设立了“数据、技术与分析部”(DaTA),以应对数字市场变化对市场监管提出的新要求。DaTA旨在确保CMA在使用最新的数据工程、机器学习和人工智能技术方面保持领先地位,推动CMA在内部率先使用这些技术以提高执法效率。此外,CMA希望通过DaTA进一步了解企业如何使用数据,它们的机器学习和人工智能算法正在做什么,以及执法部门对此需要采取哪些行动。DaTA的职责包括:(1)提供数据与技术方面的专业建议;(2)数据采集以及数据科学方面的研究;(3)开发数据驱动工具,提升机构内部效率;(4)行为科学方面的研究;(5)研究新技术以及相关案例。

DaTA在CMA处理的多个反垄断案件中发挥了重要作用。以谷歌隐私沙盒案[2]为例,在该案中,CMA发现谷歌拟在其浏览器Chrome上逐步淘汰第三方cookies,借助新技术支持针对性广告,同时防止跨网站追踪。CMA担心,这一变化可能会削弱广告发布者的广告创收能力,破坏数字广告市场的竞争,让谷歌可以巩固其作为提供广告库存(advertising inventory)[3]的发布商和广告技术服务提供商的市场力量。[4] 要了解谷歌的这些变化给各方带来的影响,必须深入研究这些技术。DaTA团队深度参与了该案的调查,并推动了CMA对相关技术的理解。一方面,相较于CMA的非技术人员,DaTA团队成员能够更快、更透彻地了解案件中的数据和技术,更为有效地评估企业的答复,帮助案件小组的其他成员理解技术,对案件进行深入评估;另一方面,DaTA成员参加了各方的关键会议,及时评估各方所提供的信息,对企业的解释与抗辩提出质疑,并提出企业需要进一步解释的问题。DaTA团队成员在办案过程中

---

〔1〕 See Hunt S., *The Technology-led Transformation of Competition and Consumer Agencies: the CMA's Experience*, CMA, 2022, p.4.

〔2〕 See CMA, Decision to accept commitments offered by Google in relation to its Privacy Sandbox Proposals, Case number 50972, 2022.

〔3〕 广告库存有时也被称为“广告存货”“广告资源”等,在此处可理解为平台上可用于投放广告的空间。

〔4〕 See CMA, Decision to accept commitments offered by Google in relation to its Privacy Sandbox Proposals, Case number 50972, 2022.

贡献了重要的工作思路，并对案件小组产生了重大影响。[1]

二、加拿大

2018 年，CBC 开始尝试使用针对投标操纵问题的筛查工具。CBC 最初使用少量的数据集来测试筛查工具，这些数据来源于被指控为卡特尔的案件，以此了解筛查工具的优势和劣势，并与外部专家合作开发了一套利用投标数据检测卡特尔行为的筛查工具。[2] CBC 以此为基础，近年来结合技术的进步不断改进该筛查工具。2022 年 6 月，CBC 推出“合谋风险评估工具”（collusion risk assessment tool），这是一套供公共和私营部门免费使用的在线交互系统，旨在帮助采购单位在组织和管理招标时评估和降低合谋的风险。[3] 该系统网站显示，使用者（采购单位）通过填写在线问卷的形式提供招标信息，系统将根据项目的具体情况生成“低”、“中”或“高”的合谋风险评分，并生成个性化的实践方案来降低这些风险，从而促进竞争性的采购。[4] 在此过程中，CBC 也能利用获取的信息对该工具进行改进，也可以利用这些信息帮助执法部门确定操纵投标行为的高发区域，以便有针对性地开展宣传活动。整体而言，合谋风险评估工具是对 CBC 的卡特尔筛查工作的有效补充。[5]

三、法国

2020 年，FCA 决定在调查部门内部设立一个数字经济部门，其任务是深入拓展数字领域的专业知识，并与办案团队进行合作，调查数字经济中的反竞争行为。FCA 官网显示，数字经济部门的职责之一是开发基于算法技术、大数据

---

〔1〕 See Hunt S., *The Technology-led Transformation of Competition and Consumer Agencies: the CMA's Experience*, CMA, 2022, p. 4.

〔2〕 See OECD, *Data Screening Tools for Competition Investigations-Note by Canada*, 2022, https://one.oecd.org/document/DAF/COMP/WP3/WD(2022)27/en/pdf.

〔3〕 See CBC, *Collusion risk assessment tool*, https://form.simplesurvey.com/f/s.aspx?s=9A022A9D-2079-4A7A-B472-D90DBE760C47.

〔4〕 See CBC, *Collusion risk assessment tool for procurement agents*, https://ised-isde.canada.ca/site/competition-bureau-canada/en/bid-rigging-price-fixing-and-other-agreements-between-competitors/collusion-risk-assessment-tool-procurement-agents.

〔5〕 See OECD, *Data Screening Tools for Competition Investigations-Note by Canada*, 2022, https://one.oecd.org/document/DAF/COMP/WP3/WD(2022)27/en/pdf.

和人工智能的数据筛查工具。[1] FCA 认为数据筛查工具可以为办案人员发现反竞争行为(如卡特尔)提供有价值的帮助。引入数据筛查工具需解决的关键问题包括数据收集、可视化及分析。[2] 在数据收集方面,FCA 采取了 API 和“刮擦法”(scraping methods)[3]两种方式。一旦收集到数据,就要进行可视化和分析,这一步骤对于数据筛查工具的开发至关重要。现阶段,这个数字经济部门正在致力于设计各种相关指标,以识别异常的公共采购。FCA 希望数据筛查工具今后能在更大范围的反垄断执法中有效检测反竞争行为。

四、希腊

如前文所述,HCC 正在开发一种筛查工具——HCC 经济情报平台,试图通过对市场上的各类数据(特别是价格数据)的分析去发现反竞争行为。希腊通过新的立法,让 HCC 可以获得该国主要超市、加油站分销系统以及雅典蔬菜和水果市场价格的关键数据。这使得该筛查工具每天可以跟踪全国 2000 多个产品代码的价格水平,相关数据还能追溯至 2020 年 1 月甚至更早。[4]

希腊筛查工具的设计考虑了以下因素:广泛的适用性、低实施成本以及准确性。该工具的筛查方法基于传统的工业经济学原理去检测卡特尔,并创建了用于模拟的数据集进行测试。该方法分为两步:首先,初步筛查,以确定定价行为中的可疑变化;其次,验证,以确认该变化是否与反竞争行为一致,或者其他市场事件是否可以解释它。该方法的第一步使用对数双重差分模型(difference-in-differences model)[5]对异常和可疑的价格变化进行初步分析;该方法的第二步聚焦更为深入的行业分析,涉及用供需双方的变量作为回归因

---

[1] Autorité de la concurrence, *The Autorité creates a digital economy unit*, autoritedelaconcurrence.fr (January. 9, 2020), https://www.autoritedelaconcurrence.fr/en/communiques-de-presse/autorite-creates-digital-economy-unit.

[2] See OECD, *Data screening tools for competition investigations-Note by France*, 2022, https://one.oecd.org/document/DAF/COMP/WP3/WD(2022)30/en/pdf.

[3] FCA 在材料中介绍,所谓“刮擦”是一种使用计算机程序从网站、网络或移动应用程序自动提取内容的技术。

[4] See HCC, *Computational Competition Law and Economics: Issues, Prospects*, 2021, p. 31.

[5] 双重差分法通常用于政策效应或项目实施效果评估,其原理是将某项政策的实施看作一项自然实验,通过在样本中加入一组未受政策影响的控制组,与原本受政策影响的样本点构成实验组进行比较分析,来考察政策实施对分析对象造成的净影响。

于来进行回归分析,[1]并测试结构性断裂。第二步的核心思路是,如果价格变化不能用成本和供需异常变化来解释,那么唯一的解释就是竞争情况发生了变化。在数据要求方面,筛查的第一步需要收集面板格式(panel format)[2]的定价数据;该方法的第二步,除了依靠定价数据外,还需要收集供求关系的数据。

HCC 经济情报平台能够整合和更新多个外部数据源,并为数据探索和筛查提供可视化工具。该平台可以识别多个公司的类别和产品价格的趋势,并监测每日或每周的价格变化。每个类别或产品的价格变化可以通过使用诸如百分位数、中位数、安全阈值和异常值之类的度量来获取。

五、俄罗斯

FAS 在 2017 年推出了名为 big digital cat 的卡特尔筛查工具,用于捕捉"数字老鼠",即在线卡特尔的踪迹。FAS 官网显示,big digital cat 可以帮助发现商品市场和拍卖会上的两类卡特尔。在商品市场上,big digital cat 可以收集大量的产品价格数据。例如,在 FAS 对 LG、三星、苹果和飞利浦的智能手机和平板电脑商店价格协调案的调查中,该工具就凸显了其价值。因为如果没有这套自动价格监测工具,FAS 通过工作人员手动收集价格信息将会耗费更长时间,也更为困难。[3] 截至 2017 年 6 月,big digital cat 在电子采购中发现了 80 个卡特尔,包括建筑和医疗用品电子采购中最严重的投标操纵行为,金额达 1970 亿卢布(约 20 亿美元)。[4] 此外,big digital cat 还能自动收集公开的数据(如从一些大众媒体)以及非公开信息(如俄罗斯联邦税务局数据库的信息),然后使用算法来确定所收集的数据是否符合指定的标准,进而判断是否存在卡特尔行为。基于信息收集和分析,big digital cat 还可以根据程序规则形成证据,用于

---

〔1〕 回归分析是一种确定两种或两种以上变量间相互依赖的定量关系的统计分析方法。

〔2〕 面板格式是指在研究或数据收集过程中,将数据以时间序列和横截面的方式组织和呈现的格式,通常用于研究跨越一段时间的动态变化,以及不同个体之间的差异和关联。例如,在面板数据中,同一组观察对象(如公司、产品、价格)在多个时间点上被观察或测量。这些观察点可以被看作面板数据的不同时间维度,而每个观察对象则构成了数据的不同横截面维度。

〔3〕 ДмитрийДоброштан, *The FAS Russia Has the "Big Digital Cat" system*, gkgz. ru (4 December 2019), https://gkgz. ru/the-fas-russia-has-the-big-digital-cat-system/#: ~: text = The% 20% E2% 80% 9CBig% 20Digital% 20Cat% E2% 80% 9D% 20lives% 20in% 20digital% 20space, auctions% 20% 2885% 25% 20of% 20the% 20total% 20number% 20of% 20cartels% 29.

〔4〕 See FAS, АндрейТенишев: Насталовремяпроактивноговыявлениякартелейнато рrах.

后续调查和裁判。FAS 表示,big digital cat 将增加公共采购的透明度,系统地识别卡特尔等涉嫌违法的行为。未来 big digital cat 的重点方向发展为:筛查各类开放及封闭的数据系统(如俄罗斯联邦税务局的数据库)并进行打分(以百分比计算合谋的概率),固定合谋的证据,并生成 FAS 的执法文书初稿。[1]

六、韩国

KFTC 早在 2006 年就开发了第一批筛查工具,即一套名为“操纵投标指标分析系统”(BRIAS)的筛查软件。BRIAS 可以自动分析从 332 个韩国公共采购机构那里获取的投标信息。[2] 在 BRIAS 运用的成功案例中,便包括首尔地铁 7 号线建设中的串通行为。[3] KFTC 基于过去的执法经验以及操纵投标的若干危险信号,来设计该工具的指标及其权重。该系统确定较高的合谋可能性得分,主要基于下述指标:(1)公司的高中标率;(2)投标过程中的投标人数量少;(3)大量的出价高于估计价格;(4)使用非竞争性招标程序;(5)中标和落标之间有着很大的出价差距。该筛查工具的有效性取决于对每个指标的权重的平衡。2015 年,KFTC 决定对 BRIAS 的一些功能进行改进,并于 2018 年 1 月将升级后的系统投入使用。这些功能包括新的搜索功能,以及更有效地将投标数据连接到 BRIAS 系统中的功能。2007 年至 2021 年,KFTC 使用 BRIAS 调查和制裁了 16 起案件,其中 13 起发生在 2018 年以后。[4]

七、新加坡

CCCS 开发了一个内部文本分析工具(text analytics tool),以分析从公众收到的大量投诉。该工具能够协助 CCCS 从投诉中确定存在问题的行业,特别是

---

〔1〕 ДмитрийДоброштан, *The FAS Russia Has the “Big Digital Cat” system*, gkgz. ru (4 December 2019), https://gkgz. ru/the-fas-russia-has-the-big-digital-cat-system/#: ~ : text = The% 20% E2% 80% 9CBig% 20Digital% 20Cat% E2% 80% 9D% 20lives% 20in% 20digital% 20space, auctions% 20% 2885% 25% 20of% 20the% 20total% 20number% 20of% 20cartels% 29.

〔2〕 See KFTC, *Current status of operation of bid rigging indicator analysis system*, http://www. ftc. go. kr/www/cmm/fms/FileDown. do? atchFileId = FILE_000000000079626&fileSn = 0.

〔3〕 See OECD, *Roundtable on ex officio cartel investigations and the use of screens to detect cartels*, 2013, p. 63.

〔4〕 See OECD, *Ex officio cartel investigations and the use of screens to detect cartels*, 2013, p. 139 – 143.

它能够使 CCCS 从投诉中直观地看到基本的时间序列趋势，帮助执法部门确定需要优先关注的行业或问题。据此 CCCS 可以采取进一步行动，进行市场研究以更好地了解行业发展，或与其他政府部门以及利益相关者进行沟通，以改善行业的竞争态势。该工具的适用还减少了 CCCS 分析投诉所需的时间，使办案团队能够在一天之内完成对一组月度投诉的分析，而人工过滤和分析往往需要耗费几周的时间。[1]

此外，鉴于新加坡对操纵投标行为（特别是政府采购中的操纵投标行为）持严厉态度，CCCS 还开发了操纵投标检测工具（bid-rigging detection tool, BRDT），并与新加坡政府技术局（GovTech）合作开发了文本相似性检测工具（document similarity tool, DST）。BRDT 借助操纵投标的常见迹象及其在投标数据中的相应预期迹象的若干指标，使操纵投标的检测过程自动化，从而提高了检测过程的覆盖面和效率。DST 采用了文本分析技术，如最长公共子序列（Longest Common Subsequence, LCS），[2] 为句子和文件层面的比较产生相似度分数。这让执法官员能够关注高相似度的句子和文件，而不必梳理大量的文件，从而大大减少了证据审查的时间和精力，同时也最大限度地减少了因人为错误而遗漏相似文件的可能性。[3]

八、其他反垄断辖区

除前述具有代表性的反垄断辖区外，还有一些发展中国家也高度重视反垄断监管科技的开发与应用。例如金砖国家中的巴西、印度、南非都进行了不同程度的探索。CADE 开发了名为 Cérebro 的筛查工具，用于检测公共采购市场中的操纵投标行为。[4] 印度竞争委员会（CCI）也将筛查技术用于检测卡特

---

〔1〕 See Schrepel T. & Groza T., *The adoption of computational antitrust by agencies*: 2021 *Report*, 2 Stanford Computational Antitrust 78(2022).

〔2〕 在计算机科学和算法领域，LCS 通常用于比较两个序列之间的相似性或差异性。序列可以是字符串、数组或其他有序元素的集合。LCS 有着广泛的用途，文本比对则是典型用法之一。

〔3〕 See OECD, *Data Screening Tools for Competition Investigations-Summaries of Contributions*, 2022, p. 17, https://one.oecd.org/document/DAF/COMP/WP3/WD(2022)40/en/pdf.

〔4〕 See OECD, *Fighting Bid Rigging in Brazil: A Review of Federal Public Procurement*, 2021, https://www.oecd.org/competition/fighting-bid-rigging-in-brazil-a-review-of-federal-public-procurement.htm.

尔,并将检测结果作为企业存在合谋行为的间接证据。此外,CCI 还开发了检测公共采购领域操纵投标行为的工具。南非竞争委员会(CCSA)则使用筛查方法来发现卡特尔,CCSA 还计划进一步利用计算机技术协助执法调查。[1]

第三节　监管科技发展重点与障碍

如前文所述,全球多个国家(包括部分发展中国家)在反垄断监管新科技方面取得了实质性进展。就监管科技在反垄断领域的具体适用而言,针对卡特尔的检测工具已成为当前各国反垄断执法部门最为重视的领域,经营者集中领域监管科技的适用尚处于起步阶段,聚焦滥用市场支配地位方面的监管科技,各国则鲜有涉及。

一、反垄断监管科技的发展重点

(一)卡特尔筛查

卡特尔往往具有隐蔽性,一直都是传统反垄断执法中面临的难点之一,这方面监管科技的引入较早便引起各国的重视。OECD 曾在 2013 年召开过相关论坛,组织各国讨论反垄断执法部门利用技术手段筛查卡特尔的问题。[2] 随着近年来数字技术的革新,在机器学习等技术的推动下,卡特尔筛查技术也有了新的发展。

1. 卡特尔筛查的特点

首先,卡特尔筛查是通过分析可观察到的数据(比如成本、价格、市场份额、企业行为等方面的数据),标记出可能受到合谋影响或更容易发生合谋的市场。如果经筛查执法部门怀疑某市场存在合谋,执法部门可进一步核实,适时启动全面调查,通过搜查、询问证人等方式收集卡特尔的直接证据。因此,卡特尔筛查是一种通过经济统计和分析来标记潜在违法行为的手段,其作用是检

---

〔1〕 See BRICS, *BRICS in the Digital Econimy-Competition Policy on Practice*, Competition Authorities Working Group on Digital Economy, 2019, p. 26.

〔2〕 See OECD, *Exofficio cartel investigations and the use of screens to detect cartels*, 1 October 2013 http://www. oecd. org/daf/competition/exofficio-cartel-investigations. htm.

测市场数据以寻找合谋的证据。其次,筛查作为执法调查的基础,其目的是以一种低成本的方法来识别可能存在卡特尔的市场,而不在于提供关于存在卡特尔的结论性证据。反垄断执法部门可以使用数据筛查手段来发现可疑行为,如果符合某些标准,特定市场或行为就会被标记出来,并用以支持正式调查的启动。执法部门也可以在接到投诉或举报之后进行数据筛查,以检查投诉信息的可信度,并找到特定行为可能确实存在问题的迹象。筛查还可以帮助执法部门确定执法的优先次序,将有限的资源优先投入到那些违法行为证据相对充分的案件。最后,需要指出的是,卡特尔筛查还是一种资源密集型活动,筛查的实施往往需要具有专业技能和知识的人员,例如计量经济学、计算机科学等领域的人才。数据的收集和处理、人员的培训、筛查的运行、结果的解释以及最后对筛查所提供的线索的跟踪,都需要耗费大量的人力和物力。近年来数字技术的发展,很大程度上缓解了早期筛查技术的人力投入问题。

2. 卡特尔筛查的思路

卡特尔筛查有两种主要的筛查方式:结构性筛查和行为性筛查。结构性筛查旨在根据市场和产品的结构性特征,如市场集中度和产品同质性,识别有利于合谋产生和维系的市场。这种筛查使反垄断执法部门能够深入观察特定市场或行业,并标出那些更有可能发生卡特尔的市场,即建立一个值得进一步审查的初步市场清单。行为性筛查的目的则是通过关注市场上出现的不寻常或者特殊的行为模式,寻找市场中出现合谋的线索。行为性筛查涉及两个主要步骤:首先,基于特定标准对市场行为进行标记,这些标记可以将符合正常竞争过程的行为与涉嫌合谋的行为区别开来;其次,识别能够解释企业行为变化的结构性断裂或外生冲击(如原料价格的变化)。可以说,结构性筛查旨在确定那些更有可能形成卡特尔的市场,而行为性筛查则是为了识别那些卡特尔已经形成的市场。结构性筛查和行为性筛查可以结合使用,由结构性筛查确定值得调查的有风险的市场,然后在这些市场上实施行为性筛查。

3. 卡特尔筛查技术的新发展

近年来计算技术的加速发展,一方面,使人工分析数据开始转向卡特尔的自动检测,一些反垄断执法部门开始改进他们的筛查工具;另一方面,机器学习技术进一步提升了筛查工具的准确度,优化了对卡特尔的预测。机器学习技术属于人工智能领域,它赋予计算机“无须明确编程就能学习的能力”。[1] 如果有足够的数据,机器学习可以将几个筛查结果结合起来,可能更准确地识别合谋行为。也就是说,筛查结果可以汇集成一个综合的指标,并为每个指标分配权重。[2] 换言之,没有一项单一的筛查能在所有案件中正确标记合谋活动,但机器学习可以将几项筛查结合起来,以最佳方式识别潜在的卡特尔案件。以机器学习中的监督学习[3]为例,使用输入(自变量)来评估输出(因变量),通常依赖于现实中已处理完毕的案件形成的训练数据集——被称为“标签”或“标记”的数据,它提供了输入与输出的样本映射(sample mapping)。[4] 监督学习可以被认为是通过实例学习或向老师学习。训练数据集提供了串通投标和竞标的卡特尔筛查值的实例,该模型在此数据集上进行训练,评估每项筛查的权重,以优化对违法行为的识别。执法部门将训练好的模型应用于包含卡特尔筛查值的测试数据(最好是在相同或可比较的市场中),以评估特定行为是否的确可能是合谋。训练数据集必须具备足够的规模,以最大限度地减少误差,并包含测试结果是否存在合谋的正确分类。[5] 监督学习通常是最适合于卡特尔筛查的,因为它可以用来评估竞价过程中是否存在串通,前提是需要获取存在串通以及没有串通的现实案例信息,将它们作为“标记”数据。

(二)经营者集中审查辅助

鉴于计算科技出色的数据处理能力,能够大幅提升反垄断执法部门的工作效率,一些研究开始尝试将其运用于卡特尔筛查之外的执法活动。斯坦福大学 CodeX 中心便对计算科技应用于经营者集中反垄断审查进行了探索,涉及经

---

〔1〕 See OECD, *Algorithms and collusion: Competition policy in the digital age*, 2017, p.9.

〔2〕 See OECD, *Data Screening Tools for Competition Investigations: OECD Competition Policy Roundtable Background Note*, 2022, p.16.

〔3〕 监督学习是一种机器学习技术,即使用标记的数据集作为训练数据,并使用这些数据来训练模型以此预测未标记数据的结果。换言之,监督学习的目标是根据已知的输入和输出之间的关系来学习预测新的输入数据的输出结果。

〔4〕 在机器学习和数据挖掘任务中,样本映射可以指将原始数据样本转换为具有更高维度、更丰富特征表示的样本。例如,一个人口统计数据集包含人们的年龄和身高信息,通过对年龄和身高进行映射,可以得到一个新的数据集,其中每个样本都具有年龄段和身高类别的标记。

〔5〕 See Mezt R. & Mezt A., *Can machine learning aide in cartel detection?*, 2018, https://papers.ssrn.com/sol3/papers.cfm?abstract_id=3291633.

营者集中申报、审查制度的改进[1]、对反竞争性集中的预警[2]、建立反事实模型,以及前瞻性地确定哪些交易可能是“扼杀性收购”。[3]

以改进经营者集中申报、审查制度为例,经营者集中审查是一项耗时长、投入资源多的执法活动。过度执法导致的假阳性问题(审查那些极不可能产生竞争问题的集中)或执法不足导致的假阴性问题(反竞争性集中被批准),均会对反垄断执法部门有限的资源造成浪费。在这种背景下,建立一种以机器学习技术(采取监督学习的方式)为支撑的预测工具,可以有效降低执法部门的决策成本和错误成本。这种监督学习的方式需要搜集两类数据作为基础数据。第一类是执法部门的内部数据。这些数据可以用来创建一个数据集,用于描述执法部门如何作出决定。在此基础上,可以用监督式机器学习算法来预测执法部门面对新的集中交易会如何作出决定。预测结果既可以作为执法部门的内部参考,也可以供交易方参考。第二类数据聚焦于那些已经审结的集中交易。这类数据范围较广,涉及定价、产出的变化、企业的进入市场和退出市场的情况等,用于预测一项新的交易被批准后市场上的竞争将发生何种变化。通过建立跟踪集中交易所产生市场影响的数据集,机器学习算法可以让执法部门更好地预测特定集中交易被批准会产生的后果(比如是否会导致价格上涨、质量下降或服务减少等)。需要指出的是,虽然机器学习算法在改善经营者集中审查程序以及降低执法成本方面有巨大的潜力,但实现经营者集中审查程序的自动化仍面临诸多挑战,比如技术、数据方面的挑战。此外,对反垄断立法目的的不同理解,也会对技术的开发产生影响。有观点便认为,“实施计算型经营者集中反垄断审查的最大障碍是立法者无法就法律的目的达成一致”[4]。也就是说,反垄断法的立法目的决定了机器学习算法将接受何种“执法倾向”的训练,这些目的可以是消费者福利最大化,也可以是社会总福利最大化,或者强调保护

---

〔1〕 See Casey A. & Niblett A., *Micro-directives and Computational Merger Review*, 1 Stanford Computational Antitrust 132(2021).

〔2〕 See Mahari R., Lera S. & Pentland A., *Time for a new antitrust era: Refocusing antitrust law to invigorate competition in the 21st century*, 1 Stanford Computational Antitrust 52 (2021).

〔3〕 See Lim D., *Can Computational Antitrust Law Succeed?* 1 Stanford Computational Antitrust 38 (2021).

〔4〕 Casey A. & Niblett A., *Micro-directives and Computational Merger Review*, 1 Stanford Computational Antitrust 132 (2021).

中小企业竞争,等等。

二、反垄断监管科技的发展障碍

全球主要反垄断辖区在数字技术的助力下近年来加大反垄断监管科技的建设力度,特别是在卡特尔筛查领域有了明显进展。尽管如此,对于反垄断监管科技,全球整体仍处于发展初期,影响该领域发展的一些重要问题,值得我们重视。

(一)机构设计

在监管科技的实践应用中,无论是卡特尔筛查技术还是经营者集中审查技术,都离不开计算科技专业知识和人才。要发展监管科技,反垄断执法部门就需要配备掌握计算科技技能的专业人员,这给各国反垄断执法部门的机构设计带来了一定的要求。在实践中,已经有越来越多的反垄断执法部门开始雇用计算机技术领域的专家与经济学专家一并分析数据、开发相关技术工具。一些反垄断执法部门还设立了专门的数字部门,负责处理数据相关工作,参与筛查工具的开发,并为案件调查工作提供支持,CMA 设立的 DaTA 便是这方面的典型代表。2019 年 2 月,FTC 成立技术执法部门(TED),该部门利用其专业知识,重点关注复杂、动态的数字市场。[1] 2020 年 1 月,FCA 成立了由经济学家、数据科学家、软件工程师和律师组成的数字经济部门,其职能之一是负责开发新的数字调查工具,特别是基于算法技术、大数据和人工智能的数字调查工具。该部门为 FCA 的案件调查部门提供支持,以协助处理数字经济领域的一些案件,比如经营者集中、排名偏见、算法合谋等。[2] 2022 年 1 月,KFTC 宣布,考虑到数字市场的多边性和技术发展等因素,将既有的"信息通信技术专管组"改组为"数字市场应对组",下设"数字独寡占分科",负责预防市场垄断,监督平台自我优待等涉嫌垄断的行为。[3] 此外,一些反垄断辖区虽未成立专门的

---

〔1〕 See Martin Geagan, *DOJ and FTC lock in on big-tech firms, but t-mobile/sprint merger opinion provides a potential compelling antitrust defense*, Winston. com (Mar. 17, 2020), https://www. winston. com/en/competition-corner/doj-and-ftc-lock-in-on-big-tech-firms-but-t-mobilesprint-merger-opinion-provides-a-potential-compelling-antitrust-defense. html.

〔2〕 See HCC, *Computational Competition Law and Economics: Issues, Prospects*, 2021, p. 19.

〔3〕 参见 KFTC, 정보통신기술(ICT)전담팀개편안발표, 27 January 2022, http://www. ftc. go. kr/www/selectReportUserView. do? key = 10&rpttype = 1&report_data_no = 9465。

部门,但聘请了数据和技术领域的专家作为机构内部顾问,比如 CBC 在 2019 年 7 月聘请了一名首席数据执法官员,[1] 日本公平交易委员会也在其组织架构中增加了网络安全与信息技术顾问的职位。[2]

(二)数据支撑

计算科技的性质决定了数据的重要性。具体而言,要把计算科技融入反垄断监管体系中,一方面需要设计良好的机器学习算法,另一方面对数据的可用性、针对性、实用性等品质提出了要求。以卡特尔筛查技术为例,若将存在缺陷的数据作为训练数据集进行测试,则实践中的筛查运用难以获得期望的效果。OECD 在一份研究中提到,“充分、相关和准确的信息和数据在筛查实施的所有阶段都是必要的,从筛查设计到筛查实施,直至对筛查结果的解释”[3]。反垄断执法部门首先要处理的问题是数据的来源,即寻找当前可用的以及潜在的数据来源,这是反垄断执法部门必须克服的第一关。这些数据可能是各种公开的数据、网络抓取的数据、公共机构保存的数据(可能涉及隐私和保密问题)以及从商业数据供应商那里购买的数据。也有观点认为,反垄断执法部门可以在执法活动中,将实时分享数据纳入与企业达成的和解协议的一部分,[4] 甚至在必要时通过立法的形式来确保企业向反垄断执法部门提供必要的数据访问权限。[5] 此外,反垄断执法部门也不应忽视数据的针对性(数据应该符合具体的分析目的)和实用性(数据应以可搜索的格式存储,以便于处理和使用)等。值得一提的是,反垄断执法部门还需要在硬件设备和云计算能力方面进行提升,以此来存储和分析大量的数据,还需要在技术层面高度重视隐私保护和数据安全,防范数据运行中可能出现的漏洞。

(三)技术局限

反垄断监管科技本质上受限于数字科技的发展水平,以当前各国反垄断监

---

〔1〕 See HCC, *Computational Competition Law and Economics: Issues, Prospects*, 2021, p. 24.

〔2〕 参见日本公平贸易委员会,公正取引委員会機構図,https://www.jftc.go.jp/en/about_jftc/index_files/200929.pdf。

〔3〕 OECD, *Ex officio cartel investigations and the use of screens to detect cartels*, 2013, p. 139 - 143.

〔4〕 See Joseph E. Harrington, Jr., *Detecting cartels*, 1 December 2004, https://www.competitionpolicyinternational.com/assets/Uploads/Detecting-Cartels.pdf.

〔5〕 See Coglianese C. & Lai A., *Antitrust by Algorithm*, 2 Stanford Computational Antitrust 1 (2022).

管科技主要依赖的机器学习算法为例,其功能仍存在局限。一方面,机器学习算法可以实现高度准确的预测,但人们很难理解或直观地解释算法是如何得出预测结果的。实际上,具有某些特征或行为的企业更可能从事反竞争行为的这种预测性结论,相关算法通常无法直接基于因果关系给予支持。在一些反垄断辖区,反垄断执法部门不会披露具体的算法信息,或只在法律规定的情形下公布有限的算法信息。OECD 的调研报告便提及,多数反垄断辖区的反垄断执法部门并不希望公开他们的卡特尔筛查措施,因为这可能被从事反竞争行为的企业加以利用,从而逃避检测。[1] 另一方面,机器学习算法可能因数据的不完整、预测算法未能捕捉到市场竞争的全貌、"算法偏见"等情况做出失败的预测,导致执法的假阴性或假阳性。这种情况下的问题是,执法部门该如何处理这些错误。不同执法部门容忍算法错误的程度,将引导机器学习系统走向不同的执法倾向。

(四)公众信任

将计算工具融入反垄断执法活动,可能引发一定的争议。计算反垄断涉及的法律问题包括但不限于透明度、隐私和个人数据保护以及正当程序,[2] 所有这些问题最终都关联于公众对执法部门的信任程度。计算科技融入反垄断执法的程度越深,相关争论就可能越激烈。可以预见的是,如果不能妥善处理计算反垄断科技所引发的公众信任问题,那么人工智能、机器学习等技术乃至执法部门的决策过程将被质疑为"暗箱操作",进而执法部门的决定也难以获得公信力。有观点认为,当卡特尔筛查工具这类工具所得结论可以作为有法律效力的证据用于下一步决策时,卡特尔筛查工具可能被视为潜在的决策者。如果特定案件的证据取决于算法得出的结果,而这些结果在没有其他证据来源(如突击检查)佐证的情况下被采纳,则该工具的"辅助"性质就会转变为"决策"性质,这在司法机关可以审查反垄断执法部门决定的证明标准的反垄断辖区,便是一个严重的漏洞。[3] 因此,应该采取适当的措施,阻止"辅助"和"决策"之

---

[1] See HCC, *Computational Competition Law and Economics: Issues, Prospects*, 2021, p. 3.

[2] See Coglianese C. & Lai A., *Antitrust by Algorithm*, 2 Stanford Computational Antitrust 1 (2022).

[3] See Mattiuzzo M. & Machado H., *Algorithmic Governance in Computational Antitrust—a Brief Outline of Alternatives for Policymakers*, 2 Stanford Computational Antitrust 23 (2022).

间的界限变得模糊。一些反垄断辖区的反垄断执法部门建立了专门的技术部门，对计算工具可能出现的错误和问题向个人和部门分配责任，[1]避免出现将工具作为“替罪羊”的倾向。此外，从技术层面看，反垄断执法部门应当在特定分析工具正式启用前，对其错误和漏洞、数据来源、性能、目标等方面进行广泛的测试，并尽可能地引导公众参与这些环节，提升公众信任度。工具启用后，执法部门应当采用和维护适当的版本控制和数据库基础设施，对日志进行记录和保存，采取必要的网络安全、数据保护措施等。

第四节　中国反垄断监管科技展望

我国近年也在加大“智能政务”的建设力度，国务院 2017 发布的《新一代人工智能发展规划》便涉及这方面内容。2023 年 2 月，中共中央、国务院印发的《数字中国建设整体布局规划》，则体现了党和国家对建设数字中国、推进数字技术与社会经济深度融合的重视。具体到反垄断执法层面来看，执法部门近年来已经开始重视数字技术对监管的赋能。国家市场监督管理总局 2021 年成立了“竞争政策与大数据中心”（以下简称竞数中心），该中心的主要职责便涉及反垄断执法、市场监测、电子取证固证、大数据分析等技术支撑工作。2021 年 2 月，全国首个平台经济数字化智慧监管平台“浙江公平在线”上线。公开信息显示，该系统能够通过创新数据抓取、模型运算、智能分析等数字化手段，强化风险感知和预防预控，形成对“二选一”“大数据杀熟”“违法实施经营者集中”等涉嫌违法行为的智慧监管能力，以算法对算法，对平台企业形成强大监管震慑。[2] 2022 年 8 月 1 日，国家市场监督管理总局正式上线“经营者集中反垄断业务系统”，该系统集合了我国经营者集中反垄断法律法规制度、申报流程、审查流程，实现“申报端”、“委托端”和“审查端”数字化交互，通过数字赋能推动提升申报和审查效能。申报企业从一个入口在线提交申报材料，能够实

---

〔1〕 See Mattiuzzo M. & Machado H., *Algorithmic Governance in Computational Antitrust—a Brief Outline of Alternatives for Policymakers*, 2 Stanford Computational Antitrust 23 (2022).

〔2〕 参见马利华：《浙江：坚持数字赋能强化综合施策》，载微信公众号“竞争法微网”2023 年 1 月 7 日，https://mp.weixin.qq.com/s/K8ebKJ6GRIKIyjiYUb215Q。

时查询案件办理进展和主办人员联系信息。案件审查过程中生成的法律文书将通过系统自动反馈到企业申报端，同时系统将通过短信和邮箱发送送达提醒，确保申报企业在第一时间收到法律文书，提高申报便捷性和行政执法透明度。[1] 2023 年 1 月，国家市场监督管理总局召开的“全国市场监管工作会议”进一步突出了智慧监管的作用，强调要坚持把法治监管、信用监管、智慧监管作为实现市场监管现代化的必由之路。

我国数字经济发展迅猛，市场中出现的平台、数据、算法相关问题提升了反垄断执法的难度，加之执法人员非常有限，科技赋能反垄断执法显得尤为必要。充分运用数字技术打造反垄断监管科技平台，提升监管水平，是推动国家治理能力和治理水平现代化的应有之义。[2] 从公开信息看，我国反垄断执法部门已经开始重视监管科技方面的投入。2022 年 8 月 1 日，国家市场监督管理总局正式上线“经营者集中反垄断业务系统”，从实务界的反应来看，该业务系统显著提升了申报与审查工作的效率，也让执法过程更为公开透明。此外，国家市场监督管理总局竞数中心 2022 年的公开招标项目便包括“经营者集中反垄断执法业务技术支持服务”，该项目计划建成“反垄断执法业务智能研判中心”，利用自然语言处理、大数据、机器学习、深度学习、模型构建等技术，实现对重点行业头部企业垄断竞争行为风险的研判和预警，建设基于数据基础服务、相关市场界定研判、市场占有率研判、市场支配地位分析、风险识别预警、多维分析应用、反垄断报告服务等功能的经营者集中分析研判系统，支撑反垄断执法业务研究和决策。[3] 2023 年 5 月 11 日，竞数中心还发布了“2023 年反垄断电子数据鉴定实验室技术支持服务项目”公开招标公告，采购需求包括“提供竞数中心电子数据鉴定实验室专业技术人员 1 年驻场服务”“竞数中心电子

---

〔1〕 参见《便捷申报、智慧审查：市场监管总局经营者集中反垄断业务系统正式上线》，载国家市场监督管理总局反垄断执法二司网 2022 年 8 月 1 日，https://www.sac.gov.cn/cms_files/filemanager/samr/www/samrnew/fldes/sjdt/gzdt/202207/t20220729_349031.html。

〔2〕 参见《国务院关于加强数字政府建设的指导意见》（国发〔2022〕14 号）。

〔3〕 参见《国家市场监督管理总局竞争政策与大数据中心经营者集中反垄断执法业务技术支撑服务项目公开招标公告》，载中国政府采购网 2022 年 6 月 2 日，http://www.ccgp.gov.cn/cggg/zygg/gkzb/202206/t20220602_18014448.htm。

数据鉴定实验室业务处理和相关信息、档案审理整理服务”等内容。[1] 结合本章对全球反垄断监管科技发展现状与趋势的梳理,我国反垄断监管科技的发展应重视以下几个方面问题。

首先,深化理论研究。2023 年 2 月,中共中央办公厅、国务院办公厅印发《关于加强新时代法学教育和法学理论研究的意见》,该意见提出,“优化法学学科体系”、加快发展科技法学、数字法学等新兴学科的要求。近年来国内多所高校已开始积极投入相关新兴学科的建设,多所高校开启了以“计算科技 + 法律”为基本模式的教学和研究计划,比如西南政法大学成立了人工智能法学院、清华大学成立了智能法治研究院、中国政法大学成立了数据法治研究院等。值得注意的是,2023 年 3 月,国家市场监督管理总局发布了有关“国家市场监管技术创新中心”申报工作的通知。[2] 该通知强调,市场监督管理总局将根据市场监管领域科技发展需求,围绕市场监管发展战略,以市场综合监管等为优先布局方向,面向市场监管系统技术机构或具有行业优势的科研院所、高等院校和企业等,统一布局重点实验室和技术创新中心,不断完善市场监管科技创新体系。我国反垄断监管科技的发展离不开理论研究的支持,基于国内法学新兴学科的发展新环境,相信反垄断监管科技方面的研究也会引起理论界的足够重视。

其次,重视数据积累。从各国反垄断监管科技的发展来看,相关数据的积累非常关键,这方面问题也应引起我国执法部门的重视。第一,我国执法部门应重视既有数据的挖掘。我国十多年反垄断执法,积累了一定的数据,特别是经营者集中审查方面的数据。如何从既有执法资料中进一步进行数据挖掘,包括针对典型案件展开回溯分析,进而服务于监管科技建设,这方面问题值得执法部门重视。第二,执法部门还需要关注数据的拓新,继续加大市场调研力度。目前我国反垄断执法部门已经针对不同的细分行业展开了系列行业调研,对部分行业的发展有了一定的了解,也积累的一定的数据。下一步应继续深入开展

---

〔1〕 参见《国家市场监督管理总局竞争政策与大数据中心竞数中心 2023 年反垄断电子数据鉴定实验室技术支持服务项目公开招标公告》,载中国政府采购网 2023 年 5 月 11 日,http://www.ccgp.gov.cn/cggg/zygg/gkzb/202305/t20230511_19864509.htm。

〔2〕 参见《市场监管总局办公厅关于组织开展 2023 年度国家市场监管重点实验室和国家市场监管技术创新中心申报工作的通知》(市监科财函〔2023〕56 号)。

行业调研,调研过程中要高度重视数据的收集与积累。

再次,侧重特定行为。就我国反垄断执法的监管科技应用场景而言,反竞争行为的认定与救济,包括算法合谋、算法歧视都有适用的空间。从全球趋势来看,各国反垄断监管科技目前的重点适用领域是监测卡特尔行为。数字经济发展伴生的算法合谋风险提升,相信这方面问题会持续成为各国反垄断监管科技的关注领域。就我国而言,卡特尔也有必要作为监管科技重点针对的反竞争行为类型,特别是推动监管科技对民生领域卡特尔现象的甄别。此外,结合我国反垄断执法特点,在其他一些领域我国也应加大监管科技的投入力度。比如在经营者集中领域,有必要通过数字技术提升申报、审查效率,缓解人力资源不足的问题。针对附加限制性条件(特别是我国高频适用的行为性条件)的经营者集中案件的执行监督难题,我国也有必要加大监管科技的适用力度,包括相关理论和技术(如区块链技术)的探索。此外,类似新加坡开发的针对投诉意见的文本分析工具,也值得我们重视,这方面系统的开发有助于应对我国市场规模大、情况复杂以及人力严重不足的问题。

最后,关注国际发展。尽管全球反垄断监管科技的发展水平还远未成熟,但我国与一些国家在理论探索、技术开放、系统应用方面仍存在不小的差距。我国反垄断监管科技的发展尚处于初步阶段,密切关注国际上最新动向的必要性不言而喻。比如已吸引全球60多个国家(地区)的反垄断执法部门参与的斯坦福大学的“计算反垄断”项目,便值得我们高度重视,OECD、ICN等组织的相关调研动态也值得密切跟踪。目前各反垄断辖区都基于本国情况与需求开发了相关的监管工具,跨国交流与合作,包括工作思路或技术方面的分享,有助于各国监管工具的完善。因此,我国执法部门应高度重视反垄断监管科技的国际信息跟踪,保持适当的国际交流与合作。

主要参考文献

一、中文文献

1. 王晓晔:《反垄断法》,法律出版社 2011 年版。

2. 韩伟:《经营者集中附条件法律问题研究》,法律出版社 2013 年版。

3. 韩伟:《迈向智能时代的反垄断法演化》,法律出版社 2019 年版。

4. 韩伟主编:《可持续发展与竞争法治》,法律出版社 2021 年版。

5. 韩伟主编:《数字市场竞争政策研究》,法律出版社 2017 年版。

6. 韩伟主编:《OECD 竞争政策圆桌论坛报告选译》,法律出版社 2015 年版。

7. [英]Daniel Gore、Stephen Lewis 等:《经济学分析方法在欧盟企业并购反垄断审查中的适用》,黄晋、韩伟等译,法律出版社 2017 年版。

8. [比利时]保罗·尼豪尔、彼得·范·克莱恩布吕格尔主编:《创新在竞争法分析中的角色》,韩伟等译,法律出版社 2020 年版。

9. 种明钊主编:《竞争法学》(第 2 版),高等教育出版社 2012 年版。

10. 刘武朝、杨茂喜:《经营者集中反垄断审查与企业创新——挑战及制度因应》,知识产权出版社 2016 年版。

11. 袁日新:《经营者集中救济法律制度研究》,法律出版社 2017 年版。

12. 张晨颖:《经营者集中审查制度的理论意蕴与实证研究》,中国政法大学出版社 2022 年版。

13. 叶军:《经营者集中附条件研究》,法律出版社 2022 年版。

14. 陈肖盈:《经营者集中申报标准及其新经济时代应对》,法律出版社 2022 年版。

15. 王先林:《竞争法律与政策前沿问题研究》,法律出版社 2022 年版。

16. 王晓晔:《我国反垄断法中的经营者集中控制:成就与挑战》,载《法学评论》2017 年第 2 期。

17. 王晓晔:《中国数字经济领域反垄断监管的理论与实践》,载《中国社会科学院大学学报》2022 年第 5 期。

18. 时建中:《数据概念的解构与数据法律制度的构建:兼论数据法学的学科内涵与体系》,载《中外法学》2023 年第 1 期。

19. 韩伟:《企业合并反垄断审查中的行为救济》,载《东方法学》2013 年第 5 期。

20. 韩伟:《企业合并反垄断审查中的效率抗辩:以加拿大"Tervita 案"为视角》,载《竞争政策研究》2015 年第 1 期。

21. 韩伟:《数据驱动型并购的反垄断审查——以欧盟微软收购领英案为例》,载《竞争法律与政策评论》2017 年第 00 期。

22. 韩伟、李正:《并购控制中的隐私考量》,载《反垄断研究》2019 年第 2 期。

23. 韩伟:《全球平台经济反垄断十大趋势与中国选择》,载《中国外汇》2022 年第 4 期。

24. 韩伟:《如何理解经营者集中分类分级审查》,载《竞争法律与政策评论》2022 年第 00 期。

25. 韩伟:《并购反垄断审查中的反事实比对》,载《中国应用法学》2022 年第 5 期。

26. 韩伟:《经营者集中对创新影响的反垄断审查》,载《清华法学》2022 年第 4 期。

27. 韩伟:《数字市场经营者集中的质量效应评估:以成瘾性为例》,载《中国社会科学院大学学报》2022 年第 5 期。

28. 韩伟:《经营者集中反垄断审查制度的重塑》,载《中国市场监管研究》2022 年第 7 期。

29. 熊鸿儒、韩伟:《全球数字经济反垄断的新动向及启示》,载《改革》2022 年第 7 期。

30. 陈弘斐、胡东兰、李勇坚:《平台经济领域的反垄断与平台企业的杀手并购》,载《东北财经大学学报》2021 年第 1 期。

31. 陈永伟:《扼杀式并购:争议和对策》,载《东北财经大学学报》2022 年第 1 期。

32. 丁茂中:《论我国经营者集中控制制度的立法完善》,载《法商研究》2020 年第 2 期。

33. 方翔:《论数字经济时代反垄断法的创新价值目标》,载《法学》2021 年第 12 期。

34. 方翔:《数字市场初创企业并购的竞争隐忧与应对方略》,载《法治研究》2021 年第 2 期。

35. 焦海涛:《文化多样性保护与反垄断法文化豁免制度》,载《法学》2017 年第 12 期。

36. 李剑:《出版物多样性保护与反垄断法的转售价格维持规制》,载《中外法学》2013 年第 2 期。

37. 林平:《反事实状态与反垄断执法误差》,载《竞争政策研究》2016 年第 3 期。

38. 刘桂清:《经营者集中实体审查制度的立法不足与修订完善》,载《南海法学》2020 年第 6 期。

39. 孙晋:《谦抑理念下互联网服务行业经营者集中救济调适》,载《中国法学》2018 年第 6 期。

40. 唐要家、唐春晖:《重构数字经济并购控制政策研究》,载《竞争政策研究》2021 年第 6 期。

41. 王健、姜厚辰:《互联网平台经营者集中:风险、挑战与应对》,载《江南大学学报(人文社会科学版)》2021 年第 5 期。

42. 王磊:《创新目标在〈反垄断法〉上的定位与实现——兼评〈反垄断法(修正草案)〉第1条》,载《中国政法大学学报》2022年第1期。

43. 王磊:《数据驱动型并购中竞争损害的新面向及救济理念革新》,载《上海财经大学学报》2021年第6期。

44. 王伟:《平台扼杀式并购的反垄断法规制》,载《中外法学》2022年第1期。

45. 王先林:《数字平台反垄断的国际观察与国内思考》,载《中国社会科学院大学学报》2022年第5期。

46. 王煜婷:《数字经济背景下我国经营者集中制度的完善》,载《中国政法大学学报》2022年第1期。

47. 吴汉洪、周孝:《双边平台横向并购的福利效应:基于文献的评论》,载《中国人民大学学报》2017年第2期。

48. 叶明、承上:《互联网行业经营者集中反垄断规制的挑战与解决思路》,载《经济法论丛》2019年第2期。

49. 余东华、刘晓燕:《横向并购评估审查中效率抗辩研究综述》,载《产业经济评论》2013年第2期。

50. 张晨颖:《比例原则视角下经营者集中反垄断执法的规则修正》,载《当代法学》2021年第4期。

51. 赵莉莉:《经营者集中非剥离救济的执行与监督》,载《财经法学》2023年第1期。

52. 仲春:《我国数字经济领域经营者集中审查制度的检视与完善》,载《法学评论》2021年第4期。

二、英文文献

(一)专著

1. Ariel Ezrachi & Maurice E. Stucke, *Virtual Competition: The Promise and Perils of the Algorithm-Driven Economy*, Harvard University Press, 2016.

2. David Bosco & Michal S. Gal eds., *Challenges to Assumptions in Competition Law*, Edward Elgar, 2021.

3. David S. Evans & Richard Schmalensee, *Matchmakers*, Harvard Business

Review Press, 2016.

4. Inge Graef, *EU Competition Law, Data Protection and Online Platforms: Data as Essential Facility*, Wolters Kluwer, 2016.

5. Jonathan B. Baker, *The Antitrust Paradigm*, Harvard University Press, 2019.

6. Mark R. Patterson, *Antitrust Law in the New Economy*, Harvard University Press, 2017.

7. Maurice E. Stucke & Allen P. Grunes, *Big Data and Competition Policy*, Oxford University Press, 2016.

8. Maurice E. Stucke & Ariel Ezrachi, *Competition Overdose*, Harper Business, 2020.

9. Motta M., *Competition Policy: Theory and Practice*, Cambridge University Press, 2004.

10. Nicolas Petit, *Big Tech & the Digital Economy*, Oxford University Press, 2020.

11. Paul Nihoul & Pieter Van Cleynenbreugel eds., *The Roles of Innovation in Competition Law Analysis*, Edward Elgar, 2018.

(二)论文

1. Aghion et al., *Competition and Innovation: An Inverted-U Relationship*, 120 Quarterly Journal of Economics 701 (2005).

2. Alfonso Lamadrid & Sam Villiers, *Big Data, Privacy And Competition Law: Do Competition Authorities Know How To Do It?* CPI Antitrust Chronicle, January 2017.

3. Ariel Ezrachi, *EU Competition Law Goals and The Digital Economy*, Oxford Legal Studies Research Paper No. 17, 2018.

4. Boom J. & P. Samranchit, *Digital ecosystem mergers in big tech: A theory of long-run harm with applications*, 13 Journal of European Competition Law & Practice 365 (2022).

5. C. Scott Hemphill & Tim Wu, *Nascent Competitors*, 168 University of Pennsylvania Law Review 1879 (2020).

6. Cabral L., *Merger Policy in Digital Industries*, Information Economics and Policy, Vol. 54 (2021).

7. Casey A. & Niblett A., *Micro-directives and Computational Merger Review*, 1 Stanford Computational Antitrust 132 (2021).

8. Coglianese C. & Lai A., *Antitrust by Algorithm*, 2 Stanford Computational Antitrust 1 (2022).

9. Colleen Cunningham, Florian Ederer & Song Ma, *Killer Acquisitions*, 129 Journal of Political Economy 649 (2021).

10. Costa-Cabral F. & O. Lynskey, *Family Ties: The Intersection between Data Protection and Competition in EU Law*, 54 Common Market Law Review 11 (2017).

11. Darren S. Tucker, *The Proper Role of Privacy in Merger Review*, CPI Antitrust Chronicle, May 2015.

12. De Coninck R., *Innovation in EU Merger Control: in Need of a Consistent Framework*, 2 Competition Law & Policy Debate 41 (2016).

13. Federico G. et al., *A simple model of mergers and innovation*, 157 Economic Letters 136 (2017).

14. Francesco Ducci & Michael Trebilcock, *Structural vs. Behavioral Remedies in Big Tech Sectors*, CPI Antitrust Chronicle, April 2020.

15. Gilbert R. & S. Sunshine, *Incorporating Dynamic Efficiencies Concerns in Merger Analysis: The Use of Innovation Markets*, Antitrust Law Journal, Vol. 63:2(1995).

16. Gregory Day & Abbey Stemler, *Are Dark Patterns Anticompetitive?* 72 Alabama Law Review 1 (2020).

17. Haucap J. & J. Stiebale, *How Mergers Affect Innovation: Theory and Evidence from the Pharmaceutical Industry*, DICE Discussion Paper 218(2016).

18. Ioannis Kokkoris, *Innovation Considerations in Merger Control and Unilateral Conduct Enforcement*, 8 Journal of Antitrust Enforcement 56 (2020).

19. James Niels Rosenquist, Fiona M. Scott Morton & Samuel N. Weinstein, *Addictive Technology and its Implications for Antitrust Enforcement*, 100 N. C. L.

Rev. 431 (2022).

20. Jennifer E. Sturiale, *Variety, Mergers, and Consumer Well-Being: Towards a Capability Approach to Merger Law*, 117 West Virginia Law Review 135 (2014).

21. Johannes Laitenberger, *EU Competition Law in Innovation and Digital Markets: Fairness and the Consumer Welfare Perspective*, European Commission (2017).

22. Joshua D. Wright, *The Antitrust/Consumer Protection Paradox: Two Policies at War with Each Other*, 121 Yale Law Journal 2216 (2012).

23. Jullien B. & Y. Lefouili, *Horizontal Mergers and innovation*, 14 Journal of Competition Law & Economics 364 (2018).

24. Kern B. et al., *Empirical Analysis of the Assessment of Innovation Effects in U. S. Merger Cases*, 16 Journal of Industry, Competition and Trade 373 (2016).

25. Kevin Bryan & Erik Hovenkamp, *Antitrust Limits on Startup Acquisitions*, 56 Review of Industrial Organization 615 (2020).

26. Kevin Bryan & Erik Hovenkamp, *Startup Acquisitions, Error Costs, and Antitrust Policy*, 87 The University of Chicago Law Review 331 (2020).

27. Kwoka J. & T. Valletti, *Scrambled Eggs and Paralyzed Policy: Breaking up Consummated Mergers and Dominant Firms*, SSRN, 2020.

28. Laurence Bary & Frédéric de Bure, *Disruptive Innovationand Merger Remedies: How to Predict the Unpredictable?* September 2017, Concurrences N° 3 -2017, Art. N° 84407.

29. Louis Kaplow, *Efficiencies in Merger Analysis*, 83 Antitrust Law Journal557 (2021).

30. Maria C. Wasastjerna, *Big Data and Privacy in Merger Review-Competition Policy for the 21st Century Digital Economy*, Faculty of Law, Stockholm University Research Paper No. 37, 2017.

31. Mattiuzzo M. & Machado H., *Algorithmic Governance in Computational Antitrust—a Brief Outline of Alternatives for Policymakers*, 2 Stanford

Computational Antitrust 23 (2022).

32. Michael Katz & Howard Shelanski, *Mergers and Innovation*, 74 Antitrust Law Journal 1 (2007).

33. Michael Mazzeo, Katja Seim & Mauricio Varela, *The Welfare Consequences of Mergers with Product Choice*, 66 Journal of Industrial Economics 980 (2018).

34. Michal S. Gal & Nicolas Petit, *Radical Restorative Remedies for Digital Markets*, 37 Berkeley Technology Law Journal (2021).

35. Motta M. & E. Tarantino (2017), *The Effect of Horizontal Mergers, When Firms Compete in Prices and Investments*, Universitat Pompeu Fabra, Economics Working Paper No. 1579.

36. Nicolas Petit, *Innovation Competition, Unilateral Effectsand Merger Policy*, 82 Antitrust Law Journal 873 (2019).

37. Nicolas Petit & David J. Teece, *Innovating Big Tech firms and competition policy: favoring dynamic over static competition*, 30 Industrial and Corporate Change Press 1168 (2021).

38. Petit N., *Significant Impediment to Industry Innovation: A Novel Theory of Harm in EU Merger Control?* International Center for Law & Economics, Antitrust & Consumer Protection Research Program White Paper 2017 - 1.

39. Pinar Akman, *A Web of Paradoxes: Empirical Evidence on Online Platform Users and Implications for Competition and Regulation in Digital Markets*, 16 Virginia Law & Business Review 1 (2022).

40. Shapiro C., *Competition and Innovation: Did Arrow Hit the Bull's Eye?* in J. Lerner and S. Stern (eds.), The Rate and Direction of Inventive Activity Revisited, University of Chicago Press, 2012.

41. Wei Han & Cunzhen Huang, *Collingridge Dilemma? The Interaction of Antitrust Law and Data Privacy in China*, Antitrust, Vol. 35:1(2020).

42. Wei Han & Liang Li, *The New Anti-Monopoly Law of the People's Republic of China: Changes and Remaining Issues*, CPI's Asia Column, August 2022.

43. Wei Han & Yajie Gao, *Challenges and Prospects for Merger Control in China in the Digital Economy*, CPI Antitrust Chronicle, March 2019.

44. Wei Han & Yajie Gao, *Merger control in China's digital economy: challenges and prospects*, in David Bosco and Michal S. Gal (eds.), Challenges to Assumptions in Competition Law, Edward Elgar, 2021.

45. Wei Han, Ranran Yin & Xiong Zeng, *Standalone Hold Separate Orders as Remedies in Chinese Merger Control*, in Adrian Emch and Wendy Ng (eds.), Wang Xiaoye Liber Amicorum, Concurrences, 2019.

46. Zingales N. & B. Renzetti, *Digital Platform Ecosystems and Conglomerate Mergers: A review of the Brazilian Experience*, 45 World Competition 473 (2022).

(三)报告

1. ACCC, *Digital Platforms Inquiry: final report*, 2019.

2. Autoritat Catalana de la Competència, *The Data-Driven Economy: Challenges for Competition*, 2016.

3. BRICS Competition Law and Policy Centre, *Digital Era Competition: A BRICS View*, 2019.

4. Bundeskartellamt, *Innovations-Challenges for Competition Law Practice*, November 2017.

5. CERRE, *Big data and competition policy: market power, personalised pricing and advertising*, 2017.

6. CERRE, *Internet Platforms and Non-Discrimination*, 2017.

7. Marc Bourreau & Alexandre de Streel, *Big Tech Acquisitions: Competition & Innovation Effects and EU Merger Control*, CERRE, 2020.

8. Richard Feasey & Jan Krämer, *Implementing Effective Remedies for Anti-Competitive Intermediation Bias on Vertically Integrated Platforms*, CERRE, 2019.

9. Lear, *Ex-post Assessment of Merger Control Decisions in Digital Markets*, Document prepared by Lear for the Competition and Markets Authority, 2019.

10. Jason Furman et al., *Unlocking Digital Competition: Report of the*

Digital Competition Expert Panel, 2019.

11. CMA, *The CMA's response to the Digital Competition Expert Panel final report*, 2019.

12. Committee on the Judiciary of United States House of Representatives, *Investigation of Competition in Digital Markets*,2020.

13. European Commission, *EU Merger Control and Innovation*, Competition Policy Brief, 2016.

14. Jacques Crémer, Yves-Alexandre de Montjoye & Heike Schweitzer, *Competition Policy for the digital era*, European Commission, 2019.

15. Ariel Ezrachi & Maurice E. Stucke, *Digitalisation and its Impact on Innovation*, European Commission, 2020.

16. Viktoria H. S. E. Robertson,*Merger Review in Digital and Technology Markets*: *Insights from National Case Law*, European Commission, 2022.

17. Germany Monopolies Commission (Monopolkommission), *Competition policy*: *The Challenge of Digital Markets*, Special Report No. 68, 2015.

18. Global Antitrust Institute, *Report on the Digital Economy*, 2020.

19. GSMA, *Resetting Competition Policy Frameworks for the Digital Ecosystem*, October 2016.

20. HCC, *Computational Competition Law and Economics*: *Issues*, *Prospects*, 2021.

21. ICN, *Digitalisation*, *Innovation*, *and Agency Effectiveness*, 2021.

22. JFTC,*Report of Study Group on Data and Competition Policy*, 2017.

23. OECD,*Dynamic Efficiencies in Merger Analysis*,2007.

24. OECD, *Policy Roundtables*: *The Role of Efficiency Claims in Antitrust Proceedings*, 2012.

25. OECD, *The Role and Measurement of Quality in Competition Analysis*, 2013.

26. OECD,*Executive Summary of the roundtable on Agency Decision-Making in Merger Cases*: *From a Prohibition Decision to a Conditional Clearance*, 2016.

27. OECD, *Quality Considerations in Digital Zero-Price Markets*, 2018.

28. OECD, *Rethinking Antitrust Tools for Multi-Sided Platforms*, 2018.

29. OECD, *Designing and Testing Effective Consumer-facing Remedies-Background Note*, 2018.

30. OECD, *Considering non-price effects in merger control-Background note by the Secretariat*,2018.

31. OECD, *Merger Control in Dynamic Markets: Executive Summary*, 2019.

32. OECD, *Roundtable on Conglomerate Effects of Mergers-Background Note*, 2020.

33. OECD, *Start-ups, Killer Acquisitions and Merger Control*, 2020.

34. OECD, *Data Screening Tools for Competition Investigations: OECD Competition Policy Roundtable Background Note*, 2022.

35. OECD, *Theories of Harm for Digital Mergers*, *OECD Competition Policy Roundtable Background Note*, 2023.

36. OECD, *Competition and Innovation: A Theoretical Perspective*, *OECD Competition Policy Roundtable Background Note*, 2023.

37. Randy M. Stutz, *Antitrust Law and Dominant-Firm Behavior in the Digital Technology Sector: Toward and Actionable Agenda for Policymakers*, AAI, 2021.

38. Stigler Center of University of Chicago, *Final Report of Stigler Committee on Digital Platforms*, 2019.

39. Stigler Center for the Study of the Economy and the State, *Market Structure and Antitrust Subcommittee's Report*, 2019.

后　记

我对反垄断法的了解，最早源于经营者集中反垄断审查制度。1999 年在书店我偶然发现了王晓晔教授的《企业合并中的反垄断问题》一书，购买该书实际上是因为书名包含"合并"一词，当时我对商法的并购规则比较感兴趣。正是这本书让我对反垄断法律制度有了初步认识，并逐渐对之产生了学术兴趣。在 2011 年的一篇论文中，我指出经营者集中反垄断审查制度的理解应当以反竞争效果(竞争损害)为中心，区分为反竞争效果的认定、抗辩与救济三大子制度群，本书正是围绕这三方面的核心制度体系展开的。

从全球发展趋势来看，数字经济领域的经营者集中反垄断审查制度整体处于变革期，一些新问题，特别是新的损害理论还存在争议，各国仍在探索。我在这方面的研究始于早期关注数据问题的过程中对"数据驱动型并购"的好奇，第一篇相关论文是 2017 年发表的《数据驱动型并购的反垄断审查——以欧盟微软收购领英案为例》。2019 年出版的《迈向智能时代的反垄断法演化》一书，针对数字经济领域垄断协议、滥用市场支配地位以及经营者集中这几方面制度的新发展，进行了较为全面的初步梳理。该书经营者集中部分涉及数据原料封锁、隐私保护度降低以及创新损害三方面的内容。本书是在《迈向智能时代的反垄断法演化》一书的基础上，聚焦经营者集中反垄断审查制度展开的进一步研究。本书除了讨论特定竞争损害的认定、抗辩和救济，还涉及反事实比对以及反垄断监管科技等相关重要问题。本书的研究深度仍然有限，比如多样性竞争损害的认定、动态效率抗辩的适用等内容，仍属于非常粗浅的探讨，日后还需结合实践发展（特别是国内执法）进行更为深入的研究。

我国《反垄断法》2022 年进行了首次修订，通过完善针对未达标交易的剩余管辖权、引入停钟和分类分级制度以及强化法律责任，新法对我国经营者集中反垄断审查制度进行了重塑。按照 ICN 的划分标准，执法经验在 15 年以内的机构可以归入“年轻竞争执法机构”。经过 15 年执法经验的积累，我国已经开始向成熟反垄断辖区转型。基于国内外环境与执法实践的持续磨炼，相信我国经营者集中反垄断审查制度的发展必将迈上新的台阶，针对数字经济领域特定交易的处理也会逐渐形成自己的方法与风格。

感谢王晓晔教授的关心和帮助，她对反垄断法的学术激情，一直激励着我前行。高雅洁、熊志远、李子恒、张彭灿、孟中原等人协助我进行了部分资料收集、整理与统稿工作，在此表示感谢。感谢法律出版社似玉编辑的辛勤付出。

本书主要内容完成于新冠疫情期间，感恩家人、冉冉在这段特殊时期的陪伴与支持，希望明天会更好。

韩 伟

2023 年 7 月 13 日